Research on Logic and Practice of Effective Governance on Chinese Universities

中国大学有效治理的逻辑与实践研究

张继明◎著

中国经济出版社
CHINA ECONOMIC PUBLISHING HOUSE
北 京

图书在版编目（CIP）数据

中国大学有效治理的逻辑与实践研究 / 张继明著
. -- 北京：中国经济出版社，2023.4
ISBN 978 - 7 - 5136 - 7273- 3

Ⅰ. ①中… Ⅱ. ①张… Ⅲ. ①高等学校 - 学校管理 - 研究 - 中国 Ⅳ. ① G647

中国国家版本馆 CIP 数据核字（2023）第 055652 号

组稿编辑　崔姜薇
责任编辑　黄傲寒
责任印制　马小宾
封面设计　久品轩

出版发行　中国经济出版社
印 刷 者　北京科信印刷有限公司
经 销 者　各地新华书店
开　　本　710mm × 1000mm　1/16
印　　张　16.25
字　　数　282 千字
版　　次　2023 年 4 月第 1 版
印　　次　2023 年 4 月第 1 次
定　　价　88.00 元
广告经营许可证　京西工商广字第 8179 号

中国经济出版社 **网址** www.economyph.com **社址** 北京市东城区安定门外大街 58 号 **邮编** 100011
本版图书如存在印装质量问题，请与本社销售中心联系调换（联系电话：010-57512564）

序

——大学有效治理的逻辑与向度

当今时代是一个注重治理的时代，治理广泛地发生在每一个部门、每一个行业和每一个领域。治理既反映着人类对于现代化管理的理性认知，也承载着人类对于变革传统管理的理想和期望。当然，囿于现有的认知与条件，某些不充分的认识和不切实际的想法也难以避免。大学治理亦是如此。这一方面表现为高等教育界在构建现代大学制度理论的探索中受到工具理性思维的禁锢，另一方面体现在大学治理实践中种种原因造成的事与愿违，治理的理论、设计与其具体实践往往大相径庭。这既是由于人们在进行大学治理的理论建构和实践探讨时缺乏对“大学”和“治理”这两个不同事物的视域融合，也是由于大学治理具有高度复杂性。然而，无论是要持续推进“双一流”建设，还是要实现高等教育内涵式发展目标，都亟须解决大学治理失灵的问题。在此背景下，探讨大学“有效治理”的意义就不言而喻了。

大学有效治理突出的是“有效”。为此，大学有效治理要以人为本，从一元化管理向多元主体共治转变，这是大学治理的基本逻辑。大学治理是针对大学这一特殊社会组织实施的治理，因而应以大学的本质为根据。中国大学有效治理既要遵循普遍规律，又要符合本土特征；中国大学有效治理须尊重中国的国情，扎根中国大地，解决特殊的中国大学问题，建立具有中国特色的大学治理体系，彰显中国智慧，提供中国方案。基于上述要求，我们在探索大学有效治理过程中，应明确学术本位这一核心价值，这是由大学的组织属性所决定的。但从历史和现实两个角度考察可以发现，大学的演化与发展不仅是知识因素驱动的结果，还是社会选择的结果，因而，学术本位是一个面向社会的开放性概念。实现大学有效治理，要在以知识发展为导向的大学组织逻辑和以生产力发展为导向的社会逻辑之间找到合理的平衡点，最终目标在于保障大学以可持续的知识创新为基础，高效实现人才培养、科学研究、社会服务和文化创新等方面的职能。

现代意义上的大学发轫于欧洲中世纪，实现知识创新始终是大学有效治理的使命，也是落实立德树人根本任务的智力支撑。但在千余年的历史进程中，大学的知识生产模式随着知识的分化而发生着转型，即由所谓的知识生产模式 1 向模式 2、模式 3 转变。知识生产模式的转变必然导致大学组织属性和结构随之出现相应的变化，大学的社会性不断强化，大学内部组织结构的开放性日益彰显，以适应社会发展的需求。大学组织的变化，构成了大学有效治理的内在依据。知识之所以发生分化，根源在于社会生产因素的变化，生产力进步为大学知识创新提供了物质基础，大学必须生产出适应社会需求的新知识，才能获得存在的合法性。当下，大学面向社会，依据科技和产业发展趋势构建新的办学体系，是社会选择决定大学发展模式、治理模式的主要体现。因此，以现代创业组织为取向，构建创业型大学，以提升智力服务能力，构成了大学有效治理的客观依据。大学以知识生产为基础而建构其整个功能与价值体系，知识的本质与价值决定了大学必然具有内在的文化品性，因此，探索大学有效治理不能绕开文化这一视角，如重视制度精神和组织信任等，都是我国大学构建有效治理体系的重要内容。甚至可以说，我国大学的创新发展和有效治理都依赖新的大学文化的建构。

大学有效治理是一个具体的、实践性很强的课题。作为知识生产、人才培养和社会服务的主体，大学教师的学术职业发展质量集中反映着大学发展的质量和治理能力。从现实来看，我国大学教师学术职业发展面临重重困境，其背后是根深蒂固的大学管理的行政本位问题，解决这个问题成了我国大学治理最主要的目标和任务之一。行政本位管理不仅背离了大学作为知识组织的本质属性和面向社会的开放性、以知识创新为基础从事智力服务的专业性，而且是大学在走向市场、服务社会过程中失去价值理性而工具性、功利性特征不断强化的根源。当大学以权力和功利性价值为逻辑，大学共同体将发生分化，知识创新和服务的组织基础在很大程度上将被瓦解。所以，我国大学要实现有效治理，“去行政化”是一个绕不过的问题，甚至可以说，大学有效治理首先就是一个“去行政化”的过程，即围绕“去行政化”而建构相应的制度和文化体系。新的制度与文化体系是遵循开放性学术本位逻辑的，是能够促使大学回归到知识共同体、为知识活动提供组织与功能基础的，是持续推动教师学术职业发展和大学知识创新与服务的。总之，我国大学有效治理是需要实践导向的，只有解决了中国高等教育发展的现实问题，才能实现真正的“有效”治理。

基于以上论述，本书对大学的治理进行了积极探讨，得出如下结论。

基于知识驱动与社会选择的主客观要求，我国大学有效治理探索的主要向度包括：第一，建构具有差序格局特征的大学权力结构，保障大学学术中心地位的同时对学术权力进行改造，以适应开放性学术本位的逻辑要求。第二，基于现代科学发展和产业生态实施集群治理，以彰显我国独特的大学教育制度与文化优势，体现中国智慧和中国优势。第三，在科学评价观指导下推动大学以创业型组织为导向，构建新的创业型大学，以适应转变知识生产模式和增强智力服务能力的趋势。第四，构建以筑牢学术本位、强化公共价值、凸显协同共生等为取向的新大学文化，充分发挥大学文化的生产和治理功能。第五，依据以科学化和专业化为中心的现代化治理思想，探索新的管理者队伍建设之道，打造一支具有现代化治理能力的管理者队伍。

由于当代大学组织及其与外部诸要素的关系高度复杂，大学治理必然是一个高度复杂的问题，构建一个有效的大学治理体系，需要系统、深刻、持续地探索。对于中国这个世界教育大国而言更是如此。近年来，尽管中国高等教育取得了长足发展，但区域发展不均衡，在这样的情境下去探索大学的治理，问题是特殊的、道路是独特的、模式是创新的，因而，大学有效治理始终处于持续的构建之中。期待张继明博士作为探讨大学治理的翘楚，在这个领域继续深耕密植，尤其是对于如何将大学有效治理的效能完美体现在人才培养质量提升上这个问题，进一步加强探索。

是为序！

冯永刚

（山东师范大学教育学部副部长、教授、博士生导师）

2022 年 10 月 20 日

前　言

——构建中国大学模式的基本向度

如何建立具有中国特色的大学模式，提升大学办学质量，使大学深度参与经济社会发展和中华民族复兴大业？这是一个需要深入研究的重大课题。现代大学制度成为一个专门的研究领域已有20年左右，但是“对什么是中国特色现代大学制度、中国特色现代大学制度的‘中国特色’是什么等基本理论问题，人们鲜有深入涉及和系统回答”[①]。如此，中国高等教育内涵式发展及当前之“双一流”建设就缺乏充分有效的制度基础。党的十八大以来，习近平总书记多次强调高等教育发展的重要性，尤其是关于建设中国特色社会主义大学的重要论述，为我国大学发展与治理模式的创新指明了方向。正如顾明远先生所言，习近平总书记关于教育的重要论述是习近平治国理政思想的重要组成部分，对于建设中国特色现代教育理论体系和我国教育事业的发展具有重要的理论和实践意义。[②]本书认为，中国特色社会主义大学建设正是一个探索中国大学模式、大学治理模式的过程。对此，本书从整体模式、价值取向、人才培养、制度保障和国际化战略五个角度进行了较为系统的探索。

一、本土化：大学发展模式的反思及其转向

（一）大学模式的形成是基于本土化的创造过程

现代大学起源于中世纪时期的欧洲。我国现代高等教育体系与传统的本

① 张应强，蒋华林.关于中国特色现代大学制度的理论认识［J］.教育研究，2013（11）：35-43.

② 顾明远.习近平教育思想指引中国教育改革和发展前进方向［N］.中国教育报，2017-07-26（1）.

土教育并不存在严格的传承关系，而是在被动参与现代化的过程中从西方借鉴、移植而来的。正是在中国传统社会秩序在现代文明面前逐渐瓦解、“向西方学习”成为中国人救国图存之旗帜的历史过程中，清末新式学堂为我国建立现代大学模式初步奠定了基础。事实上，现代意义上的大学从中世纪时期的欧洲辐射、衍生至世界各地，是世界高等教育布局形成的基本路径。阿特巴赫曾指出，“高等教育的学术模式总是从中心向边缘传播”①。但在传播过程中，不同国家和地区都对大学原型进行了本土化改造，从而形成不同的大学模式，如英国模式、法国模式、德国模式、美国模式、日本模式，乃至拉美模式、东亚模式等。对于高等教育发达的国家而言，一国大学模式的形成常常意味着其世界高等教育中心乃至科技中心地位的建立。对于发展中国家而言，大学模式的形成则是本国高等教育体系独立化的主要标识。经过对大学模式的本土化改造，创造出本国独有的大学模式，是一国高等教育发展壮大的基础。同样，我国大学模式的创新，亦须以本土化为基本原则。

（二）我国大学模式建设缺乏基于本土化的创新

在世界高等教育格局形成的过程中，发展中国家作为高等教育现代化的“后来者”，多以欧美等“先发者”的大学模式为榜样进行学习。我国亦经历了“从最开始学习欧美，到学习日本，再到学习美国，又到学习苏联，最后到前不久再次学习美国”②的过程。但在这一过程中，我国传统文明同西方文明被截然对立，导致我国本土的传统教育体系被隔离于这一现代化进程之外。这意味着，我国现代大学的产生实际上更像是一个西方大学体系移植的过程，缺少基本的本土化改造。有学者认为，鸦片战争后的中国高等教育百年发展历程是一段“依附发展的历史”。③在当前国际化大背景下，由于欧美在世界高等教育体系中牢牢占据中心位置，“学习欧美”成为我国高等教育国际化战略的主要取向，甚至出现了“西化”“美化”思维，具体表现为对国外大学模式的盲信和缺乏批判地引进，如对国外大学课程和国外原版教材的引入④、对国外科研人员的高薪聘用、对国外知名大学运行管理机制的植入、对国外本科教学质量认证及大学评价体系等的追随等。正如刘献君教授指出的：“在我

---

① 阿特巴赫．比较高等教育：知识，大学与发展［M］．北京：人民教育出版社，2001：27.
② 张珏．百年来中国高等教育依附式发展的反思［J］．现代大学教育，2002（3）：67-70.
③ 袁本涛．论中国高等教育的依附发展［J］．清华大学教育研究，2000（1）：38-45.
④ 朱晓刚．中国大学课程依附发展的现状省思［J］．教育学术月刊，2008（1）：78-80.

国大学发展百年史中，简单移植、照搬国外经验比较多，根据我国的实践形成的教育理念、教育制度以及创新性的人才培养模式十分有限，创造性地探索中国特色高等教育不够，从研究型大学、应用技术型大学建设的提出，到文化素质教育或通识教育实验，都缺乏原创性探索。”①

（三）本土化创新是中国特色社会主义大学建设的道路选择

缺乏批判性地引进必然导致产生依附性，依附性的大学发展道路一方面缺乏对本国国情的关切，缺乏对本国体制、道路与文化的自觉自信，另一方面不断强化着我国大学在国际高等教育体系中的边缘地位。如此，我国大学基于本土的根性与合法性不断弱化。可以说，盲信“西方思想可以解决中国问题”、丧失本国文化自信与创造，是中国教育改革的一大历史教训。②鲁洁先生也呼吁，要深刻反思全球化进程中“新自由主义”“消费主义”等西方政治经济文化对中国教育发展的威胁。③显然，依附性的发展模式必须以“本土化”为取向加以匡正，建立“中国化”的大学模式。2014 年 5 月 4 日，习近平总书记在考察北京大学时提出，办好中国的世界一流大学，必须有中国特色，中国特色世界水平的现代教育必然是传承中华文化血脉、扎根中国大地、践行中国特色社会主义道路、服务国家发展的教育。2016 年 12 月，在全国高校思想政治工作会议上，习近平总书记再次提出，我国有独特的历史、文化与国情，我国必须走自己的高等教育发展道路，扎实办好中国特色社会主义高校，为人民服务，为中国共产党治国理政服务，为改革开放和社会主义现代化建设服务。可见，习近平总书记提出的中国特色社会主义大学在指导思想、道路选择、责任定位上对我国大学的改革发展提出了一个“中国化”的架构，从而也为我国大学发展立足“中国现实”、凸显“中国特色”提供了行动指南，确立了大学发展的本土化模式。而在反思移植或西化的大学发展模式基础上探索本土化发展模式、建立中国特色社会主义大学，反映了我国大学模式创新的基本方向。

---

① 刘献君.我国高等教育发展的主导思想及面临的主要矛盾［J］.高等教育研究，2017（1）：1–7.

② 周勇.中国教育改革的世纪难题与历史教训［J］.教育发展研究，2017（2）：1–2.

③ 鲁洁.应对全球化：提升文化自觉［J］.北京大学教育评论，2003（1）：27–30.

二、践行国家大义：民族复兴视域下的大学价值观重塑

（一）公共价值是现代大学存在的重要基础

中世纪大学的前身是知识行会，其本身并非公共机构，未承担真正意义上的公共职能。随着知识行会进化为大学，其组织目标、职能和制度逐渐正规化，社会影响不断加强，世俗政权和教权都认识到了大学的价值，开始争取大学的支持并积极地影响大学，大学开始具备一定的公共属性。在制度化进程中，大学最终成为独立的社会机构，并获得最高权力的特许而成为正式的社会组织，其公共职能、公共价值获得认可。柏林洪堡大学被视作真正意义上的现代大学之滥觞。尽管在洪堡理念中，自由、寂寞被奉为大学的灵魂，但实际上洪堡大学的成立最初是基于19世纪初普法战争后普鲁士民族复兴的需要。普鲁士人认为，只有智力上的成果才能够补偿国家在物质方面的损失，国家的富足强大需要大量优秀人才。洪堡指出："大学是一种最高手段，通过它，普鲁士才能为自己赢得在德意志世界以及全世界的尊重，从而取得真正的启蒙和精神教育上的世界领先地位"，因而"大学作为科学、学术机构，本身就是国家事业的一部分"。① 由此可见，现代大学逐渐被赋予了承载公共价值与国家意志的责任。美国大学以德为师，但更加强调大学的社会责任，威斯康星大学校长范海斯更是将大学的边界扩展到了州的边界。阿什比认为，美国人对高等教育的伟大贡献就是推倒大学的围墙。如今，大学已经成为美国软实力的重要象征，被誉为"强大的国家资产"。有学者指出："大学承担社会责任，或者说大学的社会职责是任何国家大学存在的目的。" ② 质言之，大学的公共服务价值是其赓续与进化的必要条件，是其主要的意义之源。

（二）国家大义是当今大学尤其需要塑造的价值观

当今大学在国家战略体系中占据了核心位置，其公共价值超越了任何历史时期，这也意味着大学承载了越来越重要的国家使命与社会责任。大学只有在新科技革命、知识经济发展、新社会建设中提供高品质的智力服务，积极参与高等教育强国建设，推动实现中国梦，才能作为一个特殊的社会存在

---

① 刘宝存．洪堡大学理念述评［J］．清华大学教育研究，2002（1）：63-69.

② 王晓阳．美国大学的社会责任与学术自由理念［J］．清华大学教育研究，2000（4）：115-121.

获得充分的合法性基础。因此，国家大义是当今大学尤其需要塑造的价值观，也就是要大学将个体理想与国家、民族和社会进步之需相结合，教师之教学科研、学生之学习以及行政人员之管理服务，都应成为以实现社会价值为目标的事业，而非为稻粱谋的工具。《大学》开篇即道："大学之道，在明明德，在亲民，在止于至善"，可堪今日大学之国家大义；《大学》又云："古之欲明明德于天下者，先治其国；欲治其国者，先齐其家；欲齐其家者，先修其身"，这就提出了修身、齐家、治国、平天下的道德理想和行为准则，堪为大学奉献于国家大业和人民福祉的价值追求。北宋张载"为天地立心，为生民立命，为往圣继绝学，为万世开太平"之横渠四句，更完美诠释了知识分子应有的理想与使命。习近平总书记于 2017 年 3 月在全国政协十二届五次会议上提到，浓厚的家国情怀、强烈的社会责任感，重道义、勇担当，应是我国知识分子的追求。

（三）回归国家大义是中国特色社会主义大学建设的价值要求

在全球化背景下，我国要实现中华民族伟大复兴，就必须主动融入新科技革命大潮，引领智造经济，这显然离不开一流大学的智力支撑，而这又要求大学心怀国家大义，践行国家使命。习近平总书记于 2013 年 9 月在联合国"教育第一"全球倡议行动 1 周年纪念活动上发表贺词时指出，中国将坚定实施科教兴国战略，始终将教育摆在优先发展的战略地位；2014 年 4 月，习近平总书记在安徽的一次座谈会上强调，全面建成小康社会需要广大知识分子提供重要的人才、智力和创新支撑。但遗憾的是，目前我国大学存在严重的个体实利主义倾向，大学和大学师生的"经济人"取向突出，过度追求物质化的目标，忽视了精神使命、文化使命；同时，大学的个体实利主义导致大学教学人员的国家意识、民族担当和社会责任感趋于淡薄。大学教师普遍缺乏"先天下之忧而忧"的家国情怀，割裂了个人与集体的联系，而将教育教学和学术研究视为谋生的工具，甚至为了满足私利而放弃职业道德与学术规范。越来越多的大学生丧失了"为中华之崛起而读书"的学习观，怀疑知识，偏信知识无用，极端地以就业衡量学习价值，将个人升职进阶视为最高追求，成为"精致的利己主义者"。这种个体实利主义倾向与国家大义背道而驰，严重束缚了大学公共价值的释放，从而影响了我国国家战略的实施。"回归国家大义"，正是社会主义大学之本义，也是建设中国特色一流大学的要求。

三、培养社会主义建设者：大学人才培养的使命及其本真回归

（一）大学的使命是培养践行国家大义的人才

培养人才反映了大学的本质及其永恒价值，故大学之国家大义集中体现在人才培养上，即大学“培养什么样的人、为谁培养人”不仅关乎大学的人才观和教育观，还关乎大学的责任观与价值观，关乎对于国家和民族的使命追求。大学培养的人才不仅应该是拥有知识和技能的高级专业人才，还应是拥有特定世界观、国家观和价值观的国民。有什么样世界观、价值观和国家观决定着个人如何应用其专业技术，即用于谋求国家建设和人民福祉，还是仅仅作为个人谋生、谋利的手段。2008 年美国次贷危机后，诺贝尔奖获得者斯蒂格利茨就曾在英国《卫报》上以“伪善之果”为题撰文批判过度追逐财富而失信的华尔街技术精英“把他们的才智都用在了逃避条规和标准的管束上”。有人明确指出，美国次贷危机反映的是道德与伦理的缺失。[①] 在我国，德才兼备、以德为先历来是人才评选的重要标准和实施教育的基本传统，而这正是基于思想道德及价值观对于个人行为选择的导向作用。大学要践行国家大义，就要培养品德高尚、具有家国情怀、立志专业报国的优秀人才，这是大学的使命。

（二）我国大学人才培养及其改革陷入了误区

斯宾塞曾说：“什么知识最有价值？一切的答案就是科学。”无疑，科技在人类认识和改造世界的过程中发挥了巨大作用，但同时，科技主义正给世界带来巨大挑战。我国作为后发型国家，经济的快速发展得益于科教兴国战略的实施。新科技的应用产生了显著的加速度效应，大大缩短了我国与发达国家的差距。在此背景下，大学高度重视科学教育与科技开发，这反映在教学上，就是对专业技术教育高度重视，培养技术精英成为大学教育的主要目标。而与此同时，大学人文教育不断萎缩，重理工轻人文成为我国大学的通病。从人类发展的历史来看，科技与人文的严重失衡导致人文素质匮乏，人类缺乏对自然的尊重，而科技的滥用又导致生态恶化；人们建造了一个高度

① 梅世云.论美国次贷危机中道德缺失的基本特点和伦理救援［J］.伦理学研究，2010（3）：29-35.

物质化的世界，却也产生了对物质的迷恋，功利化成为普遍的价值取向，以道德滑坡为核心特征的精神危机严重威胁了人们的生命质量乃至生存基础。法兰克福学派代表马尔库塞在《单向度的人》一书中批判了人的异化，指出人正成为现代工业文明中以一种物的形式而存在的纯粹的奴隶，失去了反思的能力和实现精神解放的可能。[①]而且这必然造成个人的世界观、社会观的狭隘与矮化，也就割裂了个人发展与社会进步的关系，个体实利主义思想遮蔽了国家大义。显然，大学唯科技至上的技术主义、专业主义以及近10年来片面的职业主义教育教学观，必将进一步强化现实中人与社会的异化。

（三）我国大学人才培养模式创新必须坚持社会主义导向

大学人才培养模式改革要解决“培养什么样的人”的问题，这决定着整个改革的方向。习近平总书记多次强调教育的根本任务是立德树人，着力培养中国特色社会主义事业的建设者和接班人，明确了我国大学人才培养模式改革的目标。在此，所谓的“德”既包含了个体道德，也包含了对国家、民族的信念与责任；“立德”就是引导学生养成高尚的道德品质，坚定并践行社会主义信念，树立投身社会主义事业、为民族复兴而奋斗的责任观。而所谓“树人”，就是在“德”之引领下，培育学生的专业能力、科学方法、批判思维、创造能力及人文情怀，从而使学生成为一个“完整的人”。正如习近平总书记在2013年同各界优秀青年代表座谈时所提出的“成才观”，青年人既要“坚定理想信念，锤炼高尚品格，还要练就过硬本领，勇于创新创造”。教育部《关于全面深化课程改革 落实立德树人根本任务的意见》中指出，教育应培养学生“高尚的道德情操、扎实的科学文化素质”，丰富学生的“中华文化底蕴”，坚定“中国特色社会主义共同理想”。因此，大学人才培养应明确立德树人的使命，确立培养中国特色社会主义事业建设者和接班人的目标，这是当前我国改革和创新大学人才培养模式的先决条件。为此，在人才培养过程中，要强化人文经典课程建设，尤其是要深入发掘优秀传统文化，以纳入课程体系；生动而严谨地阐释与弘扬社会主义核心价值观，将其全面嵌入大学教育全程；重构科学教育课程，以基本理论和前沿知识传授为基础，培养学生科学的思维、态度和方法。唯有如此，大学人才培养模式创新才能走出职业主义、功利主义、精致利己主义误区，回归大学教育之本真。

---

① 马尔库塞．单向度的人［M］．上海：上海译文出版社，1989：32.

四、在坚守体制基础上创新机制：现代大学制度建设的基本路径

（一）大学的组织特性要求变革当下的高等教育管理制度

大学是一个独特的社会机构。在组织架构上，大学是一个有组织而无政府的松散结合体[①]；在权力运行上，基层教学与科研组织在事实上掌握着大学生产的主动权，从而呈现“底部沉重”和“权力分散”特征，且学术权力在多元权力格局中位于中心位置；在文化建构上，民主与科学、独立与自由是大学文化的基调。但从现实来看，我国大学具有显著的行政主体性质[②]，在内部组织结构、权力运行方式及校园文化上的“行政化”取向阻碍着大学的改革与创新。正因如此，在去行政化语境下，体制性因素往往被归咎为大学行政化的根源。[③]质言之，我国高度集中的高等教育管理体制在某些研究中被视为现代大学制度建设的障碍。[④]可以说，在大学制度改革中，我国高等教育领导体制与大学的理想在某种程度上被对立起来。总之，完善大学领导体制、改善政府管理方式，在大学内部协调学术与行政的关系，被普遍视为大学制度改革的主要内容。

（二）政府干预大学的必要性及干预机制的改革吁求

政府与大学的矛盾是客观存在的，因为两者是本质不同的两个机构。在价值取向上，大学推崇知识价值，追求学术自由与自治，并以此作为追求真理的必要条件。政府则以国家利益为价值追求，用行政、立法、财政等手段对大学办学施加影响。在运行方式上，大学崇尚自治，寻求根植于学术共同体的“内部权力”，而政府则通过根植于权力共同体外部的“公共权力”谋求干预。[⑤]“教育实践实际上是这样一个教育谱系：一端由权利、个人和自由等所构成；另一端由权力、国家和秩序所构成。”[⑥]可见，大学自治与政府干预是高等教育场域中客观存在的一对基本矛盾体。但这并不意味着政府干预是

---

① 樊平军，毛亚庆．论大学松散结合组织特性的知识根源［J］．高等教育研究，2006（6）：51-54.

② 湛中乐．再论我国公立高等学校之法律地位［J］．中国教育法制评论，2009（1）：30-73.

③ 李立国．论高校的“行政化”和“去行政化”［J］．中国高教研究，2010（5）：2-4.

④ 祁占勇．走向法治化现代大学制度的体制障碍与机制选择［J］．中国教育法制评论，2011（1）：50-74.

⑤ 刘怡．大学自治与政府干预的协调发展［J］．高等教育研究，2015（7）：22-25.

⑥ 蔡春．在权利与权力之间——教育政治学导论［M］．北京：北京师范大学出版社，2010：10.

不必要的。从知识社会学角度看，知识生产由模式 1 向模式 2 的转变过程中，源于国家主义的知识生产机制表明，大学的知识活动必须适应经济与社会发展的需求，而政府干预正是知识选择的一个过程，是知识与权力、大学与国家关系的具体反映。[①]从世界大学发展史来看，在民族国家产生后，没有大学可以真正脱离国家而存在。因此，国家干预既是现代大学所面对的种种外部关系中的一种客观存在，也是现代大学实现自身价值的必要条件，而积极推动矛盾转化、促进国家或政府干预发挥积极作用，才是大学制度改革的要务。

（三）在中国特色社会主义体制框架下深化机制创新

我国大学管理体制是与中国特色社会主义体制相适应的，当前我国高等教育发展取得的巨大成就体现了体制的优越性。习近平总书记在给清华大学的贺信中提出，要有充分的自信，沿着中国特色社会主义道路办好中国教育。制度自信是我国建设现代大学制度所应秉持的基本态度。但不容否认，我国大学管理体制在具体实施上存在局限，“体制弊端论”实际上是混淆了基本体制与实施机制的关系。换言之，我国大学模式建设应该在坚持宏观体制基础上创新具体的实施机制，这也就是习近平总书记所强调的“要有制度自信，但不能故步自封”。机制创新的当务之急包括：其一，习近平总书记在全国高校思想政治工作会议上强调，办好我国高等教育，必须坚持党的领导；在党的十九大报告中，习近平总书记又提出，要改进党的领导方式和执政方式，保证党领导人民有效治理国家，也就是要改进党领导高校的具体方式。例如，强化党的大学思想、政治和组织领导权，党组织退出大学行政与业务直接领导，真正赋权校长；或者探索实施党委书记与校长一体化，设置“大学首席”，实施首席负责制，统管学校各项事务，打破在实践中党委书记与校长的关系困局。其二，中国特色社会主义法治是习近平治国理政思想的核心内容，大学治理同样需要坚持法治。首先，要完善高等教育法规，明确划定政府干预与大学自治、大学党委书记与校长的权力边界，或清晰界定大学首席权责，将之写进高等教育法规，严格依法行使权责。其次，进一步推进大学章程建设。大学章程应明确规定不同权力主体的权责边界及实施方式，尤其要突出学术本位的权力结构。大学章程的法律地位及其效力应在其上位法中作出明文规定，确保大学章程的规制效力。再次，建立服务型行政体系，确定行政的服务属性，通过多元评价与问责来强化行政服务。与此同时，应加强对专

① 张继明．理性审视大学自治与政府干预［J］．高教探索，2015（7）：5-9.

业权力的规范，即既要保障学术自由，又要重视学术规范，还要讲政治、讲规矩。正如习近平总书记所强调的，既要把学术与政治区分开来，同时教育者还必须成为“先进思想文化的传播者和党执政的坚定支持者”。最后，利用中国智慧解决中国问题。我国大学模式创新的关键是建立本土大学评价机制，从西方大学评价体系中解放出来；中国大学评价体系必须立足中国国情，借助中国智慧，并且回到解决中国问题、服务中国发展的评价标准上来。[①]通过改革大学运行机制来优化大学领导体制，充分发挥体制优势，是建设中国特色大学模式的实践逻辑。

五、从“中国特色”到“世界的中国模式”：通往世界高等教育中心

（一）汲取世界高等教育发展智慧是教育文明进步的客观要求

现代大学同教会一起成为自中世纪赓续至今的两大社会机构[②]，是因为大学始终维系着其最初的组织、制度与精神内核，各国大学的变革创新必须始终尊重这一内在逻辑，没有任何一所大学能够脱离这个逻辑的根本规定，而这决定了不同的大学是具有相通性和可借鉴性的。美国拥有当今世界上领先的大学与市场“联姻”机制、科技成果转化的市场推广机制。董事会行政领导与教授治校的协调机制确保了大学很好地处理发展学术同提高管理效率、满足市场需求的矛盾。德国曾执世界高等教育之牛耳，洪堡理念一度引领世界大学改革大潮，而当代德国大学却又为何、如何从以教授为中心的权力格局逐渐向强化顶层权力、充实中层权力的格局过渡？作为一个高度理性的民族，德国人是如何实现应用科技大学的崛起的？英国拥有世界上最早实施住宿学院制、本科生导师制的高等教育体系，重视本科教育质量是英国大学的重要特色；而牛津、剑桥作为英国古典老牌大学的代表，是如何在“新大学运动”后一方面实现了面向社会的蜕变，另一方面又坚守了其人文教育的传统的？同样为发展中大国的印度，又是如何在科技教育和一流科技人才培养方面赢得世界声誉的？各国创新大学发展模式的经验，都反映了人类共同的智慧，并且在交流中持续增长，成为教育文明不断进步的重要动力。

---

① 杜玉波 . 怎样建设中国特色的“双一流”［J］. 中国高等教育，2017（19）：11-13.

② 克拉克 · 科尔 . 大学之用［M］. 北京：北京大学出版社，2008：164.

（二）中国大学模式探索必须实施国际化战略

建设中国特色大学模式，在价值取向上必须立足国家大义，在教育教学上必须坚持社会主义导向，在制度建设上必须坚持基本体制，做到道路自信、理论自信、制度自信、文化自信。但本土化不等于闭关锁国、遗世独立，而是要面向世界，汲取人类共有的文明和智慧。客观地说，当前我国高等教育整体实力距离世界一流水平仍较远，他国大学模式需要我们认真审视、谨慎借鉴。关于教育的国际化，习近平总书记在2014年5月4日考察北京大学时指出，中国特色、世界水平的现代教育必须具有国际视野，以宽广的胸怀、平等包容互鉴的态度对待其他国家的教育，通过交流沟通、学习借鉴不断提升水平。在2015年8月18日的中央全面深化改革领导小组第十五次会议上，习近平总书记发表重要讲话，强调要推动一批大学和学科跻身世界一流行列，提升我国高等教育综合实力和国际竞争力。我们必须看到，国际化是我国高等教育发展壮大、追求世界一流的重要立足点，还是参与建立和调整国际高等教育秩序的重要战略。只不过在这个过程中，我们必须强调范式的转换，也就是建立一种批判的范式，坚持新时代的“中学为体”，坚定中国特色社会主义大学的办学方向与自信，正如中共中央办公厅、国务院办公厅印发的《关于深化教育体制机制改革的意见》所提出的“坚持扎根中国与融通中外相结合”。简言之，建设中国特色大学模式、创建世界一流大学，必须探索“本土化基础上的国际化道路”。

（三）我国大学在实施国际化战略中的世界责任

在国际化进程中，我国大学必须站起来、走出去，与欧美发达国家的大学体系进行平等对话。露茨·海霍指出，中西大学存在一种互补关系，中国大学立足于独特的文明与智慧，对当代西方大学变革具有重要的启示意义。[①]如何充分发挥体制的特殊优势？如何发掘中华文化中的治理智慧？如何从普遍的人类文明成果中寻求镜鉴？中国大学模式的探索不仅要推动本国大学崛起，还蕴含着走向国际的主动性，中国大学将成为国际高等教育秩序的积极建构者。纵观世界高等教育发展的历史，近现代世界科学活动中心始于意大利，先后经英国、法国、德国至美国，每个中心的形成都是一种独特的大学

① 王洪才.中国大学模式探索——中国特色的现代大学制度建构［M］.北京：教育科学出版社，2013.

模式的生成过程，而每个大学模式都对世界高等教育发展产生过持续的引领作用。① 因此，未来的中国大学模式不仅是本国建成一流大学的基础，还将引领世界高等教育变革。探索中国特色社会主义大学模式，不仅是中国大学抢占国际高等教育发展制高点、增加国家话语权的要求，还包含着一种面向全人类的情怀和使命。全球化让各国人民空前紧密地联系在了一起，既共同致力于和平与发展，也共同面对诸如局部战争、环境恶化、种族歧视等严峻挑战。正是在此背景下，习近平总书记提出了构建“人类命运共同体”，提出“把握人类利益和价值的通约性，在国与国关系中寻找最大公约数”。而中国大学也将承担起推动人类文明进步的国际责任，这也正是社会主义大学的重要价值观之一。

结语

当前，我国“双一流”建设全面进入实施阶段，中国特色大学模式的探索决定着“双一流”建设战略能否实现和在多大程度上实现。习近平总书记建设中国特色社会主义大学重要论述为此提出了在理念、价值与路径上的指导。从大学改革范式的理性回归，到基于国家大义的价值观的塑造、教育教学中社会主义导向的遵循，再到制度改革中核心体制的坚守与创新、国际化战略中大学的战略与使命选择，都从习近平治国理政思想中得到了根本性的启示。总而言之，当前“双一流”建设及未来世界一流大学、一流学科的建成有赖于中国大学模式的支撑，而这个中国大学模式就是中国特色社会主义大学模式，也是眼下中国特色现代大学制度在理论与实践探索上的根本范式。从这个角度来说，深入学习、领悟和实践习近平总书记建设中国特色社会主义大学重要论述既是一种政治觉悟，也是一种推动大学实现创新的教育自觉。

---

① 迟景明．科学中心转移与高等教育中心转移之间的关系［J］．教育科学，2003（6）：35-37.

目录 CONTENTS

第一章

大学治理模式改革的背景与缘起

高等教育作为一个社会活动领域，或作为一个社会分支系统，其基本属性、运行逻辑、体系结构及变革要求等共同决定着特定高等教育治理模式的选择与调整。当前，以质量提升为核心的内涵式发展反映了我国高等教育体系嬗变、优化与创新的趋势，构成了整个高等教育体系建设的基本语境，因而也构成了高等教育治理改革的根本依据。正是基于高等教育内涵式发展及变革高等教育治理传统的需要，本书提出“大学有效治理”，作为探索现代化治理体系与治理能力建设的一个切入点。探讨我国大学的有效治理，必须遵循我国高等教育内涵式发展、高质量发展的逻辑与现实诉求，立足于该领域理论研究的进展与需要，力求实现理论的发展与创新，对构建中国特色大学治理和发展模式产生启发。唯有建立有效的大学治理体系，增强各治理主体的治理能力，高等教育才能在新发展格局中发挥其基础性、关键性作用，从而真正实现其价值。因此，新时代对高等教育发展的要求是我国改革大学治理模式、构建有效大学治理体系的逻辑依据。

第一节　高等教育内涵式发展要求变革大学治理

从根本上说，高等教育治理模式依附于高等教育本身。进入21世纪以来，我国高等教育发展模式发生了显著的变化，总体趋势表现为由规模化发展进化到内涵式发展、高质量发展，这就决定了高等教育治理理念必须及时做出调整，以适应高等教育发展模式的变化。高等教育治理或大学治理的现代化，就其本质来说，就是要促使治理体系和治理能力适应高等教育内涵式发展及大学创新发展的要求。

一、高等教育发展与治理的基本关系

高等教育治理是“高等教育的治理”，这意味着高等教育治理的意义源自高等教育发展的质量。即，高等教育治理作为一种理念，或者作为一种技术，抑或作为一个规制体系，使命在于服务高等教育发展，其随着高等教育体系的调整而进行相应地变革。我国高等教育实现了由精英化发展阶段向大众化发展阶段的递进，目前已步入国际公认的普及化发展阶段。同时，以质量为核心的发展战略成为20多年来我国高等教育改革与发展的关键词。尤其是在当下新发展格局的构建进程中，高等教育在落实新发展理念、推进“双循环”战略实施中的基础性、关键性作用不断凸显，从内涵式发展到高质量发展，质量战略本身也在发生着持续地升华。在这个过程中，高等教育的角色、职能及结构等方面发生了深刻变化，当前国家提出的“高质量教育体系”建设正是这一深刻变化的集中反映，这要求高等教育治理必须进行相应地变革和创新。高等教育治理从作为一个新的概念被提出，到逐渐成为高等教育改革的主流话语、全面而深刻地影响高等教育发展，再到高等教育治理体系与治理能力的现代化建设成为高等教育综合改革的目标，这一变化过程在本质上反映的正是高等教育发展的逻辑本质及其要求，即增强质量治理或治理保障能力，建设高等教育强国。① 从更高层次的意义而言，这是整个国家建设的需要，反映了高等教育在整个国家战略体系中的基础地位或基础价值。当然，治理有其自身的规律，高等教育治理本身作为一门科学和技术，有着相对独立的逻辑性，能动地影响着高等教育。高等教育治理要通过引导、规制、预测等来推动高等教育变革，同时也需要治理者尊重治理的内在逻辑。

当前，作为国家战略体系的重要构成内容，加快“双一流”建设、推进和实现高等教育内涵式发展，不仅是我国建设高等教育强国、科技强国和人才强国的战略基础，而且担负着推动实现“两个一百年”奋斗目标和中华民族伟大复兴中国梦的历史重任。为此，创新高等教育治理模式、实现高等教育治理现代化，以加快高等教育现代化进程、推进国家建设，其重大意义无须赘言。然而，从现实来看，我国高等教育治理的功能并没有得到充分发挥，一方面是由于传统的高等教育管理模式在向新的治理模式转换的过程中面临着诸多障碍，另一方面则是由于我国高等教育治理尚未建立科学、完备的理论体系和有效的实践机制，限制了治理效能的充分发挥。质言之，传统的高

---

① 林杰. 高等教育强国建设需要什么样的高等教育治理［J］. 高等教育研究，2019（5）：30-32.

等教育治理模式还不能适应高等教育高质量发展的需要。因此，如何在加快传统高等教育管理模式向治理模式转换的基础上，持续深入探索高等教育治理的新体系、新模式，是高等教育理论研究的重要课题，是高等教育理论研究服务于高等教育创新发展，进而服务于国家事业的价值体现和必然要求。

二、高等教育内涵式发展的源起与阐释

20 世纪 90 年代末，我国启动了高等教育扩招，在此之前我国高等教育长期处于精英化发展阶段。数据显示，1999 年以前，我国高等教育毛入学率一直在 10% 以下，显然，这是我国庞大的基础教育规模和巨大的高等教育需求之间存在着的严重失衡。1999 年高校扩招后，我国高等教育规模连年扩大，不仅迅速跨入高等教育大众化发展阶段，而且《中国高等教育质量报告》显示，2015 年我国在校大学生达到 3700 万人，位居世界第一，我国成为真正意义上的高等教育大国。高等教育规模的扩大，一方面满足了人民对接受高等教育的需求，另一方面适应了经济社会发展对人才的需求。但与此同时，高等教育大规模扩招也导致了质量、结构与效益的失衡，高等教育质量问题成为社会关注的焦点。[①]高等教育质量问题首先表现在人才培养质量面临来自社会的质疑和批评。作为以人才培养为根本使命的社会活动，若所培养的学生文化素养、专业技术能力及就业能力、职业发展能力不足，就会直接动摇高等教育的合法性根基。其次，诸如科学研究能力不足，尤其是重大基础科学研究、核心技术研发领域的成果乏善可陈，社会服务的针对性、专业性和有效性不强等，都是高等教育质量或高校办学质量问题的具体表现。最后，高校办学过程中出现的功利化、行政化，甚至学术不端、大学贪腐等问题，也往往被归至高校办学质量范畴。因此，“质量问题”成为 20 多年来我国高等教育改革的逻辑起点，质量提升成为教育改革的主流话语。目前，我国高等教育已经实现了由大众化阶段向普及化阶段的转化，高等教育规模进一步扩大，而大众化阶段尚未得到解决的发展模式、治理模式问题，必将影响普及化阶段高等教育的质量；这意味着，要避免我国高等教育普及化陷入低端发展的窘境，就必须进行高等教育发展与治理的系统化创新，将质量战略真正落到实处。近年来，国家针对高等教育的政策制定表现出了明显的质量取向，从逐步稳定高等教育规模，到启动一系列高等教育质量工程、强化高等教育质量检测与评估，从一流大学和学科建设，到一流专业和课程建设，再到专

---

① 杨明，陈文干．高校扩招对高等教育质量的影响［J］．高等工程教育研究，2002（3）：49-51.

门探索高校人才培养机制改革，都反映了质量提升的需求。

内涵式发展是我国制定和实施高等教育质量战略的理论创造和话语标识。从党的十八大报告提出“推动高等教育内涵式发展”，到党的十九大报告再次强调要“加快一流大学和一流学科建设，实现高等教育内涵式发展”，内涵式发展已成为我国社会主义教育理论与实践体系的重要组成部分，在思想理念上指导着高等教育改革实践，是施行高等教育质量战略的重要原则。所谓高等教育内涵式发展，是与外延式发展或规模扩张相对的，以追求质量持续提升为高等教育改革的出发点和落脚点，为此要尊重、遵循高等教育内外部关系规律，构建高等教育生态化系统，一方面要推动高等教育自身实现结构、功能优化，另一方面要建立高等教育与环境的动态平衡关系，最终落实到高等教育供给侧上，就是结构合理、生产和供给能力突出、服务质量优。①具体而言，就是要充分尊重高等教育作为一个独立的、具有特殊属性与逻辑要求的社会活动的内在规律，尊重大学的组织规律和办学规律，用符合高等教育及大学规律要求的方式实施管理和服务。与此同时，要客观地认识到高等教育或大学作为社会子系统的角色，准确把握其与政府、市场的关系规律，严格避免相互越界形成不当干预，使之相互独立自主又有机协作、相互促进，成为彼此发展的支持条件。内涵式发展表现在高等教育或大学的生产过程和输出上，就是知识生产和应用过程的优化及其高效率，即人才培养质量、科学研究质量和社会服务质量的持续提高。目前，启动“双一流”工程以建设世界一流大学，推动地方本科高校向应用型高校转型，引导高校特色发展，推进教科融合、校产合作，以及空前地强调发展跨学科、交叉学科、新兴学科等，一系列政策及举措都反映了新时代高等教育内涵式发展的思想与价值取向。

三、高等教育内涵式发展要求变革治理模式

高等教育是一个系统化的结构或活动过程，制度要素是构成这个系统的重要内容，高等教育内涵式发展自然也意味着高等教育制度的改进，是“以提高质量为核心的质量、结构、公平以及制度等各要素统一、协调、可持续发展”。②但以往学者在具体的制度分析中，往往强调高等教育制度服务于高

---

① 别敦荣．论高等教育内涵式发展［J］．中国高教研究，2018（6）：6-14.

② 张德祥，林杰．“高等教育内涵式发展”本质的历史变迁与当代意蕴［J］．国家教育行政学院学报，2014（11）：3-8.

等教育本体的地位，探讨如何通过制度改革来促进高等教育发展。因此，高等教育在内涵式发展过程中，需要以高等教育质量提升为依据，探索高等教育体制机制的改革，尤其是针对那些束缚高等教育发展的不合理制度安排，探寻改革、优化的路径，甚至进行制度的重构。也正是在这个意义上，新旧世纪之交，伴随着高校扩招启动和高等教育质量问题浮出水面，现代大学制度作为高等教育体制机制改革的集中反映，开始成为我国高等教育学界一个专门的研究领域。事实上，现代大学制度建设的根本正在于通过制度改革来提升大学办学水平和整体的高等教育质量。[①]从这个角度来说，高等教育内涵式发展还意味着高等教育制度的先进性，即建立现代大学制度，而且要针对中国高等教育的特殊需要，在尊重中国体制与文化的前提下建立中国特色的现代大学制度，也可以说是建立中国特色的大学模式，推动我国由高等教育大国向高等教育强国转变。[②]而大学治理则是现代大学制度体系下的一种理念或方法系统，是在新的时代背景和理论语境下对新制度、新模式、新关系的思想表达、话语表达及技术表达。无论是现代大学制度还是大学模式、大学治理模式，核心都在于探讨以高校为中心的各利益相关主体在权力、责任和利益等方面的合理分配，尤其是政府与高校、大学行政管理与基层学术长期以来存在的矛盾关系如何解决，是该领域的核心议题，亦可以说，大学治理结构优化是大学制度创新的关键。[③]而这正是影响我国高校办学水平及高等教育质量的关键。

在现代大学制度探索过程中，治理作为一套理论和实践体系，越来越受到重视。从治理的基本概念来看，治理强调不同利益相关主体间相对独立、民主的关系和协商、合作、共享的关系，对于我国传统大学模式下权力一元化等难题具有显著的针对性、适切性。所以，在本质上，大学治理与现代大学制度建设具有一致的哲学理念、价值取向和现实功用。党的十八大提出以“完善和发展中国特色社会主义制度，推进国家治理体系和治理能力现代化”作为全面深化改革的目标之后，现代化成为高等教育治理探索的重要方向。2019 年党的十九届四中全会通过了《中共中央关于坚持和完善中国特色社会主义制度 推进国家治理体系和治理能力现代化若干重大问题的决定》，进一步明确了高等教育治理的方向。从治理理念的提出及实践历程的开启，到高

---

① 张继明.高等教育质量战略背景下中国特色现代大学制度的建构［J］.宏观质量研究，2015（3）：117–126.

② 王洪才．中国大学模式探索［M］．北京：教育科学出版社，2013：15.

③ 张茂聪．大学内部管理制度改革与创新研究［M］．济南：山东人民出版社，2018：14.

等教育治理现代化的全面推进，其根本动力来自我国社会主义现代化建设事业对发展高等教育、成为高等教育质量强国的需要，这样一个建设历程也正是一个国家勾画和推进“教育现代化”“高等教育现代化”的过程。目前，高等教育治理及其现代化建设还担负着推进新发展格局的历史重任。事实表明，我国要在风云突变的国际政治经济形势下实现各项事业的持续发展，在根本上需要现代化高等教育为之提供充分的人才、科技服务，高等教育强国和科技强国、人才强国建设在时代背景下正在被赋予新的内涵和使命。因此，从现代大学制度建设到高等教育治理、高等教育治理现代化，都体现了新的时代境遇及其对高等教育改革创新与内涵式发展的要求。本书提出“大学有效治理”，针对制度建设和治理优化进程中存在的“制度失灵”“治理失灵”，以提升大学治理的有效性为目标，优化高等教育治理模式，服务于高等教育内涵式发展。

总之，变革当前我国高等教育或大学治理模式，既是高等教育发展的内在要求，也是高等教育服务于国家创新发展的客观要求，更是高等教育治理实现演进和升华的自身要求。就大学治理模式的功能而言，就是要消除传统治理体系中的问题或不足，在适应高等教育内外部环境变化的基础上，保障和引领我国高等教育及大学办学实现高质量发展，从效能上实现治理或治理模式的“有效性”。高等教育治理或大学治理的现代化是一个具有宽阔阈限的概念；但就其功用而言，有效性是标识现代化的核心标准之一，这种有效性既观照当下问题的解决，也具有保障大学发展与治理模式不断适应和超越内外部环境变化的未来性。

第二节　我国高等教育与大学治理研究的进展

在高等教育内涵式发展和现代大学制度建设中，高等教育治理及大学治理的意义不断彰显，反映了目前我国高等教育体系及大学制度传统的某些弊端，象征着我国高等教育体系和制度优化的重要方向，因而也成为高等教育研究的重要内容。那么，高等教育治理、大学治理研究现状如何，是否在理论上建构了相对科学、完整的理论体系，是否为治理实践提供了具有实际意义的理论指导？正是在审视与反思的过程中，本书意识到“有效治理”研究的必要性，从而将其作为研究的切入点。

一、对于高等教育治理的基本问题的初步共识

高等教育治理或大学治理在现代大学制度探索过程中逐渐成为一个重要视角。21 世纪初，就有学者提出以治理思想来设计政府、高校和社会的关系，强调政府由对高等教育实施控制转为监督模式，强调在资源配置中引入市场机制。① 随着制度研究的不断深入，治理理论逐渐成为一个专门的研究视角。就此，学界主要围绕大学治理的内涵、功能、理论基础、结构、模式及实施机制等基本问题展开讨论。其一，关于大学治理的内涵。李立国认为，大学治理就是大学体系从传统的自上而下的行政管理体系向上下结合、内外协调、全员参与的依法民主治理体系的转变，突出了学术自治、依法治校、民主办学、社会参与、科学管理等现代大学发展的基本规律，目的在于促使大学回归学术和教学的本原。②其二，关于大学治理的功能。龚怡祖指出，大学治理以共识和共同利益来应对大学中的多元利益冲突，是现代大学制度建设的基石，是推动高校依法自主办学的重要配套工程。③其三，关于大学治理的理论基础。李福华从大学理念、法人理论、委托代理理论、利益相关者理论、管家理论和教育消费理论等多个理论出发，为大学治理建构了理论依据。④其四，关于大学治理的结构。学界普遍认为大学内外部各利益相关者的权力与利益关系构成了大学治理结构的核心。其中，外部视角下政府、大学与社会的关系，内部视角下行政权力、学术权力与民主权利的关系，都被视作大学治理结构的核心。⑤其五，关于大学治理的模式。王洪才认为，自中世纪至今，大学治理经历了大学自治型、国家主导型、专业中介型和社会参与型四种治理模式，而社会参与、专业自主、政府引导、公共选择与大学自治相结合的美国模式是有效的大学治理模式。⑥ 其六，关于大学治理的机制。一些学者认为现代大学治理有赖于依法制定大学章程，推进大学依章管理。⑦ 阎光才指出，大学治理应强调引入市场机制以及民间自发的非功利性的志愿主义参与

① 盛冰．高等教育的治理：重构政府、高校、社会之间的关系［J］．高等教育研究，2003（2）：47–51.

② 李立国．大学治理的内涵与体系建设［J］．大学教育科学，2015（1）：20–24.

③ 龚怡祖．大学治理结构：建立大学变化中的力量平衡［J］．高等教育研究，2010（12）：49–55.

④ 李福华．大学治理与大学管理：概念辨析与边界确定［J］．北京师范大学学报（社会科学版），2008（4）：19–25.

⑤ 董泽芳，岳奎．完善大学治理结构的思考与建议［J］．高等教育研究，2012（1）：44–50.

⑥ 王洪才．大学治理的内在逻辑与模式选择［J］．高等教育研究，2012（9）：24–29.

⑦ 周光礼．中国高等教育治理现代化：现状、问题与对策［J］．中国高教研究，2014（9）：16–25.

机制。[①]

以上关于高等教育治理基本问题的研究，属于高等教育或大学治理研究的第一阶段，是基本概念和理论阐释及其认同的过程。或者说，治理是一个被引介到高等教育领域的理念或理论，我们对于治理之于大学的适应性、针对性，需要进行必要的论证和说明，在逻辑或形式上加以证实，使其获得初步的合法性。这一阶段的研究，为对高等教育治理、大学治理的进一步系统、深化探索奠定了基础。

二、高等教育治理现代化的研究价值得以凸显

党的十八大之后，全面深化改革思想深刻影响着高等教育改革。2013 年党的十八届三中全会提出将“推进国家治理体系与治理能力现代化作为全面深化改革的总目标”之后，高等教育治理体系与治理能力现代化、大学治理现代化就成为大学治理研究的重要领域，涌现出大量的研究成果。别敦荣对高等教育治理体系、治理能力进行了概念界定，并阐释了高等教育治理现代化建设的意义。[②]关于如何实现高等教育治理现代化，瞿振元认为必须转变政府对高等教育的管理模式，健全高等教育内部治理结构，提升高校内部治理能力，创新高等教育评估机制，实现管办评分离。[③]宣勇则强调改革大学校长遴选机制、建立大学校长职业化市场是实现高等教育治理能力现代化的重要条件。[④]王嘉毅等重视省级政府在高等教育治理现代化中的作用，认为省级政府的高等教育统筹权是构建现代化高等教育治理体系的核心要义。[⑤]张继明认为，高等教育治理体系与治理能力的现代化本质即大学善治，为此需要确立大学的独立法人地位，实现大学校长的民主化选拔，推动大学学术管理组织独立行使职权，以及建构服务型的大学行政体系，法治化则是大学善治的根

① 阎光才.高等教育治理体系与治理能力的现代化［J］.苏州大学学报（教育科学版），2014（3）：1–3.

② 别敦荣.治理体系和治理能力现代化与高等教育现代化的关系［J］.中国高教研究，2015（1）：29–33.

③ 瞿振元.建设中国特色高等教育治理体系 推进治理能力现代化［J］.中国高教研究，2014（1）：1–4.

④ 宣勇，郑莉.大学校长遴选与高等教育治理能力的现代化［J］.中国高教研究，2015（8）：23–26.

⑤ 王嘉毅，张发旺.省级政府高等教育统筹：核心要义与实践面向［J］.西北师大学报（社会科学版），2019（5）：5–12.

本保障。[①]同样地，姚荣也明确指出，我国高等教育治理现代化之路，在思维上必须实现由政策思维转向法治思维，实现高等教育治理范式的转型。[②]随着数据科学越来越多地应用于高等教育的发展与治理，有学者强调大数据技术对于提升高等教育治理水平的作用，提出了高等教育“依数治理”。[③]客观地说，治理现代化在很大程度上标识着大学有效治理的特质，即大学治理只有实现现代化，才可能实现有效治理。

学界关于大学治理现代化的研究属于大学治理研究的第二阶段，是在前期研究基础上的深化，需要就基本理论的应用和本土化转型进行探索。但总体而言，这一时期的研究并未取得大的突破，或者说仍拘泥于现代大学制度研究的基本框架和建构设计。究其原因，在于学界缺乏对现代化本身的深入探索，即现代化本身是一个独立且复杂的理论体系，高等教育学界并没有立足于现代化的内涵及特质来审视和设计新的高等教育治理体系，因此，现代化作为大学治理研究的方法论意义没有得到充分彰显。

三、知识生产模式变迁成为大学治理研究的重要渊源

随着高等教育治理现代化研究的不断深入，学界开始从大学组织的本质出发探讨这一问题。大学本质上是一个知识生产机构，大学在不同发展阶段体现出不同的知识生产逻辑，因而也有着与之相应的组织管理、组织治理要求，基于大学知识生产模式的变化来探讨大学治理是该理论研究的一个视角。从模式 1 到模式 2，大学治理模式发生了显著变化。武学超特别强调产业界以伙伴身份参与大学治理，促进知识转移和产业创新。[④]在模式 2 时代，大学治理模式的变化突出地表现在两个方面：一方面是创业型大学的产生与发展。创业型大学强调以市场需求为办学导向，将市场标准和企业管理方式引入了大学治理。[⑤]另一方面是大学城、大学科技园的兴起以及高等教育“产学研”生产管理模式的盛行，其本质是大学与经济社会机构建立合作关系，出现了协同治理的端倪。大学知识生产模式 3 的到来要求大学进一步变革治理模式，

---

① 张继明.略论大学治理现代化的逻辑与实践［J］.中国地质大学学报（社会科学版），2016（2）：150–155.

② 姚荣.从政策思维走向法治思维：我国高等教育治理现代化的核心要义［J］.重庆高教研究，2019（3）：49–60.

③ 于方，刘延申.大数据画像——实现高等教育“依数治理”的有效路径［J］.江苏高教，2019（3）：50–57.

④ 武学超.知识生产模式转型及对大学与产业联系的影响［J］.教育发展研究，2008（21）：29–33.

⑤ 胡丽莎.知识生产的新模式与创业型大学的兴起［J］.教育学术月刊，2012（3）：49–51.

黄文武等认为模式 3 时代下大学治理应由“对知识的治理”走向“利用知识治理”①，也就是武学超所说的，大学治理走向“学术企业”式治理②。黄瑶等着重分析了知识生产模式 3 下大学学科治理的变化，即学科治理越来越趋向生态化。③当前，产教融合、教科融合以及跨学科发展在理论与实践上的深化探索，都反映了知识生产模式的变革。在国外，知识生产模式早已形成一个专门研究领域。吉本斯于 1994 年在其著作中指出了知识生产模式 1 与模式 2 的区别。卡拉尼亚斯认为模式 3 是一个“大学—产业—政府—公民社会”四重螺旋系统，关注公民社会和草根行动计划在知识生产和大学治理中的作用。巴内塔认为，模式 3 下知识即“不确定世界的不确定知识”，大学治理应超越“洪堡模式”，具备面向社会需求的开放性并更具有国际视野。④

大学治理的最终目的就是提高大学的知识生产能力和知识产品质量，因此知识生产模式变化必须作为大学治理研究的重要视角。换句话说，大学治理要增强有效性，必然要以大学知识生产模式变迁为依据，尤其是要依据模式 3 下新的知识生产特征来调整大学治理方式。那么，我们对于在新的知识生产模式下大学办学和治理将出现何种新的问题、如何应对，都需要有新的思考和设计。

四、高等教育集群治理成为治理现代化的重要向度

现代化的重要向度之一就是协同化。在协同化高等教育发展模式下，集群治理成为高等教育治理现代化一个较为新颖的研究方向，但并未引起广泛探讨。在有限的高等教育集群相关研究中，个别学者从高校组织特征出发来论证集群治理的价值，如樊华等提出大学智力资本存在集聚现象，故应实施基于资本集聚的大学治理。⑤除此之外，学者们还主要探讨了高校集群的协同效应问题。冒荣、宗晓华立足于博弈论和区域集群理论，分析了我国高等

---

① 黄文武，等.大学知识治理的现实审视与理性实践——知识生产模式转型视角［J］.高教探索，2017（11）：24–28.

② 武学超.模式3知识生产的理论阐释——内涵、情境、特质与大学向度［J］.科学学研究，2014（9）：1297–1305.

③ 黄瑶，王铭.试析知识生产模式3对大学及学科制度的影响［J］.高教探索，2017（6）：10–17.

④ 武学超 . 西方学者对模式 3 知识生产的多视角理论阐释［J］. 科技进步与对策，2016（11）：147–151.

⑤ 樊华，陶学禹.大学智力资本集聚及管理研究［J］.科学学与科学技术管理，2005（1）：114–117.

教育发展中的过度竞争，提出通过建立高校集群来促进高校协调发展。① 在湾区经济战略背景下，学界认识到集群战略在高等教育发展中的作用。陈先哲等提出粤港澳大湾区高等教育应充分发挥集群优势，通过“区域”“人才培养”“社会服务”“体制机制”等要素的优化组合，加快融合创新。② 许长青等提出，为增强高等教育对于大湾区建设的服务能力，高等教育应采取融合发展战略，这在本质上也是一种集群治理思维。③ 还有学者提出长三角区域高等教育的一体化发展战略，也体现了集群思想。④ 这意味着，在欧洲博洛尼亚进程和伊拉斯谟计划框架下，构建欧洲高等教育区，亦是典型的高等教育一体化及集群治理战略。值得一提的是，高校战略联盟作为国内外高等教育改革与发展的重要模式，是集群化发展与治理的具体表现形式。对于高校战略联盟，学界早在 20 世纪末就开始了探讨。例如，赵曙明等认为战略联盟是高校与产业界合作的有效形式。⑤ 其后，学界就高校战略联盟从不同视角展开了研究。阳荣威分析了资源共享、学分互换等高校战略联盟的五种实施模式。⑥ 周光礼等在考察 C9 联盟建构组织场域过程的基础上，提出要加强高校战略联盟治理，促进高校由竞争走向合作。⑦ 韩萌等提出了加强依法治教、优化联盟治理结构、理顺联盟社会协同机制等高校战略联盟治理策略。⑧ 在“一带一路”倡议背景下，有学者还将战略联盟思想的应用扩展至高等教育国际化领域。⑨

高等教育或大学协同发展既是基于当前新科技、新产业发展趋势的选择，也是在讨论高等教育体系时本应观照的重要视角，即大学间的关系是大学体

① 冒荣，宗晓华. 合作博弈与区域集群：后大众化时代我国高等教育发展机制初析［J］. 高等教育研究，2010（4）：35–40.

② 陈先哲，等. 粤港澳大湾区高等教育集群的挑战与出路［J］. 苏州大学学报（教科版），2019（2）：13–19.

③ 许长青，卢晓中. 粤港澳大湾区高等教育融合发展：理念、现实与制度同构［J］. 高等教育研究，2019（1）：28–36.

④ 袁晶，张珏. 长三角区域高等教育一体化发展：需求、障碍与机制突破［J］. 教育发展研究，2019，39（5）：54–59.

⑤ 赵曙明，安萍. 战略联盟——高校商学院与企业联合办学的新模式［J］. 高等教育研究，1998（4）：71–75.

⑥ 阳荣威. 试论高校战略联盟及其构建策略［J］. 江苏高教，2005（6）：44–46.

⑦ 周光礼，吴越. 从竞争到合作：C9 联盟组织场域的建构（上）［J］. 高等工程教育研究，2011（4）：58–68.

⑧ 韩萌，张国伟. 战略联盟：世界一流大学群体发展的共生机制研究［J］. 教育研究，2017（6）：132–139.

⑨ 朱以财，刘志民.“一带一路”高校战略联盟建设的现状、困境与路径［J］. 比较教育研究，2019（9）：3–10.

系、高等教育体系的内在组成部分，没有大学之间的有机生态关系，就没有生态化的大学体系。因此，本研究将大学集群发展和集群治理作为重要的研究维度。

五、国际化是大学治理研究的一个重要视域

西方国家尤其是美国，是当前世界高等教育体系的中心，在高等教育与大学治理研究过程中，学者往往从比较的视角出发，来介绍和分析发达国家大学治理，试图为我国大学治理提供借鉴。别敦荣整体介绍了美国大学治理的理念、结构和功能，指出美国联邦政府奉行“无为而治”，州政府则对大学进行支持和调节，大学高度自治，董事会、校长和教授都在各自的治理领域中发挥主导作用。①王占军则以佛罗里达大学为个案，分析了美国政府支持大学、大学自主办学的具体表现。②总体而言，美国高等教育治理反映了美国国家体制的基本特征，分权和权力制衡特征明显。姚荣主要从法治的视角探讨了德国公立大学法律地位、德国公立大学内部治理结构及其变革③、公法人制度对德国大学自治的规制作用④，系统呈现了法治对于德国大学内外部治理的影响。张红峰介绍了英国高等教育治理中政府对市场与高等教育的宏观治理方式，重点分析了作为第三方机构的高等教育基金会的特殊功能，即联结政府干预与大学自治，同时确保两者保持适当距离，避免政府过度干预大学办学。⑤武学超等剖析了英国新一轮高等教育治理体制改革的逻辑动因、高等教育治理组织机构创新以及制度优化策略，发现英国政府秉持“资助原则”与“学术价值”相统一的逻辑。⑥相对于德国、美国的大学，英国的大学在大学治理上仍更多地反映出古典大学的特征，即大学的高度自治和大学内部院系的独立性。国外视角为大学治理研究提供了积极的思考角度，但基于体制的差异性，如何真正促进我国大学治理，仍是一个难题。甚至从某种意义上说，探索中国特色大学治理模式需要谨防陷入唯西方的“拿来主义”。

---

① 别敦荣 . 美国大学治理理念、结构和功能［J］. 高等教育研究，2019（6）：93-101.

② 王占军 . 美国佛罗里达大学卓越计划研究：州政府支持与大学自主谋划［J］. 比较教育研究，2017（6）：64-70.

③ 姚荣 . 德国公立大学内部治理结构变革的规律与启示［J］. 湖南师范大学教育科学学报，2018（3）：103-111.

④ 姚荣 . 德国大学自治公法规制的经典内涵与现代诠释［J］. 高等教育研究，2017（10）：90-99.

⑤ 张红峰 . 英国宏观高等教育治理模式的思考［J］. 中国高教研究，2013（3）：56-61.

⑥ 武学超，罗志敏 . 组织创新与制度优化：英国高等教育治理体制改革新向度及基本逻辑［J］. 清华大学教育研究，2019（3）：75-83.

近年来，以欧美尤其是以美国为蓝本引介而来的制度在我国大学治理上越来越表现出不适性，如“非升即走”机制由于不具备相应的宏观制度环境和文化环境，对大学长效发展造成了负面效应，便表明了这一点。这表明，普适性的大学治理“宝典”并不存在，我国大学治理研究必须坚持以打造中国特色社会主义大学为导向，探索具有中国特色的大学治理模式，以解决中国问题、凸显中国智慧，增强中国大学的国际对话能力。

六、大学治理的“有效性”成为一个专题

无论是治理理论还是关于治理的实践方案设计，只有当真正转化为治理实践时才是有效的。但理论上的探索和设计在很多时候都无法转化为有效实践，这一方面反映的是理论研究难以克服的局限性，另一方面反映的则是理论研究及其所设计的实施方案因科学性有待增强而有效性不足。因此，高等教育有效治理、大学有效治理应成为高等教育治理研究领域的一个视角，这也是本研究提出“大学有效治理”这一概念和议题的直接原因。

伯恩鲍姆认为，治理受到组织文化的直接影响，每个大学的“有效治理”是不同的，有效性在于对治理的预期与实际运行和结果的匹配度。如果大学组织成员认为政治决策建立在沟通和妥协基础上，治理的过程和结果反映了这样的路径，那么治理就是有效的，治理的效能取决于组织是科层型的（强调效率）还是政治型的（强调利益群体的满足）。①王占军在对有效治理的概念进行界定的基础上，一方面提出重视治理结构对于大学治理的重要性，另一方面又认为治理结构的优化必须同良好的人际关系和信任氛围相结合，才会引向治理有效。②顾建民等则认为，大学要实现有效治理，就必须超越治理结构，重视组织文化建设，包括大学内部人际关系及中高层行政人员的领导力等。③在另外一项研究中，顾建民更加明确地提出，实现有效治理的关键在于健全决策体制机制，在利益相关者之间营造一种沟通、信任、合作的治理文化。④可见，学者对大学组织文化建设是有效治理的重要形式具有一定的共识，而文化治理也确实在大学治理中发挥着深层次作用，这既源于大学本

① Birnbaum R.How Colleges Work：the Cybernetics of Academic Organization and Leadership［M］. San Francisco：Jossey-Bass，1991.

② 王占军 . 大学何以有效治理：治理结构的视角［J］. 教育发展研究，2018（19）：36-41.

③ 顾建民，刘爱生 . 超越大学治理结构——关于大学实现有效治理的思考［J］. 高等教育研究，2011（9）：25-29.

④ 顾建民 . 大学有效治理及其实现机制［J］. 教育发展研究，2016（19）：48-53.

身是一个文化组织，也取决于以价值观为核心的文化样态对制度的能动作用，这反映了新制度主义理论的一个重要观点。治理的根本目的在于维护大学组织属性，大学的学术本性要求尊重教授在治理中的角色与作用。正如马陆亭所认为的，教授共同体建设是创新大学治理结构、实现有效治理的突破点，为此要加强教授共同体机制创新。[①]利益共享是治理的重要条件，因而有效治理必须重视利益分配。李立国从利益相关度的视角出发，提出扩大学术治理基础，建立健全学术委员会制度，重塑学术文化，彰显学术权力，增强利益相关程度，才会有效提高学术治理成效。[②]李成恩等重点探讨了大学院系的有效治理，提出了“党政共管、分工合作、教授治学、民主协商”的“协商共治”模式，希望借此实现院系有效治理[③]，但严格来说，这一模式设计并未突破现有的大学院系治理结构。

总体来说，目前关于大学有效治理的研究涉及大学治理之深层问题，如大学的组织文化问题、大学及其内外部利益相关主体的利益诉求问题等，但仍显薄弱，而且对我国大学治理的特殊内外部环境观照不足，尚需以系统论的方法来审视我国大学治理所涉及的多元主体与多重要素。尤其要指出的是，目前学界对于大学治理或高等教育治理研究如何在高等教育或大学本体论及其以社会标准为中心的外部视域之间寻求更加合理的平衡，是需要进一步探讨的，因为任何偏执一端的思考或讨论都有可能令大学的理论研究和实践探索陷入非此即彼的窘境。基于此，我们有必要将治理有效性作为一个相对独立的研究视角和理论工具，就大学治理、高等教育治理进行创新性研究，以找寻我国高等教育治理现代化、大学治理现代化可能的突破之径。这也正是本研究的初衷。

第三节　高等教育治理研究反思与“有效治理”的提出

当前，我国高等教育发展面临新的机遇和挑战，这要求高等教育治理模

---

① 马陆亭.大学的有效治理取决于学者共同体机制的确立［J］.北京教育：高教版.2016（4）：16–17.

② 李立国，利益相关度：大学学术治理有效实现的基础［J］.中国人民大学教育学刊，2015（1）：70–80.

③ 李成恩，常亮.协商共治：我国大学院系有效治理的可行模式［J］.中国高教研究，2017（6）：46–51.

式必须立足新的时代特征与要求，进行及时有效的变革，以适应高等教育内涵式、高质量发展的需要，同时也要求高等教育理论研究能够有效回应时代所需，充分发挥理论指导的价值。从我国高等教育研究现状来看，尽管已经取得了较大的进展，但依旧需要进行更加系统深入的研究，尤其是从治理的有效性入手来实现更有价值的理论研究。

一、大学治理概念的泛化、虚化和浅化

我国的高等教育治理不仅在理论上具有适应我国现代大学制度建设的逻辑与价值取向，还在现实中符合党和国家推进的国家治理体系与治理能力现代化的要求，因而在高等教育理论研究中是一个热门的议题。现有研究虽然为后续深入研究提供了基础，但在客观上存在若干不足，为后续研究提供了进一步深入探索、提高研究效益的空间。

（一）治理的泛化：混淆管理和治理的边界

英国学者格里·斯托克从六个方面来界定“治理”，包括：治理指出自政府但又不限于政府的一套社会公共机构和行为者；治理明确指出在为社会和经济问题寻求解答的过程中存在的界限和责任方面的模糊之处；治理明确肯定涉及集体行为的各个社会公共机构之间存在的权力依赖；治理指行为者网络的自主自治；治理认定，办好事情的能力并不在于政府的权力，不在于政府下命令或运用其权威；政府可以动用新的工具和技术来控制和指引，而政府的能力和责任均在于此。①

可见，治理的核心在于权力主体的多元化、权力主体的自主性及合作关系。将治理理论引入我国高等教育研究，反映的是现代大学制度探索中对打破政府一元权力管控、尊重和发挥学术权力与民主权利的愿景，因而在我国大学治理语境下，“治理”与“管理”有着严格界限。当论及我国大学治理时，主要是要在科学处理政府、大学及其内外部权力主体关系基础上凸显学术权力的中心地位，包括切实转换政府角色及其职能实施方式，扩大高校办学自主权和彰显教授治校或教授治学的学术主导权，以及为社会或市场主体参与高校改革发展提供空间。但既有的大学治理研究存在将治理泛化的倾向，未能严格遵循治理理论的基本逻辑，模糊了治理与管理的边界，因而也就难以

① 格里·斯托克，华夏风.作为理论的治理：五个论点［J］.国际社会科学杂志（中文版），2019（3）：23-32.

突破我国以政府为中心的行政化制度传统对大学创新的束缚。

（二）治理的虚化：脱离我国特殊的高等教育现实

将治理理念与理论引入我国现代大学制度建设，目的在于突破大学制度传统模式的限制，促进我国高等教育及大学发展，因此关于治理的理念和设计必须转化为高等教育实践，成为真实的办学主体行为。但治理的有效实施又必须建立在我国高等教育发展和大学制度建设的现实基础之上。现有的大学治理研究在很大程度上停留于理论层面，甚至由于缺乏实践基础而沦为空想，即存在研究虚化问题。其一，部分学者陷入“向西方学习”的逻辑惯性，尤其是唯发达国家高等教育模式是瞻，在对他国大学治理经验进行推介的基础上，简单化地提出我国大学治理改革的“启示”，却忽视了我国高等教育和大学制度建设的特殊性，更忽视了发展中国特色哲学社会科学理论、探索中国特色现代大学制度和大学模式的学术责任，忽视了扎根中国大地、办好中国特色社会主义大学的历史使命。其二，与西化思维相对的是，还有部分学者流连于历史故旧，试图从欧洲中世纪大学、我国民国时期大学，甚至宋明书院的办学经历中移植“经验”，试图借古鉴今，却忽略了大学是一个随着时代与社会变迁而分化了千余年的机构。[①]从中国新时代的现实需求出发，探讨古典大学及大学经典理念在当今大学治理中的作用，才符合大学发展趋势及其制度调整的逻辑。其三，大学治理研究的理想化问题，即把治理视作解决我国大学发展与制度改革中的问题的灵丹妙药，忽视了我国大学制度改革的复杂性和艰巨性，缺乏对治理失灵及大学治理风险的理性预期。

（三）治理的浅化：缺乏对中国体制和文化优势的发掘

从20世纪70年代末苏步青、刘佛年等在《人民日报》撰文呼吁“给高等学校一点自主权”，到1985年《中共中央关于教育体制改革的决定》中明确提出“扩大高等学校办学自主权”、1993年《中国教育改革与发展纲要》正式提出“要使高等学校真正成为面向社会自主办学的法人实体”，再到世纪之交现代大学制度成为高等教育体制机制改革的核心举措、《国家中长期教育改革与发展规划纲要（2010—2020年）》提出构建“中国特色现代大学制度”，直至如今高等教育治理体系与治理能力现代化，大学管理改革问题始终在圈

---

① 邬大光.大学分化的复杂性及其价值［J］.教育研究，2010（12）：17-23+43.

子里绕，本质性改观并不明显。这表明我国大学制度改革是一个长期、复杂和艰巨的系统工程，受到多方面、深层次因素的掣肘。因此，大学治理改革需要深入到体制、文化、传统、利益与人性深处，去探求其本质问题、实质问题，唯有如此，才有可能动摇落后模式的根基。反观学界可以发现，很多研究仍在很大程度上停留于问题表面，或者陷入“头痛医头、脚痛医脚”的思维困境，正如有学者批判的“项目化”的高等教育质量治理①，或者走不出从西方简单移植的“拿来主义”惯习，抑或狭隘解读“中国特色”、以坚持体制为名固守某些制度局限，而且缺乏批判性的建设与创造，这些研究都是不牢靠的。因此，未来我国大学必须在坚持基本原则和尊重科学规律的前提下，秉持系统的、深入的、内在的、批判的工作方法，建构有效的大学治理体系和治理能力。

（四）治理的技术化：忽视了大学及其治理的文化属性

其一，大学是一个学术机构和教育机构，同时也是一个典型的文化机构。大学通过知识传播、保存和人才培养影响着整个社会乃至一个民族、一个国家的价值取向，这种文化影响甚至会超越国界，这体现了大学作为特殊社会机构本身就具有的客观影响力。其二，大学被赋予文化职责，即大学通过正式和非正式的课程与教学对学生进行文化引导。从更广泛的范畴来讲，大学作为国家文化系统的重要组成部分，肩负着引领社会主流文化的使命，因而大学的文化建设反映着特定意图下的规划和设计。其三，大学的文化对其学术创造、人才培养和社会服务等主要职能的发挥具有深层影响，为了促进大学发展或充分实现其价值，文化建构就成为大学发展战略规划的重要内容；从新制度主义的角度来说，大学文化认知因素本身就是大学制度体系的内在组成部分，因此大学文化建构即大学制度建设的应有之义。以上三点意味着，大学的有效治理必须观照大学的文化属性，依据这一属性要求来建构现代大学制度和大学治理体系，唯有通过文化治理，才能建构符合现代大学组织要求的主体精神，而这是大学实现高质量发展的根本力量。现实则是，大学治理更注重治理技术，而忽视治理精神，即忽视了大学和大学治理的本质在最深层次上是一个文化命题。而忽视了文化因素，大学有效治理就难以真正达成，或仅可能达成表层意义上的有效治理。从这个角度来说，大学有效治理必然要经过一个以大学内在逻辑和价值理性为导向的文化建构过程，其本质

---

① 陈廷柱. 警惕高等教育质量项目化［J］. 大学教育科学，2019（5）：11-12.

在于激发或唤醒大学人内在的理性精神、教育情怀和面向社会的公共责任感，以使其投入大学发展及其治理之中。

二、“中国大学有效治理”的内涵及其本质

大学治理研究要建构科学的理论体系，提升理论的内在品质与外在功用，推进大学治理实践，就必须改变上述高等教育治理或大学治理研究现状，解决大学治理改革和理论研究存在的问题。为此，本书在“有效治理”“大学有效治理”“中国大学有效治理”三个层面上进行核心概念界定。

（一）有效治理的基本定义

1995年，全球治理委员会在《我们的全球伙伴关系》研究报告中提出，治理是各种公共的或私人的机构管理共同事务的诸多方式的总和，是使相互冲突的或不同的利益得以调和，并采取联合行动的持续的过程。[①]与统治、管理相比，治理及其理论的关键词是多元、平等、协商与共享。党的十九届四中全会通过的《中共中央关于坚持和完善中国特色社会主义制度 推进国家治理体系和治理能力现代化若干重大问题的决定》指出，要“坚持和完善共建共治共享的社会治理制度”。“共建共治共享”较好地体现了治理精神。因此，有效治理要符合治理的基本精神，即不同利益相关者具备相对均衡的参与机会，通过协商达成共识，通过协作获得共同利益，通过利益共享实现共赢。由于治理本身具有失灵、失败的可能，有效治理持续观照内外部环境中的各种影响因素，治理模式得以持续调整，从而规避治理失败的风险。治理的意义最终体现在实践效果上，故有效治理的“有效性”表现在治理目的的达成上，包括组织持续改进、组织运行质量不断优化、组织目标顺利实现。

（二）大学有效治理的独特内涵

不同组织要求与之相应的治理模式。大学是一个特殊的教育组织、学术组织和文化组织，需要有反映大学精神和大学逻辑的治理体系，而这个治理体系要具备有效性，意味着在有效治理框架下，政府、大学、社会机构等大学内外部利益相关主体由矛盾、冲突走向相互尊重与协同，构成一个融合、

① 俞可平．治理与善治［M］．北京：社会科学文献出版社，2000：4.

相互促进的有机统一体。在这个过程中，各利益主体或权力主体尊重学术权力的中心地位，形成以学术权力为服务目标的权力格局，实现了符合学术本位的大学权力秩序的“差序格局”[①]，也就是大学回归了学术共同体的根本属性，大学及其内部学术利益得到了优先保障，学术功能得到充分发挥，大学各利益相关者能够共享知识发展与智力服务收益。大学治理并非消除政府、大学、市场与大学内部各权力主体的矛盾，从某种意义上说，各个主体间的矛盾源自各自作为一个特殊组织而产生的组织逻辑差异性，治理的功能在于促成各主体实施合作性博弈，在博弈中形成妥协性共识，从而获得共同收益，而非互不相容、相互伤害。

（三）中国大学有效治理的深厚意蕴

大学治理是国家治理体系的一部分，治理体系本质上是由国家体制决定的，因此不同国家、地区的大学治理具有不同的性质和使命。对于我国而言，大学有效治理首先意味着大学治理体系应符合国家治理体系及现代化建设的要求，能够解决我国高等教育内涵式发展进程中面临的诸多矛盾，主要包括规模战略思维定式与质量提升战略的矛盾、大学行政化管理与学术本位的组织逻辑的矛盾、大学的教育功能与科学研究功能的矛盾、价值理性与工具理性及功利性文化的矛盾等。尤其是解决以行政化、官僚化为主的中国大学制度之积弊，真正建立学术本位的大学治理结构。在有效治理框架下，大学的法人实体地位得以巩固，与政府建立了契约关系，政府由管控型政府转变为服务型政府，专业化服务能力增强；学校内部行政管理转变为服务型行政，学术委员会主导学术管理，基层学术组织主导学科建设、科学研究和教学，教授治学、治校权在大学章程中得到充分保障；市场或社会组织通过合适的方式参与大学的专业课程建设。总体来说，中国大学有效治理体现了中国特色的现代化治理体系和治理能力，反映了国家积极干预和市场自主选择相结合的体制优势，凸显了以“和”为表征的民族智慧和文化优势，其功用最终表现为高等教育内涵式发展，大学的产出能力、服务能力和核心竞争力持续增长。总之，“中国大学有效治理”应用中国特色优势，解决中国大学治理问题，促进中国大学高质量发展。

---

① 张继明.略论大学权力结构的差序格局：大学治理语境下权力制衡论的反思［J］.高校教育管理，2018（5）：53-59.

（四）大学有效治理的“形”与“实”

需要强调的是，制度的有效性最终要由实践来检验。大学治理设计是否有效，从根本上要看关于大学治理的新理念、新设计是否能转化为具体的制度实践，要看是否在实践层面上改变了大学治理主体的行为，并最终转化为大学治理的效能。即高校的生产和服务能力得到了提升，其外部效应表现为大学或高等教育服务于经济社会各领域的指标呈现正向增长态势，这被称为“实质性有效”。然而，“实质性有效”的前提是“形式有效”，即在思想理念和相关理论上是自洽的，经得起基于理性标准的追问与检验，在方案设计与程序上是合理而公正的，尊重、兼顾了各利益相关主体的权益与价值诉求，“符合社会期待，以赢得社会的认可、支持和忠诚”。① 大学治理改革的“实质性有效”是追求，而“形式有效”是“实质性有效”的必要前提。实际上，由于实践效果或实质性效果的检验过程是漫长的，而且也是受复杂因素综合影响的，理论研究往往先追求“形式有效”，这既是由我国大学治理实践的特殊性决定的，也在一定程度上反映了理论研究在解决实践问题中不可避免的局限性。在本研究中，大学有效治理首先意味着“形式有效”，强调大学有效治理前设性条件的达成。

（五）大学有效治理旨在追求内外部关系的平衡

无论是“形式有效”还是“实质性有效”，大学有效治理必然是对大学这个特殊组织的逻辑展现。一般而言，学界往往从大学作为一个学术共同体的组织属性出发，来探讨大学的逻辑。毋庸置疑，大学的逻辑必然反映知识的特性和知识生产的规律，因而大学有效治理必然是尊重知识规律并促进知识创新的。但如果对大学的关注仅局限于此，则忽视了现代大学的社会属性及其要求，即现代大学与社会环境建立了密切联系，大学在科学、产业、技术等外部力量的驱动或牵引下不断调适着自身的角色与功能，实现着组织的持续进化，质言之，社会选择构成了大学不断发展的根本动力。从这个角度而言，大学的逻辑还包含其对社会的适应，而大学治理只有尊重和遵循社会与大学的关系规律，才是真实有效的。就大学内外部逻辑的关系来看，社会选择力量作用于大学内部的表现，就是大学的知识生产不断适应生产力发展的

---

① 冯仕政.中国国家运动的形式与变异：基于政体的整体性解释［J］.开放时代，2011（1）：72-97.

要求，调整知识生产模式，知识因此发生着分化。故大学治理需要兼顾其内部知识生产要求和外部社会选择要求，唯有如此，才能实现有效治理。以学术本位为基础，兼顾社会逻辑，此即大学有效治理的根本依据，即开放性学术本位，这是贯穿本研究的逻辑主线。

总之，基于我国高等教育及大学治理问题的研究现状，本书提出“大学有效治理”这一概念。从某种意义上说，我国大学治理研究在本质上面对着知识驱动与社会选择两个标准间的纠结或者偏执，需要以“执其两端而用其中”的思维与方法，在两者间寻求相对平衡的同时，在具体体制与文化等客观环境中有所选择、有所坚守，在有效解决当下问题的同时，更追求面向未来的发展。大学有效治理，其实是面向未来、追求长远治理效能的持续性建构。

本章小结

高等教育治理从本质上来说就是通过制度和文化设计协调和优化高等教育各要素的关系，使其形成一个结构合理的生态系统，从而充分发挥其在人才培养、科学研究和社会服务等维度的功能。高等教育发展既需要相应的治理模式来提供制度与文化保障，其本身又决定着治理体系的变革与演化。在新时代的高等教育实践中，由于高等教育内外部环境的持续变化，高等教育及大学的角色和功能高度分化、复杂化，亟须建立新的治理模式以促使高等教育或大学实现组织结构的动态优化。大学有效治理正是革新传统治理模式、构建新治理模式的方向所在。显然，大学有效治理需要由理念状态转化为治理技术、治理工具，并体现在制度建设和实施之中，而实现这个转化过程或落实过程需要对既有的治理理论体系进行反思性认识，在此基础上对新治理模式即大学有效治理进行本体论、价值论和实践论等不同层面的论证和建构，以新的知识和理论来指导大学发展及治理实践，保障和实现高等教育内涵式发展。

第二章

大学治理模式改革的进程与走向

在拉丁语和古希腊语中，治理（Governance）的原意是“控制、引导和操纵”，与“统治”或“管理”并无本质区别。但20世纪90年代之后，“治理”在西方政治学和经济学领域被赋予新的含义，包含了诸如“共同目标”“信任与互利”“协调”，以及“市场”等新的思想元素。① 如今，治理作为一个概念，其核心含义或精神实质就是强调多元利益相关主体通过协商与合作等形式，追求并共享发展和管理收益。对于部分国家或地区的大学管理而言，其本身就是一个治理的过程，这是由国家宏观体制的属性决定的。在世界范围内，国家管理体制总体上处于不同模式相互借鉴的状态。各国教育管理体制及大学管理制度改革领域，都反映着集权与分权两种不同制度模式的互鉴，具体可表现为以大学为中心的各主体逐渐走向权力相对制衡。新中国成立后，建立了高度集中的大学管理体系，但从20世纪70年代末开始，尤其是20世纪90年代初，国家确定建立社会主义市场经济体制之后，我国大学管理体系开始了全面、持续的改革，改革的基本取向就是政府、市场和大学共同实施大学管理，在客观上走向了大学治理的方向。党的十八大之后，高等教育或大学治理现代化的政策导向将大学治理推向了理论与实践的中心，“治理”及“治理现代化”成为我国大学管理制度改革的基本指导思想。从管理到治理，再到治理现代化，其背后反映的是大学与社会的关系规律，因而也是我国大学管理制度改革的基本取向，而大学有效治理亦是这个关系规律在理想层面上的反映。

---

① 士洪，顾丽梅.治理理论：一种调适的新制度主义理论［J］.南京社会科学，2013（7）：49-56.

第一节　大学发展背后的知识驱动与社会选择

依据高等教育治理与高等教育的关系，探讨大学治理或大学管理的模式问题，必须首先明确大学发展的逻辑，这是实施大学治理的根本依据。从中世纪大学的发轫及逐渐制度化，至中世纪大学模式在社会变迁中的分化，都体现着一定的逻辑性。大学治理模式的建立和变革，必然是在这个逻辑发生作用的范畴之内进行的。我国大学治理模式的变化，包括由长期的管控模式走向多元治理模式，同样也不能偏离大学的根本逻辑。因此，当前探讨大学的有效治理问题，必须沿着大学模式变迁的逻辑，尤其是要发现并优化推动大学模式不断发生改变的动力机制，这是实现治理现代化的重要前提。因此，本书将梳理现代大学诞生和变迁的历史，在历史中找寻逻辑的起点。

一、欧洲中世纪大学的源起及其制度化

现代意义上的大学起源于中世纪的欧洲。中世纪大学从其发轫开始，经由内部组织架构、章程和制度的逐步建立，最终获得外部皇权或教权的正式认可而成为一个制度化的社会机构，这个过程是内、外部两股力量驱动的结果。具体来说，这两股力量一方面源自人们基于闲逸的好奇或对世界的迷茫而进行关于未知的探索①，另一方面源自中世纪市镇经济和社会进步对神职人员、医生、律师等相对专业化人才的需求。②人类对理性的追求和人类社会出于世俗欲求对知识组织的特殊需要，构成了大学诞生并持续进化的双重原动力。但不容忽视的是，中世纪市镇经济社会中广泛存在的行会组织，为大学由一个简单的知识人集合体逐渐进化为复杂的社会机构提供了组织基础。行会是具体行业内部人们基于共同诉求而建立的、具有自我管理和协调外部关系功能的自发性组织。随着行会组织的不断完善及其外部功能不断强化，公权力通过特许认可赋予了行会独立发展、自我管理的地位，即如今的独立法人地位。行会由此成为一个正式的，即制度化的社会机构。可以说，行会组织产生并发展于同社会的互动关系之中。

大学正是一个起源于智力生活领域的学者行会，学者行会为从事知识活动的人提供了栖身和庇护之所。学者行会一方面通过在内部制定规章等加以

---

① 哈斯金斯 .12 世纪文艺复兴［M］. 夏继果，译 . 上海：上海人民出版社，2005：368.

② 希尔德 · 德 · 里德－西蒙斯 . 欧洲大学史（第1卷）：中世纪大学［M］. 张斌贤，等，译 . 保定：河北大学出版社，2008：10.

自律，从事有组织的专业性活动[①]，另一方面在化解与城镇居民的利益冲突、抵制权力当局控制的过程中，争取到迁徙权、司法权、免除赋役等各项特权，使得行会拥有了越来越显著的独立性和共同体特征。[②]值得强调的是，学者行会对知识人及其知识活动的庇护要求具备上述各项特权，而这些特权实际上也构成了中世纪大学制度体系的重要内容。同时，也正是因为学者行会或大学在从事知识活动中形成了一定的社会地位、声誉及影响力等，其成为神权和世俗当局争夺话语权、统治权的有力工具，即外部权力介入学者行会的诉求来源于大学作为专门的知识生产部门所拥有的独特功能及其影响力。最终，学者行会的权力和责任在源自权力当局的特许证明或章程中得以明确和固定下来，这使得学者行会不断走向制度化，形成了现代意义上的大学。在这样一个发展过程中，学者行会的外向性特征不断彰显，基于知识研讨本身和社会对专业性知识的不同需要，知识活动的目标越来越多样化，甚至权力当局的利益诉求亦越来越多地反映在学者行会的知识活动中。随着知识活动目标的分散化和知识内容的拓展，大学里形成了文、法、神、医等不同学科。知识分科促进了大学知识的发展，同时也提出了建立相应制度的要求，如大学教师资格制度、学位制度，以及专门的学术管理组织制度等[③]，甚至在13世纪前后，大学出现了专门从事行政事务的人员，被视作大学行政权力的滥觞[④]。

由此可见，大学在组织目标、组织结构上的变化与知识生产、内外部管理模式的完善之间存在着内在的关联。可以说，知识活动的规律要求形成相应的组织形式，这具体表征为学者行会的建立及其不断地进化，直至成为现代意义上的大学。同时，这一进化过程也离不开社会选择的力量。总之，行会或大学组织及其管理方式的产生和变化是知识驱动与社会选择双重动力作用的结果。

二、大学模式在世界范围内的变迁与分化

整个大学发展史就是一部大学分化的历史。欧洲中世纪大学作为现代大学之源，为大学组织的成长奠定了基本架构，并生成了大学精神的原旨，在

---

① 张磊，欧洲中世纪大学［M］.北京：商务印书馆，2010：85.

② 雅克.韦尔热，中世纪大学［M］.上海：上海人民出版社，2007：30–31.

③ 希尔德·德·里德–西蒙斯.欧洲大学史（第1卷）：中世纪大学［M］.张斌贤，等，译.保定：河北大学出版社，2008：25–29.

④ 徐娟.社会转型背景下我国大学行政权力演变的二维分析［J］.高等教育研究，2012（1）：27–32.

此基础上，大学之花在世界各地竞放，形成了不同的大学模式，如德国模式、英国模式、美国模式等。加拿大著名比较教育学者露茨·海霍在中西大学模式比较的基础上，率先提出了“中国大学模式”这一命题。[①]在中国高等教育整体实力不断跃升和现代大学制度探索不断深化的过程中，中国大学模式问题成为一个热门话题。而大学模式的分化及其多样化正是知识本身不断发生分化、知识生产模式不断演变及社会选择共同推动的结果。

德国大学模式在世界大学史上有着重要地位，是现代大学制度的原型。19 世纪初，在“精神强国”观念的促动下，施莱尔马赫、费希特、洪堡等人发起建立柏林大学，科学研究和自然科学课程开始成为大学课程的重要构成，大学内部随之出现了专门的学术机构、实验室等，大学内部建制及其组织形式随之发生了变化，学院制、教师等级制、教授会制、讲座制、利益商谈机制等构成柏林大学模式的基本框架。[②]柏林大学模式的建立标志着自然科学在知识体系中获得了重要地位，产生了基于自然科学发展规律的新知识生产模式。知识类型及知识生产模式分化带来大学组织形式及管理方式的革新。从社会需求角度来说，柏林大学的诞生及其一系列变化的背后因素，既包括洪堡等思想家、教育家和哲学家的理性设计，也包含 18 世纪后半期的工业革命以及在工业文明推动下科技发展的推动力量，即技术在推动新的产业形态发展并为人类带来更多物质财富方面凸显出巨大价值，而工业文明发展对技术的倚赖又表现为对新知识的需求。19 世纪后半期，社会生产及职业的分化，从根本上推动了大学研究的专门化。随着研究专门化程度不断提高，大学里的科系和讲座迅速多元化，例如，柏林大学哲学院一开始只有 12 个全职教授席，后来增加到了 50 个。[③]同样地，19 世纪英国的“新大学运动”催生了伦敦大学、曼彻斯特大学等一批新式大学，英国高等教育从古典人文教育的堡垒中走向了社会。在此趋势之下，老牌的牛津大学、剑桥大学也被迫开始了改革，包括设立自然科学荣誉学院、开设应用型课程和讲座、平衡大学与学院权力等，其背后都反映了技术驱动下社会生产方式的变化。[④]美国最早的大学在模式上具有开创性，即外部办学主体主导的董事会掌握大学最高领导权，

---

① 王洪才．对露茨·海霍“中国大学模式”命题的猜想与反驳［J］．高等教育研究，2010（5）：6-13.

② 张小杰．关于柏林大学模式的基本特征的研究［J］．华东师范大学学报（教育科学版），2003（2）：69-77.

③ 陈洪捷，等．国外高等教育学基本书献讲读［C］．北京：北京大学出版社，2014：81.

④ 邓云清．新大学运动与英国高等教育的近代化［J］．高等教育研究，2008（1）：85-91.

这与美国作为新型移民国家，知识基础和社会组织基础相对薄弱有关。而美国现代大学尤其是研究型大学，是在充分借鉴德国大学模式基础上建立的，改变了 19 世纪中期“美国高等教育视野狭隘，仿佛一堆破旧的抹布”的窘况。[①]不同之处在于，美国大学更加开放，大学与社会的联系更加密切，其重要根源在于美国大学外部管理的传统和市场条件下的实用主义思潮，而外部主导和市场力量本质上形成了知识选择的力量。20 世纪中后期，美国大学的角色与职能发生了重要变化，即《莫雷尔法案》的颁布催生了以服务美国新型农工业为使命的新式大学，大学与社会或市场的联系空前密切，技术转化、市场对接、校地合作等多种新的大学组织和管理方式应运而生。德、英、美三国大学模式的形成、互鉴和演化，都反映着知识生产模式的变化，也体现着社会选择的力量。

我国现代大学是建立在移植其他国家大学模式基础上的。在百年的变迁史中，我国大学的组织演化和管理模式变革反映了知识生产和社会选择两股力量。在体制转型过程中，我国大学从封闭办学转向开放办学，逐渐走向社会中心并积极拥抱市场，大学里的学科和专业、组织机构也因势而变，纯粹科学研究机构开始大量涌现，并逐渐分化出专门的技术研发和转化部门，在学术资本驱动发展或社会服务发展模式下，大学内专设地方服务机构等，大学或其基层院系向创新创业组织转变则成为近年来大学模式探索的一个重要向度。[②]当然，新中国成立 70 多年来，体制因素始终是我国大学组织结构和大学制度变迁的主要影响因素，主要表现为在政府主导的体制转轨和职能转变进程中，大学内外部权力格局走向分化和相对制衡。因此，我国大学制度改革既反映了大学作为制度化组织的普遍要求，也是我国经济社会发展和制度变迁的产物。

三、大学模式在知识驱动与社会选择的共同作用中变革

大学管理制度的类型、模式及其变革直接反映的是大学的组织演化，而大学的组织演化，既是大学作为知识共同体在知识类型及其生产模式不断演进中进行自组织活动的结果，又是大学与外部环境互动中社会选择的结果。当然，知识作为客观世界的反映，作为人类主体对客体世界的认识结果，本

---

① 戴维·拉伯雷，周勇.复杂结构造就的自主成长：美国高等教育崛起的原因［J］.北京大学教育评论，2010（3）：24-39.

② 付八军.创业型大学的学术资本转化［J］.中国高教研究，2016（8）：32-34.

身在不断发生分化，出现了基于不同学科、专业及领域等划分维度的知识多样化，甚至在知识体系内部还存在着不同层次或类型知识的分界。例如，由于自然科学知识的实际功用不断彰显，逐渐打破了人文古典知识一统天下的知识格局，并最终占据了知识“霸权”地位，通过知识生产模式或学术范式及具体研究方法的扩张而成为其他知识领域的“殖民者”。[①] 相应地，人文社会科学知识，尤其是人文学科知识成为“弱者”。20 世纪中期，英国学者斯诺提出了“科学文化”与“人文文化”两种文化之争，集中反映了不同类型知识之间的分界和冲突，而且这种内在的知识冲突已经成为一个世界现象。如今人们对于实证研究范式在人文社会科学领域应用泛化的问题的争论，即对这一本质问题的反映。当前我国教育学界关于教育研究“科学化”建构的问题的讨论，也包含着对于教育学知识人文价值可能式微的担忧和反思。1990 年，欧内斯特 · L. 博耶在其报告《学术的反思——教授的工作重点》中，将“学术”分为四种类型：发现的学术、教学的学术、整合的学术和应用的学术。[②] 多年后，欧内斯特 · L. 博耶又特别提出了“参与型学术”概念，以彰显大学立足于社会需要而生产知识、应用知识的使命。从本质上讲，这都反映了知识内部的分类。

不同类型知识的生产方式是不同的，这就造成了学校在组织形式、管理方式上的区别。甚至学科或知识生产模式间的差异还表现为不同学科的人在思想观念、行为方式、人际关系、组织文化等诸多方面的差异，这也会造成学科管理及大学治理方式的不同。如今，高校依据学科进行分类，包括理工类高校、以文科见长的高校、农林类高校等，便是知识类型决定学校模式的典型表现。当下较为流行的、依据学校功能及办学目标定位实施的高校分类，如研究型高校、应用型高校和技能型高校，从本质上讲则是由不同类型知识的应用价值及应用方式所决定的。不同类型的高校，必然要求有与之相适应的治理方式，正如在我国语境之下，以应用型人才培养为目标定位的地方本科院校与以追求学术创新为使命的精英型、研究型大学的治理模式相比，更加强调社会参与，如产教融合、校企合作等，而高职院校的治理方式对市场力量的介入有着更多和更加直接的要求。从知识生产模式的角度看，目前知识生产模式已经从模式 1 历经模式 2 而进化为模式 3，由于现代科技发展加速，且未来发展充满不确定性，知识生产模式将处于持续变革之中，这意味着大

---

① 蒋建华 . 科学知识霸权与被压迫知识的解放［N］. 中国教育报，2002-03-14（8）.

② 王玉衡 . 试论大学教学学术运动［J］. 外国教育研究，2005（12）：24-29.

学的知识生产场域的范畴、组织形式、管理方式，以及知识生产中相关主体的关系等都将不断发生变化。这个过程正是大学作为社会组织发生分化或向前演化的过程，是大学治理方式不断探索、更新、调适的过程，而且无论是组织的演化还是治理方式的调适，都将处于永恒的建构之中。因此，作为以知识活动为载体的学术组织，知识驱动是大学组织模式与治理模式发生变革的根本性力量。

知识的本质是人们对自身和外部世界的诠释与表征，追根溯源，知识的产生与分化反映的仍是社会生产方式及其变革所产生的知识需求。在知识发展史上，即使是早期基于想象而产生的神话、寓言等知识形态，也是以社会存在为基础的，是人们对未知世界的体验和解释的产物。而知识的发展，则使社会存在发生变化并不断产生需求，从而要求人们不断加深、改变认识并创造新知。教学是大学知识活动的核心环节，以大学教学为例，我们可以窥见知识发展、组织管理与社会需求的关系。大学教学模式是大学与环境互动的产物，从中世纪至今，大学教学模式从教学目标、教学内容到教学方式、教学评价等，各要素都发生了显著的变化，而考察这一历史过程可以发现，大学教学模式的变化，包括教学内容的变化、教学管理的变化，即知识及知识活动的管理方式变化等，反映的是社会的变迁以及社会生产方式的变革。[①]从农业社会到工业社会，大学的教学模式由最初组织松散、小规模、师徒制的技能教学模式，到理性主义、以讲座为中心、重视学术研究和培养少数精英的基于“洪堡理念”的教学模式，再到严格制度化、规模化、标准化、专业化的现代教学模式，逐渐适应了工业时代机器大生产的需求。[②]在人们获得和更新知识的过程中，人们既以业已存在的知识为基础，又借助新的工具与方法来实现认识和改造新世界的目的。从此意义上说，知识进步和社会发展之间存在相互促进的关系。大学所生产的知识由以人文知识为主到自然科学登堂入室并实现地位逆袭，由以基础性学科为主到工程类专业和技术研发越来越受到重视，这正是一个人类借助知识来认识和改造世界，反过来又不断产生新的知识需求的过程。大学管理模式或治理模式的变化，是知识生产模式变化的内在要求，也是社会选择的必然结果，包括社会发展规律的客观选择和权力主体的积极主动并有意识的扬弃等。

总之，大学制度改革是整个社会进化和社会制度变革的一部分，在遵循

---

① 许明．当代国外大学本科教学模式的改革与创新［M］．福州：福建教育出版社，2013：114.

② 张继明．智造社会背景下一流本科教学的课堂重构［J］．大学教育科学，2020（4）：62-69.

社会一般规则的同时，必须尊重大学作为一个知识共同体的知识活动及其分化规律。当前，由于大学的社会属性因其卓越的服务功能而空前彰显，人们往往以更加开放和积极的态度及方法去管理大学，但却因为忽视了大学内在逻辑而导致其出现了一定程度上的异化，“启蒙运动时期所珍爱的信仰——知识的价值在于本身，人们可以在独立学院的象牙塔里追求知识——越来越不重要”。① 故大学制度改革或大学治理必须遵从大学作为学术组织同时又作为社会服务机构的双重角色原则，并在两种角色之间建立相互调适机制。所谓大学或大学模式发展背后的逻辑，就是知识驱动与社会选择两种力量的关系及其对大学模式变迁的共同作用。这种关系既是矛盾的，也是相互反映、相互促进的，在两者的张力中大学模式实现着变迁，而这又构成了大学治理模式构建或改革的内在依据。大学治理能否在两者之间寻找到恰当的平衡点，决定着大学治理是否有效。

第二节　我国大学治理模式变革的基本历程

党的十八大之后，推进国家治理体系与治理能力现代化明确成为我国全面深化改革的总目标，高等教育治理现代化建设亦逐渐成为高等教育体制改革的重大举措。能否建立现代化的高等教育治理体系、不断提高高校治理能力，决定着我国高等教育能否实现内涵式发展、“双一流”建设能否达成预期成效。现代化在整体上代表了一种向前的愿望和力量，正如哲学家福柯所认为的，现代性是一种面向未来的态度。② 然而，“未来是由历史条件预先注定的”③，这意味着现代化绝非因为历史的故旧而否定甚至摒弃历史，而必须尊重历史和当下，将现代化视作历史的时空延续，而这意味着现代化是一个不断反思历史、在历史坐标上不断调适变革轨迹的过程。陶行知先生也指出了现代化的历史性，认为现代化是一个“川流不息的过程”。④ 因此，探索我国高等教育治理现代化建设之路，有必要运用历史的逻辑，回溯我国高等教育治理的历史轨迹，由此找寻我国高等教育治理现代化之路。基于此，本书主要梳理了新中国成立后 70 多年来我国高等教育治理模式的变迁，从而明确我国

---

① 杰勒德·德兰迪.知识社会中的大学［M］.黄建如，译.北京：北京大学出版社，2010：130.

② 福柯.福柯集［M］.上海：上海远东出版社，1998：533.

③ 埃德蒙·菲尔普斯.大繁荣［M］.余江，译.北京：中信出版社，2013：1.

④ 胡晓风.论陶行知以新教育推进中国现代化的思想［J］.社会科学研究，2003（2）：113-117.

高等教育治理现代化的方向与价值取向。

一、新中国成立后一元化大学权力谱系的建立

我国现代意义上的大学诞生于清末“向西方学习”背景下，是被动学习乃至移植照搬日本和欧洲大学模式的结果，具有“师夷长技以制夷”的工具化和政治化特征，因而在管理制度上具有鲜明的政治宰制取向，在办学理念和教学内容上则明显地受“忠君尊孔”思想的规制。民国时期的大学模式尽管在教学内容和体制机制上更加接近欧美大学模式，但国民政府基于政治需要，从办学思想、教学目标、课程设置、教科书的选择，到教师管理、大学校长任命等，对大学实施了全面控制。新中国成立后，为了巩固新生政权和进行国家建设，国家对复杂的高等教育进行了社会主义改造，建立了高度集中的大学管理制度。在体制上，1950 年颁布的《各大行政区高等学校管理暂行办法》《关于高等学校领导关系的决定》和 1953 年的《关于修订高等学校领导关系的决定》等政令文件，确立了中央教育部在制定全国高等教育政策与方针、决定高校设置、校长任免、经费收支以及专业设置、招生、基建、财务、人事、教学等领域的绝对决定权。[①] 在专业和课程领域，通过 1949 年华北高教委员会颁布实施的《华北专科以上学校 1949 年度公共必修课过渡时期实施暂行办法》、1954 年高等教育部颁布实施的《高校专业目录分类设置》等文件，高校专业分类、设置和布点的权力完全归属中央教育管理部门，并赋予了政府审查课程与教学，尤其是审查新民主主义等思想政治课，以及监督高校教学计划的权力。由此，政府实现了对高等教育资源和学术资源的宏观控制，高度中央化的学问体制由此建立。[②] 值得强调的是，从新中国成立初期高等教育改造到 20 世纪八九十年代，我国高校领导体制几经调整，逐渐确立了“党委领导下的校长负责制”，1998 年《高等教育法》颁布，党在高等教育管理中的政治核心地位得以最终确立，党的领导成为中国特色大学制度或大学模式的重要内容，奠定了政治权力在我国大学治理结构中的核心位置，从而成为“中国特色”与中国制度优势的基础所在。

高度集中的高等教育管理体制，一方面与新生政权诞生初期的政治要求相适应，另一方面则由国家经济社会发展的“计划体制”模式所决定。计划

① 林荣日．制度变迁中的权力博弈［M］．上海：复旦大学出版社，2007：115-116.

② 鲍嵘．学问与治理——中国大学知识现代性状况报告（1949—1954）［M］．上海：学林出版社，2008：209-210.

体制强调政府在国家生活中的绝对主导地位，各项建设事业的发展与改革全部由中央及其各部门负责规划、管理和决策。因此，高等教育管理体制不可避免地打上计划体制的烙印，加之高等教育管理权归属中央教育部，地方和高校缺乏基本的自主权，这就构成了高等教育集权管理体制的基本特征。随着 1978 年党的十一届三中全会确立了改革开放，1982 年政府开始实施精简机构和简政放权，至 1992 年党的十四大提出建立社会主义市场经济体制等，高度集权的高等教育管理体制逐渐有所变化，地方政府和高校开始拥有了一定的办学自主权。实际上，在高度集中的高等教育管理体制建立之后的大学制度持续改革中，改变这种自上而下的知识权力谱系成为改革的主线。然而，在很长一段时间内，甚至到如今，我国高等教育管理体制仍具有显著的集权特征，分权或放权也始终是大学制度改革的主要内容。

高等教育是一个特殊行业，是一个以知识活动为核心的行业，而大学是知识组织，其行业或组织的内在逻辑理应在高等教育管理模式的变迁中发挥基础作用；但在较长时期内，受特殊的发展阶段和体制特征等影响，知识组织或学术行业的内在逻辑在我国高等教育管理模式改革中的作用未得彰显，这一方面表明我国移植而来的现代高等教育体系缺乏充分的、必要的知识基础，且知识分子群体缺乏独立性，另一方面则反映出我国大学模式建设具有鲜明的外部驱动特征。潘懋元先生在 20 世纪 80 年代提出了高等教育内外部关系规律，而内外部环境间的张力正是高等教育体系包括高等教育管理模式不断变革和发展的根本动力。正因如此，虽然国家以不同形式、不同程度介入高等教育发展，塑造了我国大学模式的特色，但过度介入或不当干预也是长期以来我国现代大学制度建设致力于改变的地方。

二、体制转型驱动下高等教育管理体制改革之分权化

我国政府从 20 世纪 80 年代初开始实施精简机构和简政放权。同时，地方和生产部门开始提出扩大自主权的要求，最具有代表性的就是农村家庭联产承包责任制的艰难探索，20 世纪 90 年代国企改革和建立现代企业制度的核心也在于赋予生产单位以必要的、充分的自主权。在高等教育领域，1979 年 12 月 6 日，《人民日报》发表了复旦大学校长苏步青、同济大学校长李国豪、华东师范大学校长刘佛年、上海交通大学党委书记邓旭初等呼吁“给高等学校一点自主权”的文章。但包括高等教育在内的社会各领域发生深层体制变革，却是在我国进入建设社会主义市场经济体制的新时期之后，由计

划经济体制向市场经济体制转型成为中央、地方和高校间权力布局发生深刻变化的巨大推手。社会主义市场经济体制建设的提出和施行，将改革开放、政府简政放权和扩大地方及具体单位的自主权的逻辑整合在了一起，高校扩大办学自主权获得了稳定而持续的制度性力量，或者说获得了合法性基础。

1985 年，中共中央颁布《关于教育体制改革的决定》，这在我国教育管理体制改革的历史上具有里程碑意义，对高等教育管理制度改革产生了重大影响。该文件以改革管理体制为核心，提出建立中央、省和中心城市三级办学体制，扩大地方政府高等教育管理权。该文件提出，要“在国家统一的教育方针和计划的指导下，扩大高等学校的办学自主权，加强高等学校同生产、科研和社会其他方面的联系，使高等学校具有主动适应经济和社会发展需要的积极性和能力”。为此，该文件赋予高校接受委托培养学生和招收自费生、调整专业服务方向、制订教学计划和教学大纲、与外单位合作进行科学研究和技术开发、提名任免副校长和任免其他各级干部、具体安排国家拨发的基建投资和经费等多项权利。1993 年，党中央、国务院发布《中国教育改革和发展纲要》，要求逐步建立以中央和省两级政府办学为主、社会各界共同办学的格局，扩大省级政府发展地方高等教育的权利，在进一步强调地方高等教育管理权的同时，还明确了社会参与办学的权利，我国民办高等教育得以恢复和重建，极大地改变了我国高等教育体系的结构，从而推动了高等教育管理权的分化。1995 通过的《教育法》和 1998 年通过的《高等教育法》都从法律上保障了地方政府的高等教育管理统筹权及高校办学自主权；2002 年通过的《民办教育促进法》则对民办高等教育发展及民办高校的相关权力和责任进行了规定。由此，“中央开始放权给地方，教育行政部门开始放权给学校校长，政府放权给社会”[①]成为长期以来高等教育管理体制改革的基本取向。甚至有学者认为，中共中央发布实施《关于教育体制改革的决定》，是我国教育治理理念的萌芽，标志着我国对教育治理的先行探索。[②]

在体制转型过程中，尽管“五年规划”仍然作为国家行使高等教育治理的重要方式，但市场对高等教育资源配置与管理的作用不断加强。例如，劳动力市场通过市场选择机制影响大学的人才培养模式改革，社会生产部门开

① 朱皆笑 . 教育治理现代化研究热点及政策演进［J］. 教育科学研究，2017（3）：56-62.

② 杨现民，等. 数据驱动教育治理现代化：实践框架、现实挑战与实施路径［J］. 现代远程教育研究，2020（2）：73-84.

始参与大学的专业与课程建设、实践教学，大学的“产学研一体化”办学日益受到重视；市场地位的提高，直接表现为在实际上承担着生产、服务和管理职能的生产性、功能性部门自主权逐步扩大，在高等教育市场环境下高校作为专业机构，拥有了越来越多的话语权、自主权。在高校内部，教师聘任制的施行是践行市场理念的典型表现，1993 年颁布的《中国教育改革与发展纲要》就指出，“要打破平均主义，引入竞争机制，在高校实行聘用制度，提高办学效益”，基于竞争原则的教师聘用机制调动了高校教师的主体性、主动性，促进了高校内部资源的优化配置，提高了其使用效率，极大地改变了大学内部的文化生态。其他的诸如实施校院两级管理以强调基层办学主体的主动权，实施后勤社会化以优化资源配置和提高办学效率等举措都体现了市场理念、市场机制在高校内部运行与管理中发挥的作用。市场逐渐形塑起了一种区别于计划经济时期的大学文化，即自主、责任、竞争、效率成为大学内部权责关系与资源配置的重要价值导向。

当然，无论是由于新兴的社会主义市场发育不足，还是深受体制与传统束缚，抑或是因为高等教育市场本来就不是真正意义上的商品市场，我国高等教育市场在很大程度上属于一种“类市场”，依附于国家计划管理。[①] 但即使如此，市场的介入已经深刻地影响了我国高等教育管理和大学办学模式，包括在此过程中过度市场化或产业化对高等教育公共价值的侵蚀[②]，显然这需要通过科学的制度设计对高等教育市场进行引导和规范。在以体制转型为标志的高等教育管理制度改革中，尽管高校的自主意识有所增强，但在传统的政府主导和市场介入两种外部力量的挤压下，知识生产在高等教育治理变革中仍然无法释放更多的力量。

三、现代大学制度探索中大学治理结构的进一步调整

社会主义市场经济体制建设进一步要求政府加大简政放权力度。在高等教育领域，1998 年，国家启动了“985 工程”，标志着我国高等教育发展进入了“世界先进水平的一流大学”建设阶段，并进一步提出了改革传统的大学制度体系的要求。1999 年，高校大扩招后关于高等教育整体结构及发展质量问题的广泛争议，使得创新大学制度成为改革发展的当务之急。在以上背景

① 张应强，张浩正.从类市场化治理到准市场化治理：我国高等教育治理变革的方向［J］.高等教育研究，2018（6）：7–23.

② 孟明义.高等教育不能产业化［J］.高等教育研究，1999（6）：48–51.

下，建立现代大学制度作为我国高等教育体制机制改革的集中反映，于新旧世纪之交率先被提出，并引领了政府和高校不同层面的制度探索实践。“在进入新千年之际，我们提出建设现代大学制度的改革目标，形成适应社会主义市场经济要求和高等教育全面持续发展需要的大学管理体制和运行机制，应当是高等教育改革和发展的最关键内容之一。”[①]

现代大学制度的设计初衷主要是针对长期以来高度集中的高等教育管理制度对高校办学自主权的束缚以及高校内部政治和行政权力僭越的权力失衡问题。优化以大学为中心的各利益相关主体的权力与责任关系，具体来说就是要真正贯彻“政府简政放权”的基本精神，改变政府管理高等教育的方式，由微观管控转向宏观引导；依法落实大学独立法人的地位，扩大高校的办学自主权，高校面向社会需求自主办学；发挥市场在高等教育资源配置中的积极作用，为社会各界及其各部门以不同形式参与高校教学、科研、管理和服务提供渠道；在高校内部，加强“去行政化”改革，规范行政权力运行方式，强化学术权力的中心地位，扩大广大师生民主参与学校管理的权力。2010 年《国家中长期教育改革与发展规划纲要（2010—2020）》（简称《纲要》）发布，从国家层面上明确了我国现代大学制度建设的内涵与要求。《纲要》提出，要“完善中国特色现代大学制度”，公办高等学校要坚持和完善党委领导下的校长负责制；充分发挥学术委员会在学科建设、学术评价、学术发展中的重要作用；探索教授治学的有效途径，充分发挥教授在教学、学术研究和学校管理中的作用；加强教职工代表大会、学生代表大会建设，发挥群众团体的作用；等等。概言之，要建立“党委领导、校长负责、教授治学、民主管理”的高校内部治理结构。为推进现代大学制度建设，2010 年 12 月，教育部启动了现代大学制度建设试点工作，北京大学、中国人民大学等 28 所试点高校开始在建立健全决策议事制度、加强校务信息公开制度建设、推动行政权力与学术权力分离、探索大部制改革、推进大学章程建设及完善人事分配制度等不同领域进行改革试点。总之，建立现代大学制度，就是要“科学界定政府与大学的关系，有效设计外部对大学治理的参与，明晰内部治理结构”。[②]

可见，构建现代大学制度的本质在于协调失衡的大学权力与责任关系，就是要打破一元化的传统权力结构，就外部关系而言就是打破政府的集中管控模式，就内部关系而言就是打破行政本位的官僚控制模式，在此基础上赋

① 袁贵仁. 建立现代大学制度推进高教改革和发展［J］. 中国高等教育，2000（3）：21-23.
② 马陆亭. 我国现代大学制度的建设框架［J］. 国家教育行政学院学报，2009（5）：37-43.

予高校内外部利益相关主体应有的权力和责任，实现权力结构的分散化和多元化。当然，权力中心的多元化或权力主体的相互制衡是制度改革的重要方向，但并非现代大学制度设计的归宿。从应然角度来说，现代大学制度建设的最终目的在于构建学术本位的大学治理结构和治理文化，永葆大学作为一个学术组织的知识生产能力，这是当代大学发挥多元职能的价值基础。不过，基于打破一元化权力格局的迫切性，学界往往十分强调权力制衡的意义，显然大学作为一个天然的学术机构，必然在组织结构上以知识生产系统为重心，在权力结构上以学术权力为重心，即大学权力结构是一个差序格局，而不应是各权力之间的制衡甚至平衡状态。大学要建立基于学术本位的差序性治理结构，就必须重塑学术本位的大学观和实践体系。[①]从一元权力观到权力多中心论，凸显了学术权力的中心位置，从根本上反映了大学的组织特征。因为大学本就是一个由众多知识活动单位组成的“松散联合体”，即使是在大学校级权力不断强化、通过各种形式加强对学术基层的控制以追求统一的组织目标的条件下，大学基层学术组织的自主性要求仍标识着大学的本质，基于不同学科的基层组织遵循着各自的知识生产规律，构建各自的制度体系与文化生态。而以学术发展为源起，尽管衍生性的管理及服务群体逐渐成为大学必不可少的组成部分，并具备了独立诉求和价值根基，从而成为大学权力体系的重要构成部分，但是如果丧失了服务于学术的能力，其本身也就失去了存在的必要性。

与前期相比，在高等教育管理制度改革进入现代大学制度建设阶段后，一方面，政府主导的特征仍十分明显，现代大学制度建设总体上是一个由上而下的启动与实施过程；另一方面，随着高等教育在国家战略中的核心地位得以确立，大学服务于现代科技、产业发展的作用空前彰显，国家在调整相关政策和制度的过程中越来越多地考量和依据大学的知识生产要求。大学的自主权有所扩大，直观地表现为政府不同程度地放开了对职称评审、财务管理、学位授权、薪酬福利等方面的审批和控制。同样，在大学内部，尊重学术权力的中心地位也越来越成为共识和改革的重要取向。从一定意义上说，知识的力量在知识经济时代愈加彰显，知识生产规律在高等教育治理变革中的作用也有所加强。

---

① 张继明.略论大学权力结构的差序格局：对大学治理语境下"权力制衡论"的反思［J］.高校教育管理，2018（5）：53-59.

四、深化综合改革背景下的大学治理及其现代化建设

大学治理作为学界的专门研究话题，大约始自21世纪之初，与现代大学制度理论的提出是同一进程，因为两者本质上都是对一元化权力格局的批判与重塑。有学者甚至认为，建立现代大学制度的基石正是大学治理结构，即能够应对“冲突和多元利益”需要的决策权结构。①党的十八届三中全会通过了《中共中央关于全面深化改革若干重大问题的决定》(以下简称《决定》)，明确提出全面深化改革的总目标是“完善和发展中国特色社会主义制度，推进国家治理体系与治理能力现代化”之后，以治理为导向的大学制度改革步入了新的阶段，即大学治理体系与治理能力现代化建设阶段。2014年，教育部提出要深化教育领域综合改革，加快推进教育治理体系与治理能力现代化。教育治理现代化正式从国家层面被提出，并成为一种话语体系。由此，建设中国特色高等教育治理体系、推进治理能力现代化，已成为我国高等教育治理改革的基本导向。

为了落实《决定》关于“深入推进管办评分离”的指导意见，推进教育治理现代化，2015年，教育部印发《关于深入推进教育管办评分离 促进政府职能转变的若干意见》，提出“推进政校分开，建设依法办学、自主管理、民主监督、社会参与的现代学校制度”，进一步厘清了政府宏观治权与高校自主权的关系，强化了高校的办学主体地位；以教育评价机制改革为突破口，更加强调了社会参与机制的建设，第三方治理的重要性得以凸显。其后，2016年教育部颁布的《教育信息化“十三五”规划》和《依法治教实施纲要(2016—2020年)》，2017年国务院颁布的《国家教育事业发展“十三五”规划》、教育部等五部门颁布的《关于深化高等教育领域简政放权放管结合优化服务改革的若干意见》、中共中央办公厅和国务院办公厅颁布的《关于深化教育体制机制改革的意见》，2019年国务院颁布的《中国教育现代化2035》等一系列重要文件，一以贯之的重要指导思想就是“简政放权、管办分离、放管结合、优化服务改革，构建政府、学校、社会的新型关系”，其中，政府在教育治理中的服务性定位成为新的改革趋向。另外，值得强调的是，随着互联网、大数据、人工智能等新技术被越来越多地应用于大学发展及其治理，数据驱动成为教育治理现代化的新样态。②治理技术的发展推动了高校治理的

① 龚怡祖．大学治理结构是现代大学制度的基石［J］．教育研究 2009（6）：22-26.

② 杨现民．数据驱动教育治理现代化：实践框架、现实挑战与实施路径［J］．现代远程教育研究，2020（2）：73-84.

现代化进程。如果说以上内容主要针对宏观高等教育治理问题，那么，2014年中共中央办公厅印发的《关于坚持和完善普通高等学校党委领导下的校长负责制的实施意见》，则对党委与校长这两个高校内部治理结构中的最核心要素进行了进一步厘清，为深化高校内部治理结构改革提供了行动框架。同年，教育部还印发了《高等学校学术委员会规程》和《普通高等学校理事会规程（试行）》，这与2013年教育部印发的《高等学校章程制定暂行办法》一脉相承，对大学内部治理进行了不同维度的制度改革设计，强化了大学的依章办学和管理，扩大了大学学术权力效能空间，加强了大学治理的社会参与，初步建立了多元共治的现代大学治理结构。综上可以发现，治理现代化阶段，政府的一系列改革具有更加明显的科学化和专业化特征，即更加尊重高等教育规律及大学组织规律。

为了进一步推进高等教育领域综合改革，2014年7月21日至22日，教育部直属高校工作咨询委员会第24次全体会议在北京召开。会议明确了“抓住机遇全面深化高等教育综合改革”的基本方针，推动了高校综合改革的实践探索，北京大学、清华大学、浙江大学等多家部属高校率先制定了各自的综合改革方案。《北京大学综合改革方案》提出，要以体制机制改革和制度建设创新为关键着力点，以实现治理结构和治理能力现代化为总目标，通过大学职能的内涵提升和创新实践，带动学校人事管理制度、资源配置方式和党政管理体制的改革，解决发展中的深层次矛盾，破解瓶颈和难题，构建并完善具有鲜明中国特色和北大风格的大学发展模式。其后，全国高校纷纷进入了以科学调查和论证为基础的综合改革实践阶段。随着2015年“双一流”建设的启动，高校综合改革通过探索一流大学发展模式、完善高等教育治理体系等，成为统筹推进一流大学和一流学科建设的重要路径。①

与前期相比，党的十八届三中全会后的大学治理改革更加深入和系统化。一方面，政府加大了简政放权力度，切实推动大学管理模式调整，同时，通过综合改革协同推进大学内、外部制度及第三方参与机制的优化；另一方面，各高校借综合改革之机系统梳理、反思和优化办学和治理体系。高校综合改革的重要意义还在于彰显了高校作为改革主体的地位及其主动性，各高校得以在把握高等教育发展和大学组织创新趋势、立足自身改革发展需要与规划基础上，全面深刻地革新乃至重塑其发展模式和治理体系，提升内部治理能力。从本质上讲，这表明高等教育治理现代化必须重视高校作为学术组织的

---

① 李立国.一流大学建设视野下的高校综合改革［J］.国家教育行政学院学报，2016（2）：3–9.

内在逻辑，即知识生产规律和知识生产模式演进的要求日渐成为治理模式改革的一股决定性力量，而且这也成为政府与高校的共识。因此，这一时期政府启动的一系列改革表现出了更加鲜明的专业化取向。然而，值得注意的是，当大学获得了更加充分的自主权后，如何确保大学办学遵循科学和理性原则，避免大学基于狭隘的利益诉求或功利价值观而陷入办学误区，则成为治理现代化中大学面临的新问题。例如，“双一流”建设及学科评估过程中，大学间的过度竞争或零和博弈已经对健康的大学秩序造成冲击，“五唯”化办学更是损害了大学乃至整个高等教育的价值根基。就此，高等教育治理现代化必须理性审视政府干预与大学自治的关系，考量如何通过法治化等手段对大学办学行为进行有效规制。国家出台《深化新时代教育评价改革总体方案》，剑指“五唯”弊端，旨在促使大学办学回归质量导向，强调大学和学术以“贡献率”作为评价标准，反映了国家在高等教育治理现代化中扮演的角色与意义。

五、我国高等教育治理现代化探索的方向在于“中国特色”

70多年来，我国高等教育治理伴随着外部环境的变化，在强制性变迁与渐进性变迁的交织中，最初建立的高度集中的一元化权力格局作为整个权力结构的基点，成为重塑权力秩序、优化权力布局的原点。由权力一元化转向权力中心的分散和多元化，是治理现代化的基本含义，而构建以学术权力为中心的多元权力共同参与的权力体系，则是我国高等教育治理现代化的根本追求。在追求现代化的过程中，政府、市场和高校三者的关系不断进行调整，在市场力量逐渐显现、高校自主权不断彰显并作为治理现代化基本追求的条件下，政府代表国家意志，始终扮演着主导性角色。现代大学制度建设、高等教育综合改革及其治理体系与治理能力的现代化建设，都没有脱离政府的主导。但从最初的全面管控和微观干预，到逐渐简政放权和改变职能方式，再到在高等教育资源配置中引入市场机制、发挥市场的调节和激励作用，最终到不断扩大高校办学自主权，并通过不断完善政策与法规体系来优化府学关系、规制市场参与方式，高等教育及大学组织的内在逻辑逐渐成为政府决策的重要依据，表明政府的高等教育治理方式逐渐走向科学化和专业化。科学化和专业化正是现代化的重要规定，这促使政府、市场与高校的关系不断得到优化，尤其是政府集中统一式的治理和高校的创造性变革相结合，将国家意志、国家导向与知识活动规律结合在一起，使高等教育治理效能得到了更加充分的释放，而这也正是中国特色高等教育治理或大学模式的本质表现。质言之，现阶段我国高等教育治理现代化的优势在于“中国特色”，现代化探索的方向也在于发掘“中国特色”，这一逻辑深刻地内嵌于我国高等教育发展及其治理的历史与现实中。在普遍的“西化”“美化”语境下，深刻把握我国高等教育治理现代化的特质与优势，发掘和凸显中国特色和中国优势，对于推进“双一流”建设和实现高等教育内涵式发展具有重要意义。

第三节　有效治理与我国大学治理的现代化走向

治理是我国高等教育改革的重要理念和实践机制，党的十八届三中全会之后，高等教育治理及其现代化被赋予了更多的意义。[①]治理符合现代高等教育体系与大学的逻辑，尤其契合当前我国构建现代大学制度的现实需要。[②]但不可否认的是，高等教育治理实践中存在着“治理失灵”现象，即治理应有的功能未得到充分的发挥。[③]高等教育治理的实施需要适宜的内外部环境，即治理只有在必要条件下才能发挥作用，当条件不充分时治理就会失灵。在高等教育治理实践中，治理失灵现象并不鲜见，这就产生了如何规避治理失灵、实现有效治理这个问题。因此，我们需要正确认识高等教育的有效治理，进而推动大学在实践中走向有效治理。

一、大学治理的客观条件性

（一）治理价值得以实现的客观条件性

治理的核心意旨在于各利益相关主体共享组织管理的权力，相互以契约和协商形式达成决策共识，最终共享组织发展的收益。治理是一个复杂的过程，并非一个自然实现的过程。前文关于大学治理模式的改革以及其他领域如生态治理、社会治理的内容也表明，治理只有具备一定的条件才能够实现

---

① 瞿振元.推进高等教育治理现代化：目标、价值与制度［J］.中国高教研究，2014（12）：1–4.

② 张继明.论大学权力结构的差序格局：对大学治理语境下权力制衡论的反思［J］.高校教育管理，2018（4）：47–53.

③ 李海龙.反思与治理：我国高等教育的治理逻辑［J］.清华大学教育研究，2016（5）：78–86.

其特殊价值。具体来说：第一，治理作为一个理念系统，要在实践中转化为有效的技术和工具，需要进行科学的制度设计，从而具备合理性，即理念本身是符合治理主客体运行规律及治理自身逻辑的，并得以完整地反映在制度体系之中。第二，与传统的管理模式相比，治理涉及更多的主体，因而也更容易面临共识缺失和利益分歧，所以作为一个政策工具，治理的顺利实施需要通过一定的程序来获得必要的授权，从而具备合法性。这种授权过程或合法性是一种有效的外部驱动力量，通常表现为体制及具体规制系统的力量。第三，作为新的理念与制度设计，治理只有顺利转化为切实的制度实践和治理主体的具体行为，才能在最终意义上发挥作用；在实践转化的过程中，各主体能否建立对治理体系的广泛认同，在很大程度上决定着治理成效，因此建构适宜的文化环境是治理最终发挥实效的重要基础。概言之，只有在相应的条件下，治理的目标才可能达成，此即治理的客观条件性。

（二）大学治理必需的客观条件

治理的客观条件性决定了高等教育治理并非一个自然实现的过程，其功能的发挥需要具备必要条件。具体来说，包括：其一，高等教育治理必须符合高等教育及大学组织的本质属性，符合大学作为学术机构、教育机构和文化机构的组织要求，尤其是符合学术活动规律及学术生产模式的运行与变革规律，这是实现大学有效治理的根本前提。其二，高等教育治理必须经过政府、教育行政部门、高校等各级各类机构管理者的合法性授权，能够对高等教育系统及高校的权力、利益关系产生足够的规制效力。这对于我国高等教育治理来说尤其具有现实意义，它保障了关于大学治理的设计与构想能够借助权力得到落实。当然，权力本身的转化又是宏观层面进行治理改革的重要内容，即政府或大学主管部门能够以善治为目标，深化制度改革，改进大学治理方式。其三，高等教育治理必须获得以大学为核心的内外部利益相关主体的文化认同，尤其是高等教育系统内基层力量的治理认同。例如，承担教学与科研职能的院系、平台、团队等，以及广大教学科研人员能够真正认同和支持顶层设计，各级权力意志与学术基层形成相对的共识，这是达至大学之治的最终条件。其四，高等教育治理能够在强有力的顶层推动和基本体制保障基础上，为大学及其各利益相关者提供相对明晰的行为规范。例如，大学章程建设作为现代大学制度和高等教育治理法治化的基层实践机制，需要以大学运行规律为依据，清晰、准确、全面地就各利益相关者的权利、责任和利益等进行界定，在形式或程序上打破各主体之间权利与利益的模糊关系。

综上所述，高等教育治理在实施过程中，需要将各利益相关主体统一于共同的观念、利益和行动框架之中，并为治理提供适宜的制度和文化环境。也就是说，大学治理必须遵循内外两个逻辑，即大学知识生产的逻辑和社会选择的逻辑，这是高等教育治理客观条件性的本质。如果不同逻辑之间发生了失衡，高等教育治理的价值就无法充分实现，甚至难以付诸实践，会出现治理失灵问题。就我国大学治理而言，往往是社会选择的力量如政府意志更为强势，这导致了知识驱动力量的不足，两者的失衡反映了大学治理体系的缺陷，也构成了大学组织在一定程度上发生异化的问题之源，还会成为大学有效治理探索的重要逻辑起点。

二、我国大学治理的复杂性与治理失灵

（一）我国大学治理失灵的客观现实

从治理的缘起看，治理是在市场机制和国家干预低效甚至失败的背景下产生的。但实践表明，治理并不一定是治愈市场机制失灵和国家干预失灵的良药，它本身同样也会失灵。[①]正如本书所指出的，治理具有客观条件性，当不具备或丧失必要条件时，治理失灵就在所难免。无论是在政府治理领域，还是在市场、社会治理领域，都存在治理失灵现象。高等教育治理或大学的治理当然也难以避免发生失灵。我国高等教育正处于由管理走向治理的过渡阶段，一方面，治理作为技术，还有待于提高科学化水平及其针对我国大学治理特殊情境的适应性；另一方面，受大学内外部环境的影响，我国大学治理本身是一个极其复杂的系统性工程，这导致我国在探索实施大学治理过程中存在失灵的风险。而事实上，在具有治理取向的大学制度建设或管理模式的改革进程中，失灵现象是客观存在的，行政化导致的大学组织异化、功利化评估导致的大学价值理性丧失，都体现了治理失灵及其所导致的大学发展困境。

我国高等教育治理的核心目的在于打破一元化的管理传统，建构反映学术本位的教育文化、组织文化和管理文化，建立以服务学术发展为导向的服务型教育行政、高校行政，建立政府、社会、高校及其内部各主体间基于契

---

① 鲍勃·杰索普，等.治理与元治理：必要的反思性、必要的多样性和反讽性［J］.国外理论动态，2014（5）：14-22.

约的新型关系。简言之，就是要通过治理来重新调整各主体的利益关系，尤其是调整学术利益诉求和行政管理绩效诉求、权力诉求的矛盾关系，这是我国大学治理的核心。从我国大学治理的各要素来看，政府作为改革主导者的理念和改革实践者的专业化程度、整个国家和社会的法治环境、高等教育变革中存在的路径依赖，以及各方主体利益诉求的差异等诸多要素构成了大学治理的内外部环境，只有各要素得以系统性地改进，治理才是有效的。在此复杂背景下，我国高等教育治理存在着失灵的风险，甚至可以说，在大学制度改革过程中，发生治理失灵并不难理解。尽管正如前文所提出的，在长期的改革探索中，政府、市场和大学的关系由早期的严重失衡正逐步走向协调，但在政府主动转变职能的同时，以管控为特征的路径依赖很难完全改变，社会参与的制度化建设有待完善，大学自身的治理能力亦有待加强，大学有效治理的基础并不健全。质言之，从理想的角度而言，大学要通过治理来实现各主体协作、相互促进，即以共同体的方式协同促成大学发展的目标。但现实中，以大学为中心的各相关主体的协作面临严重阻碍，从而导致治理失灵，从大学职能的角度来说，其直接表现就是学术权力失位、学术创造乏力、人才培养能力不足，大学无法有效回应“钱学森之问”，在服务国家和地方战略需求方面的作用也乏善可陈。

（二）我国大学体系的复杂性决定了治理任务的艰巨性

其一，不同主体存在着利益和逻辑上的差异，导致各主体的应有协作缺乏共同基础。典型的表现诸如大学的公共价值与其功利化、学术共同体的本质与行政化管理模式、不同主体的立场和利益诉求存在着难以协调的矛盾。不同主体的矛盾常常表现为外部力量通过权力和功利化机制来扭曲大学的学术发展轨迹，导致大学的异化和功能障碍。众所周知，“行政化”问题是长期束缚我国大学创新的深层次因素，其背后不仅存在着错综复杂的权力分配、利益分配问题，还存在着包含历史传统、文化及知识分子群体心理惯习等因素的综合影响问题，与大学知识生产的逻辑要求是严重背离的。在我国以集权为重要特征的科层制大学制度模式下，权力占有群体不能做出深刻而主动的改变，高校办学自主权就缺少可靠保障，大学的内在要求如学术自由、民主参与等就很难充分实现。何况，“行政化”弊端根深蒂固、“去行政化”步履维艰等，本身就是治理失灵的表现，因此导致的学术权力式微、学术诉求遭到压制、学术创新受到束缚等问题则直接标识着大学治理的低效。

其二，不同主体本身就存在价值与行动的模糊性，甚至价值本身就是不清晰的。受历史等因素影响，我国大学的组织属性在较长期的办学实践中是存在模糊性的，即大学究竟是学术组织，还是政府派出机构；是一般意义上的事业单位，还是面向社会自主运行的法人实体。显然，不同界定存在着边界上的重叠。因此，我国大学的办学远远超出了纯粹知识活动的范畴，承载着多样化的责任与期许，也正因此，我国大学的利益相关者也呈现多元化，且存在着立场、逻辑、利益等方面的复杂矛盾关系。而大学在诸多利益相关者面前常常表现得缺乏足够的独立自主性和博弈能力，在依附于政府、借力于市场的过程中表现出了明显的自我矛盾，即其价值取向和行动方式都表现出一定的不确定性，既具有强烈的自主办学要求，又依赖资源供给者。而作为治理主导者的政府，也总是在传统的大学观、发展观、治理方式同专业化、现代化的改革趋向之间摇摆不定，一方面频繁发起诸如“管办评分离”等放权式改革，另一方面又通过全景式的评估与问责强化对大学的管控。随着大学一步步深入社会的中心，行业与企业组织开始介入大学办学，但市场逻辑与大学的逻辑存在很难调和的矛盾，而且在我国特殊的体制环境下，原本殊途的市场与政府建立了“联姻”关系，市场成为政府干预、调节大学的有力工具。大学在以行政权力为中心的管控模式和不同方式的强化干预之下，失去了自主与创新的必要环境，最终反映了现阶段我国大学治理的失灵。

其三，一个不得不提及的视角是，大学机体的规模与复杂性直接影响着大学治理的方式及其效率。我国大学多数是大规模、大体量的，庞大的师生和管理者群体规模，以及各群体在职业和生活领域的各种需求，都要求建立科学、公正和高效的治理体系。尤其是在我国高等教育由精英化阶段快速跨入大众化、普及化阶段的条件下，从宏观到微观，各级管理者的管理理念和管理手段都需要进行转换，但这需要一个长期的过程。在管理体系转换过程中，新的大学生态体系由于缺乏相应的调节和服务，会发生生态失衡。例如，以精英化教育质量标准衡量大众化高等教育质量[①]，导致在较长时期内高等教育质量观混乱，其价值引领功能大打折扣；再如，面对生源多样化的新形势，大学管理者的管理理念和管理模式仍停留于精英化阶段，以统一考核评价和权利管控为主，而个性化、多样化教学资源供应匮乏，服务意识和服务能力不足，影响了人才培养质量。数据显示，目前我国高等教育毛入学率已经超

---

① 潘懋元. 高等教育大众化的教育质量观［J］. 清华大学教育研究，2000（1）：9-11.

过54%，高等教育规模不断增大，在高等教育结构布局不做调整的条件下，大学体量也将增大。大学在生源构成、教学与教学管理、学生服务等领域势必会进行以多样化、个性化为导向的改革，这就进一步要求优化大学治理体系，更要求治理者具备高超的治理能力、服务能力。如果大学治理不能适应新的变化、及时改进和创新，传统管控模式的弊端必将进一步凸显，而缺乏质量的普及化高等教育也就失去了应有的意义，甚至给教育乃至国家和社会进步造成更大的掣肘。①也正是在此意义上，本书在后文中专门提出，增强大学治理主体的专业化治理能力是大学有效治理的关键举措。

总之，中国的大学治理是一个浩大、复杂的工程，要确保治理的有效性，必须经过长期、深入、系统、艰巨的探索和调适，需要改革者和治理者具备足够的勇气和智慧，以应对“治理失灵”的各种可能和现实。是故，大学的治理体系与治理能力能否依据大学内外部环境的变化进行有针对性地调整优化，决定着我国大学乃至整个高等教育体系的发展质量。

三、有效治理是大学治理现代化建设的方向

大学治理是我国改革以管控为特征的传统管理模式的重要取向，是大学创新发展、优化功能与价值体系的保障。当前，从“双一流”建设到高等教育内涵式发展，已经构成我国国家战略体系的中心部分，承载着促进国家和民族事业发展、增强国际话语能力的历史重任，这就要求大学必须向治理转型，并实现有效治理。然而治理的客观条件性及广泛存在的治理失灵现象表明，大学治理在内涵上更适于界定为一个创造相关条件的过程，具有显著的不确定性。当通过科学的制度设计及有力践行，推动了相关要素的转化、优化或创新时，才意味着大学治理走向了积极的方向，治理的价值才能够充分体现。就此，本书提出了“大学有效治理”的概念，认为大学治理现代化建设的方向即有效治理，而大学治理现代化既指有效治理本身，也指一个走向有效治理的过程。

具体来说，“有效治理”概念标识着大学治理主体为追求治理理想而采取的有意义的改革举措及取得的积极成效，是一个为实现大学治理现代化而不断革新观念的认识深化过程，更是一个为实现大学善治而不断创造条件的实践探索过程。质言之，大学有效治理意味着在学术本位的价值导向之下，大

① 张继明.构建有质量的普及化高等教育——论从大众化到普及化高等教育过渡阶段的大学治理[J].高校教育管理，2019（2）：55-62.

学及其内外部各利益相关者的权责和利益得到了妥善安排，作为大学核心利益的学术价值得以充分实现，大学的学术生产能力包括人才培养、科学研究和技术开发能力得以持续提升，从而能够为政府、市场等外部利益相关者持续提供优质的智力服务。就我国而言，大学有效治理意味着：政府具备了优秀的教育治理能力，能够正确引导和服务高等教育发展；社会力量通过参与大学理事会、共建专业与课程资源、实施第三方评价等方式与大学建立共建共赢关系，为大学治理输入外部智慧；各大学在优化竞争关系的基础上，建立以协同、共享为特征的大学共同体，激发协同创新效应；大学党委会不断增强思想政治领导能力和学术治理能力，为大学改革与发展提供强有力的保障；大学学术委员会在学术治理中获得实质性权力，能够发挥学术治理的主导作用，实现学术自治；章程在大学治理中发挥核心作用，推进依法治教、依章管理；大学理事会发挥实质性咨询、指导作用，推进大学治理的专业化、合理化；等等。这都体现了有效治理的过程。通过这样一个过程，大学治理实现了科学化和专业化，大学办学回归了学术本位，为大学具备卓越的学术创造、人才培育及社会服务能力奠定基础。就其本质而言，通过有效治理，政府服务、大学自主和社会积极参与三个大学治理主要维度实现了有机融合，传统管理模式下大学的各相关主体拥有了协调矛盾的基础和利益上的一致性，竞争关系由零和博弈走向了有序竞争基础上的协同发展。当然，不可否认的是，有效治理在更多时间内是一个建构的过程，尽管越来越接近大学的理想，但始终存有某些不足，从而要求人们持续投入这个建构过程。就如一个螺旋式上升的过程，在大学有效治理的建构中，人们采取的一系列设计与构想在同复杂的掣肘性力量的博弈中不断调适、扬弃和践行，并接受实践的检验。

毋庸置疑，我国现代大学制度改革和中国大学模式的探索需要走向有效治理，我国大学治理探索中存在的治理失灵现象客观上亦要求走向有效治理，我国高等教育内涵式发展和治理现代化的推进也需要走向有效治理。我国大学有效治理的探索，归根结底在于确保大学按学术规律运行，但同时也具有针对我国高等教育发展需要的特殊性要求，即需要在扎根中国大地、办好中国特色社会主义大学的价值引领下，在特定的体制、文化范畴内探寻现代化之路。从政府到高校、从顶层到基层、从体制到文化、从行政管理到学术生产、从课程教学到质量评价等不同维度、不同领域进行系统性革新，既要充分发掘我国大学治理的优秀传统，又要革除传统模式中违背新时代大学发展要求的落后因子，从而构建中国特色的大学治理模式。①而有效治理的当务之急是正视我国大学发展与治理过程中存在的问题，探明导致问题产生的复杂因素，进而找寻到解决问题的方法和路径，这亦是本研究的基本逻辑。

本章小结

从大学的源起与进化历程来看，大学的逻辑既包含了知识分化与知识生产模式演进的自在要求，也包含了大学作为一个特殊社会机构不断适应外部环境的社会选择要求。社会选择既包括社会生产的规律性、客观性要求，也包括社会治理者如政府，从国家建设需要出发，按功利标准对大学实施干预。大学制度必须尊重大学的逻辑，才能保障大学增强知识发展和社会服务能力。但大学的知识活动要求和社会选择之间往往存在冲突，究其根本在于大学内外部主体的利益诉求往往是不一致的。大学治理即协调大学各利益相关主体间的矛盾。从我国大学组织及其管理模式改革的历程来看，以政府为代表的单一外部力量主导着大学的制度改革，大学的自主性相对式微。因此，我国大学治理的核心任务在于改变失衡的大学权力格局，而治理现代化的目标则建构于学术本位的大学制度体系，包括以学术权力为中心的治理结构、以学术诉求为导向的大学文化等。在这个过程中，一方面，政府积极地优化自身的治理权能，这构成了我国大学治理现代化的决定性因素；另一方面，大学立足于知识生产者的内在要求和知识生产规律而积极谋求扩大独立办学的权力。同时，在有针对性的制度安排下，第三方力量也以各自的方式参与这个建构过程。通过这样一个过程，相互冲突的各利益主体达成了共识，进而协商确定了利益共享机制，这是大学治理的核心任务，亦是实现大学有效治理的主要标志。

从改革的现实成效来看，毋庸置疑的是，我国大学治理改革取得了显著进展，然而同样不可否认，我国大学治理现代化仍在较大范畴内面临着失灵的现实和风险，即各方主体在治理理念、利益诉求、行动方式上并未达成理想的和谐秩序，大学治理距离学术本位之目标仍旧甚远。正是基于此，本研究提出了“大学有效治理”这一概念。大学有效治理使大学内、外部双重逻

① 张继明. 构建中国特色大学模式的五个基本向度——习近平关于中国特色社会主义大学重要论述的启示［J］. 现代教育管理，2019（7）：54-59.

辑由相互疏离、矛盾走向了和谐统一，不同主体相互协作，实现共同发展，它标识着大学治理现代化的本质和建设方向，也是中国特色大学制度建设的重要导向。本书以“大学有效治理”作为理论工具，就如何优化大学治理各要素、推进大学治理现代化，展开系统地探索。

第三章

大学有效治理的主要理论基础

从纽曼心目中的“僧侣的乡村”，到弗莱克斯纳心目中的“市镇”，再到克拉克·科尔心目中的五光十色的“城市”，大学在漫长的演进中变得越来越复杂，其在现代社会生产和国家生活中的重要性也越来越凸显。随着第四次科技革命的不断深入，大学的学科建设、知识生产和创新型人才培养等将变得更加复杂。从系统科学角度看，大学已经成为一个复杂的动态系统，具有多重时间尺度、显著延迟性、高度非线性、多重反馈性、广泛开放性等特征和规律。① 有学者还指出，未来大学的组织特征就是复杂性。② 同时，当代大学的社会地位也越来越高，因为信息社会、智造社会对于大学所提供的智力服务的依赖性空前彰显，“卓越大学”“一流大学”建设计划正成为越来越多国家发展战略体系的中心。大学治理正是因应大学组织的日益复杂化而生，并因同样的治理复杂化及其重要意义而提出了有效治理的要求。要实现大学有效治理，必须立足于大学组织运行规律，利用现代管理科学与技术，建立完善但又具有开放性的制度体系，以优化大学组织结构，增强其组织生产能力，提高其独特的智力服务品质。简言之，大学有效治理必须建立在科学基础之上，它必须是一个高度理性的过程。同时，由于大学是以人为生产者、以人为目的的特殊活动组织，大学有效治理还必须尊重人的需求、尊重人的群体特征、尊重学术人的个性及其理想。而要协调大学治理的理性化和人本化的关系，又需要采取更加多元的策略，因此就有必要利用适宜的理论工具指导大学治理，以达到有效性价值目标。

---

① 胡海岩．系统科学视角下的中国大学发展［J］．高等教育研究，2012（5）：1-7.

② 周光礼．回归复杂性：未来大学展望［J］．高等工程教育研究，2015（6）：43-52.

第一节　现代大学的组织特性及其治理逻辑

有效的大学治理必然是以尊重大学组织的本真为前提的，更确切地说，我国大学有效治理是促使大学组织由异化回归本真的过程。因此，大学的组织逻辑是大学治理的根本依据。但是大学组织并非恒定不变，而是处于不断的调适与变化之中，并变得越来越开放和复杂，由此，当代大学的逻辑已成为一种复杂逻辑。因此在大学治理过程中，我们必须正确认识大学组织的逻辑，而且要在大学组织的多重角色、职能、使命和文化中深刻把握大学逻辑的根本，以此找寻大学治理之道。符合大学治理逻辑，才可能实现有效治理。从根本上说，大学有效治理是对大学组织根本逻辑的实践。

一、学术性反映了大学组织的自然属性

组织是指由诸多要素按照一定方式联系形成的系统。大学作为一个特殊的社会机构，有其特殊的构成要素。各要素按特有的方式存在并联结，有机地构成了一个特殊的知识活动组织。作为知识活动组织，知识、知识活动主体和知识活动场域构成了大学的核心要素。“所谓高等教育学术机构，乃是民族道德文化荟萃之所，其立身之根本在于探究深邃博大之学术。”①那么，知识活动的特殊性、知识活动主体的特殊性、知识活动场域的特殊性，就成为大学这个特殊社会机构的内在标识。从知识生产的目标出发，创设适于知识生产的场域秩序，以促使知识活动主体有效从事生产活动，即大学原本意义上的组织逻辑。而一般来说，自由是从事知识生产尤其是追求知识创新的必要条件，对于大学来说，“学术自由，追求真理”则是“大学的灵魂”。②

从历史角度来看，中世纪欧洲学者行会的相对独立性及大学从皇权、教权那里争取而来的迁徙权、司法自主权、免于兵役权等各项特权，都体现了知识活动组织对独立、自主、自由的要求。19 世纪中期，洪堡等人以理性主义、新人文主义思想为指导，创立了柏林大学，为保护大学的学术纯粹而拒绝设置职业性、实用性课程，就本质来说也避免了外在标准对学术自由形成冲击。学术自由传统延续至今，已成为大学最鲜明的精神气质之一，从而也成为大学组织运行的重要法则。学术自治是学术自由的基础和保障。全面

① 陈洪捷，等 . 外国高等教育学基本书献讲读［C］. 北京：北京大学出版社，2014：132.
② 朱九思 . 大学生命的真谛［J］. 高等教育研究，2000（5）：1–4.

考查英国、德国、法国和美国等国高等教育的发展历程可以发现，学术自治一直是现代大学的理想追求，也是西方现代大学学术繁荣的前提条件之一。各国借助民主、法治、有限政府、公民社会等思想理念和相应的制度设计，为学术自治提供了充分的制度环境基础。[①]例如，美国的大学以学术自治和学术自由为导向，建立了以终身教职制度为代表的系统、多元、有效的保障体系，并最终形成了一种根深蒂固的制度和文化。[②]美国著名高等教育家、哈佛大学第25任校长德里克·博克（Derek Bok）提出了著名的学术自由（Academic Freedom）、学术自治（Academic Autonomy）和学术中立（Academic Neutrality）的大学办学原则，即“三A”原则，集中反映了大学作为知识活动组织对知识生产内在规律的要求。[③]因此，在这个意义上，大学奉行大学自治、学术自由和教授治校之经典准则，以此来建构知识生产所需的秩序，以推动知识创新，就构成了大学的基本逻辑。而从根本上说，这是由知识生产的特殊规律所决定的，即学术组织属性决定了大学组织的基本逻辑就是学术本位。所谓学术本位，就是大学以促进学术发展或知识创新为办学目标和价值导向，依据学术或知识活动规律来建立以学术权力为中心的组织运行和治理体系。学术本位反映的是大学作为学术组织的自然属性。“一旦在高等教育学术机构中确立了唯学术是求的原则，便无须担心其余的具体事宜。”[④]

二、开放性凸显当代大学的社会属性要求

大学既是知识活动组织，又是社会机构。按照布鲁贝克关于高等教育政治论的说法，就是“政府、企业、农业、劳动、原料、国际关系、教育、卫生等问题，需要极深奥的知识才能解决，而获得解决这些问题所需要的知识和人才的最好场所是高等学府”“对高精度与在政治上的合法地位用不着大惊小怪，所有伟大的教育哲学家都把教育作为政治的分支来看待，如柏拉图的《理想国》、亚里士多德的《政治学》、约翰·杜威的《民主主义与教育》等，都是如此。”[⑤]参与社会作为大学的一种生存方式，反映了大学的社会属性。

---

① 孔垂谦，文辅相.西方现代大学学术与自治的制度环境基础［J］.北京大学教育评论，2004（4）：90–95.

② 李子江.论美国学术自由的组织与制度保障［J］.比较教育研究，2003（10）：19–23.

③ 德里克·博克.走出象牙塔：现代大学的社会责任［M］.杭州：浙江教育出版社，2001.

④ 陈洪捷，等.外国高等教育学基本书献讲读［C］.北京：北京大学出版社，2014：133.

⑤ 约翰·S.布鲁贝克.高等教育哲学［M］.杭州：浙江教育出版社，2001.

大学在不可避免地参与社会生产生活的过程中，所生产的知识及所建构的知识体系逐渐分化，至今已经分化为人文科学、社会科学、自然科学、工程技术科学等不同的知识类型，成为一个由门类、学科、专业、课程、知识领域等共同构成的极其复杂的知识系统。这种知识分化与社会需求是互为因果的，反映在大学的职能上，就是社会服务从 19 世纪中后期开始正式成为大学的第三职能；表现在大学组织的变化上，即大学逐渐以增强社会服务能力和提高服务效益为组织目标，并通过组织结构的调整来适应、增强社会参与的主动性和战略性。正如布鲁贝克所言："当高等学府卷入日常生活的时候，必然会遇到如何确定目标和如何行使权力来实现这些目标的争论。"[①]在参与和服务社会的过程中，大学走向了社会中心、市场中心，甚至成为国家战略体系的核心力量，而社会需求、市场需求乃至国家战略需求又不断要求大学调整知识生产模式，以提供更具有实用价值、功利价值的知识服务。这种变化反映在大学制度上，就是新式的应用型、科技型大学或学院的创立，如西方的多科技术学院、应用科技大学等。在我国，高等教育由精英阶段迈入大众化阶段的过程中，高校的分化渐成趋势，院校分类发展和分类管理已经成为国家的政策和制度实践。地方高校的应用化转型、职业教育独立体系的探索、本科高职院校的新建与发展，以及在高等教育治理上新自由主义或新公共管理模式的引入，都在本质上反映着大学社会参与和社会服务功能的日渐强化。目前在我国，无论是高职院校、应用型院校，还是研究型大学、精英型大学，都被赋予了服务经济社会发展、践行社会使命并从中获得社会支持的要求。这意味着，开放性越来越成为当代大学的组织属性。走出象牙塔的高墙而走向社会的中心，已经表现为当代大学组织进化的内在需要。正因如此，相当一部分地方本科高校正面临着范式的危机，加快范式转型，向创新创业型高校转变，已成为其重要的发展战略。[②]

综上所述，大学的知识体系、知识生产或学术活动过程不可避免地融入了社会性因子。具体来说，就是社会生产及社会发展既作为大学知识生产的动力，又作为知识生产的目的，社会机构、群体及个人（如知识生产模式 3 时代的"市民社会"）参与甚至改变了知识生产的过程，大学的知识系统成了"开环"式系统。斯坦福大学在《斯坦福大学 2025 计划》中对未来的"Open-loop University"进行了设计，依据社会需求来重构知识传播、知识输出和知

① 陈洪捷，等．外国高等教育学基本书献讲读［C］．北京：北京大学出版社，2014：193.

② 王建华．大学的范式危机与转变：创新创业的视角［J］．中国高教研究，2020（1）：70–77.

识服务流程，并探索建立与社会高度融通的学校治理体系，正是这种“开环”式系统的集中体现。①在知识本身及其运动方式发生变化、大学组织亦进行了相应调整的条件下，学术本位作为大学之组织逻辑也同样具有了面向社会的开放性，使得社会生产同人类探索未知世界的内在需要共同成为大学知识生产的逻辑起点，而且前者更加强有力地塑造了大学知识生产模式。从某种意义上说，古希腊时代的知识传统在现代社会越来越多地受到各种权力的规训，包括生产方式的改进、新技术的驱动、人类社会的吁求甚至欲望、国家主义的动员等，而大学及其治理者不仅不能绕开这些因素，而且必然要将其作为大学组织与治理系统的内在要素。

三、知识生产与创新是大学的价值根基

毋庸置疑，大学融入经济社会发展既是国家战略需求，也是大学自身发展策略使然。从知识生产模式的调整到知识越来越分化，表明大学的社会属性越来越鲜明，肩负起越来越多的社会化功能和社会责任，在这个过程中大学获得了更坚实的合法基础。然而，当大学的触角遍及国家和社会生产生活的各个领域乃至核心领域，通过技术开发、成果转化、孵化新型经济体、提供专业的战略咨询、促进就业和公平以及推动国际化等越来越多的方式服务于社会时，人们或许会产生一个疑问：大学还是当初的大学吗？正如大卫·科伯在其著作中描述的，当美国大学过度沉迷于通过营销手段抢夺生源和学术明星、通过市场和金融手段谋求经济收益时，就会引发人们的疑问和困惑：“这还是高等教育吗？”②这个问题的本质是，大学是否还是一个学术共同体，是否依旧遵循学术本位这一组织逻辑。进一步而言，必须予以澄清的问题是：何为当代大学的价值基础？

大学走出象牙塔，步入社会中心，功能越来越多样化，这是大学与环境互动的必然结果。固守象牙塔，大学最终将失去存在的意义。但对大学的多元职能进行深入分析后我们会发现，大学的社会服务是建立在高深知识生产基础上的智力服务，而非一般意义上的劳动服务或简单的技术产品输出，它经历了一个基础理论研究创新、理论成果转化及技术开发的过程，其服务与产品本身具有高附加值特征。当代大学的多样化社会职能和社会服务能力之

---

① 张忠华．“互联网+高等教育”变革路径探析——基于《斯坦福2025》的思考［J］．高校教育管理，2018（3）：66–71.

② 大卫·科伯．高等教育市场化的底线［M］．晓征，译．北京：北京大学出版社，2008.

所以构成国家制定发展战略的重要依据，之所以成为大学与社会、市场进行交换的学术资本，正是由于大学智力型服务有其特殊性及优势。质言之，大学正是以知识生产和创新为基础，才能够提供与众不同的产品和服务，进而孵化以高新技术为支撑的新型企业，服务于以大数据、人工智能、区块链、现代生物科学技术为基础的新产业、新模式，提高劳动者核心素养及其就业和创业质量，增强我国在国际事务中的话语能力和参与能力，从而提高我国的国际化水平。总之，作为学术机构的大学正在发挥着一种不可替代的社会功用和价值。2015 年 10 月 24 日，国务院发布的《统筹推进世界一流大学和一流学科建设总体方案》，明确要求“双一流”建设“以国家重大需求为导向，提升高水平科学研究能力，为经济社会发展和国家战略实施做出重要贡献”。从国际上看，发达国家也纷纷积极制定一流大学建设计划，基本初衷就在于服务国家战略，如日本基于“科技创造立国”战略需要而实施的“21 世纪卓越研究中心计划”、法国为服务国家“未来投资计划”战略而实施的“卓越大学计划”[①]等，从本质上说都倚赖大学独特的知识创造能力和科技服务能力。

总之，大学作为学术组织，其智力服务具有独特的社会价值，构建了当代大学的合法性基础。从这个角度而言，知识生产与创新功能是大学整个职能体系、价值体系的基础。而那些科学研究与科技开发能力不足的高校，将因缺乏充分的服务能力和服务价值而难以在知识经济社会立足。可见，在多元化大学时代，大学作为一个学术组织的自然属性及本质并未发生变化，而且其学术属性得到了进一步增强，因而学术规律仍是大学运行和治理的根本原则。

四、大学有效治理有赖于以学术本位为基础的内外平衡

大学治理的直接含义是对大学及其利益相关主体间权力、责任与利益关系的协调，但从根本上讲，“大学治理的目的在于构建一个知识共同体，使大学人能够充分享受知识探究的乐趣”[②]。大学唯有永葆其学术组织属性、不断增强学术创造能力，才能为其多元的功能与价值体系奠定牢固的基础。概言之，大学的学术功能是其意义之源。从这个意义上说，大学治理要协调以大学为中心的各利益相关者的关系，必须立足于大学的知识共同体属性及其要求。

① 张惠，刘宝存. 法国创建世界一流大学的政策及其特征［J］. 高等教育研究，2015（4）：89–96.

② 王洪才. 大学治理：理想、现实、未来［J］. 高等教育研究，2016（9）：1–7.

对于我国而言，大学治理就是一个促使大学由组织异化回归本真的过程，大学组织的本真即大学作为知识共同体而存在。因此，学术本位作为大学的组织逻辑，必然也是大学治理的基本逻辑，而有效的大学治理意味着通过治理促使大学及其各利益相关者能够在大学的逻辑框架内参与知识活动过程，即践行学术本位。

如前所述，大学在面向社会办学过程中，不断调整着知识生产模式，知识体系发生了显著分化，新的知识生产使得开放性成为学术本位的重要逻辑特征。无论是潘懋元先生的外部关系规律说，还是布鲁贝克的高等教育学政治论基础说，都体现了高等教育或大学组织的外部性特征及开放性要求。开放性的学术本位逻辑意味着，大学外部利益相关主体具备了参与大学知识生产及相关活动的合法权，但外部主体有效参与的前提是尊重大学的自主性和知识活动规律，这一矛盾关系反映在大学治理上，就是治理主体既要尊重大学外部利益相关者的权利诉求，又要维护大学的内在要求，即无论知识如何分化，自由与创造始终是知识生产的根本法则。“现代大学制度应当始终维护和保障学术自由，没有了学术自由，只是徒具其形，不可能真正履行大学的使命，所以自由是现代大学制度首要的实质价值。”① 有效的大学治理之所以有效，正是因为统一了大学内外部不同的逻辑与需求，从根本上则是维护了大学知识生产的场域秩序，保障大学能够履行其学术创造和智力服务的使命。具体来说，政府作为主要的外部利益相关者，尤其是作为公立高等教育的举办者，需要通过大学来实现其为公众提供公共教育服务、实施意识形态宣教、服务经济和社会建设等公共职责。为此，政府有必要干预大学办学，通过财政、法治、制度等方式介入大学办学过程。在高等教育市场化及新公共管理框架下，大学通过产学研合作方式、学术资本的转化来获得社会资源、市场资源的投入和支持，那么产业、行业机构就具备了参与大学办学并对其进行问责的正当诉求。无论是政府投入还是市场投入，如何确保资源使用有较高效率，同时“降低成本和消除浪费却不至于限制教育服务的质量”②？大学治理需要为政府、市场组织、社会组织介入大学办学过程提供适当的制度空间，但有效的治理需要确保这个介入过程是合法、合理的，既要遵循相关法律规范，也要遵循大学学术创造对自主、自治、自由的规律性要求。大学有效治理的多元、平等、协商、共识、互利等理念、原则及相关机制设计，促使外

① 别敦荣. 现代大学制度：原理与实践［M］. 青岛：中国海洋大学出版社，2018：31.

② 罗纳德·G. 埃伦伯格. 美国的大学治理［M］. 北京：北京大学出版社，2010：118–119.

部干预与大学自主实现了相对平衡，这是大学有效治理的内在机理，也是大学有效治理的基本逻辑。而推动这一系列思想、原则的制度化设计及实践，正是本书探索大学有效治理的目的和意义所在。

综上所述，大学是一个知识共同体，这一基本的属性定位是探讨大学治理和治理实践的根本依据，决定了学术本位作为大学治理的基本逻辑。但是，无论是大学本身，还是大学的知识生产模式，都经历着不停的调整变化。知识的分化和大学组织的开放性及社会属性的日益强化，要求对学术本位有一个更加开放、多元的认知，即充分认识到社会选择及外部主体对大学知识生产的影响及其合理性。同时，知识生产模式的变化和知识的分化并没有从根本上改变知识的本质，知识活动规律必然规训着大学的治理。这意味着，以开放的观点和方法界定学术本位，以之作为行动依据，即大学有效治理的基本逻辑。

第二节 大学的知识生产模式变迁与治理模式演进

大学作为一个学术共同体的学术组织属性，以及作为一个社会机构的社会参与和开放性特征不断彰显，促使大学组织结构发生变化，并要求以大学为核心的各利益相关主体调整自身行为方式，这些都集中反映在大学知识生产模式的变迁之中。大学知识生产模式变迁的本质为知识生产者和知识生产过程的变化，而在这个模式变迁过程中，需要对新的知识生产要素进行调整，包括协调知识生产者之间的关系、优化知识生产过程以提升生产效益等。其中最重要的就是平衡以大学为核心的各利益相关主体的不同诉求和参与方式间的差异，使得各主体及其权力、责任与利益之间形成耦合结构，从而促成知识生产模式优化和知识创新，此即大学治理的生态化。换言之，在较长时期内，即便是在治理改革语境下，我国大学各利益相关主体由于无法在知识生产及其效益分配上取得共识，始终存在着普遍的矛盾冲突，因而实现大学治理生态化是大学有效治理的重要目标。

一、大学知识生产模式的变迁

在知识发展史上，最初的知识在形态上表现为传说、神话等人类对未知世界的想象、联想，以及某些误解。知识产生方式与生产生活高度一体化，而并非独立的人类活动。同时，知识活动在大多数时候是个体基于兴趣或好奇心的自由想象，而非建制化的共同体活动。在知识不断积累的过程中，人类逐渐认识到知识的功用性，并且知识在客观上满足了人类文明不断进步的需求，慢慢地，知识探索就成为一个专门职业，并产生了专门的机构来生产知识。“每一个较大规模的现代社会，无论它的政治、经济或宗教制度是什么类型的，都需要建立一个机构来传递深奥的知识，分析、批判现存的知识，并探索新的学问领域。”①如前文所述，中世纪学者行会的诞生及其经由制度化过程而演化为大学，正是知识积累和进步、社会选择与驱动双重作用的结果。中世纪学者行会和大学的诞生是知识活动独立化、建制化的基本源起，也是“学院科学”的开端，此种知识生产模式即“知识生产模式 1”的发轫。模式 1 是大学在“象牙塔”时代知识生产理念、方法、价值以及规范的综合体，其主要特征是知识基于特定学科和认知的语境而产生。在知识生产过程中，学者共同体的学术兴趣起主导作用，生产模式具有明显的封闭性和同质性。这尤其表现在大学对实用、职业技能型知识的排斥和对人文教育传统的坚守上。纽曼“知识本身即目的”的大学理想，赫钦斯对经典学科的推崇和对知识分裂、学科分裂的反对，弗莱克斯纳对美国大学实用主义的激烈批判等，都反映了模式 1 时代大学的知识传统与组织逻辑，这成为当时大学治理模式的认识论基础。

随着知识在人类认识和改造世界过程中的作用不断增强，尤其是 18 世纪 60 年代的工业革命进一步强化了知识尤其是科学技术的功用，科学成为英国教育家、哲学家斯宾塞眼中“最有价值的知识”。与此相对，大学的传统“学院科学”因为不适应知识应用的要求而变成“终结的科学”，或者说向“后学院科学”转变，表现为在社会生产等因素的形塑下，出现了跨区域的、多元化的新型科学组织。②“知识在一个更广阔的、跨学科的社会和经济情境中被创造出来”③，此即知识生产模式 2。新模式的特征表现为“应用情境中的知识生产”“跨学科”“异质性与组织多样性”“社会问责与反思性”及“质量控制”等。具体来说，知识生产成为围绕特定应用而组织的问题处理，而且问题处理最终超越了单一学科。从知识生产主体来看，研究中心、政府专业部门、企业实验室、咨询机构等同大学一起成为知识创造的场所，而不同

① 约翰·S. 布鲁贝克. 高等教育哲学［M］. 杭州：浙江教育出版社，2001.

② 刘菲，史玉民. 后学院时代科学院模式与特征［J］. 科技进步与对策，2014（3）：7–12.

③ 迈克尔·吉本斯，等. 知识生产的新模式：当代社会科学与研究的动力学［M］. 陈洪捷，沈文钦，等，译. 北京：北京大学出版社，2011：1–14.

主体为知识生产质量添加了不同的标准，不再仅仅是学科及其“守门人”的学术旨趣。① 质言之，外部主体加入了大学的知识生产过程，知识发生了分化。在这个过程中，大学与社会的原有分界被打破，大学在战略上积极回应外部需求，知识应用服务于国家和产业需求既成为知识生产的目标，又通过不同形式推动着知识再生产，由此形成了“大学—政府—产业”三重螺旋知识生产模式。模式 1 时代大学作为知识生产主要垄断者的身份地位逐渐被打破。

随着社会生产生活方式的变化，知识经济和信息经济的发展、民主社会的深入建构等对知识生产产生深刻影响，模式 2 时代的三重螺旋知识生产模式继续发生着嬗变，产生了“大学—产业—政府—公民社会”四重螺旋创新系统，成为知识生产模式 3 的基本架构。在以互联网和要素创新为基础的知识经济社会及智能创造社会，知识及知识产品的使用者、体验者进一步地弥散为社会公众，而且公众个人以及媒体、第三方组织、专业机构等成为知识产品质量的重要裁决者，从而形成了一个高度立体化的“创新网络”，这就使得知识及知识生产空前地凸显了公民社会的作用。② “公民科学”（Citizen Science）在近 20 年来的发展，正是公民社会参与知识生产的重要表现。此外，在自媒体时代，个体成为信息的传播者和制造者，“流行叙事”在提供新信息、新知识的同时，也在塑造着新的知识生产方向与方式，不断促使知识分化。因为流行叙事的产生及其在传播中的不断强化，本身就是一种社会选择或知识、信息的选择机制。模式 3 知识生产反映在大学学科上，就是“超学科”的产生，所谓“超学科”，是指基于普遍公理和认知范式的高等教育系统内所有学科和交叉学科的协调。③一方面，超学科在传统学科、跨学科及交叉学科间建立联结机制，整合形成了高度复杂化、网络化的超级学科群；另一方面，超学科在借力于外部力量的同时，还作为一个公共知识生产平台为多元外部主体的整合提供了条件，使其共同致力于人类及国家重大、基础性问题的协商和解决。与模式 1 关照学术利益和模式 2 关照产业利益相比，模式 3 更关照公民大众利益，强调维护公共利益以及大众群体与社会组织的

① 陈洪捷，施晓光.国外高等教育学基本书献讲读［M］.北京：北京大学出版社，2014：216–220.

② 张继明.知识生产模式变迁视角下大学治理模式的演进及其反思［J］.江苏高教，2019（4）：9–17.

③ 李颖.全英文授课模式的动因论——超学科分析的视角［J］.中国外语，2013（1）：47–53.

广泛参与。[①] 例如，公民科学组织“公民科学全球伙伴”（the Citizen Science Global Partnership）的首要任务之一就是探索公民科学如何帮助监测实现联合国可持续发展目标的进展情况，这些目标旨在到2030年解决饥饿、环境退化等全球问题。

二、知识生产模式变迁中大学治理的演变

在某种意义上说，大学治理是知识生产模式在制度建构、制度实践上的反映。与非独立、非制度化的知识生产时代相比，知识生产模式1要求形成相适应的大学治理方式。具体来说，大学作为知识生产者仅服务于知识本身，组织内部需求作为核心利益，因而大学强调为自身立法，即追求并实施自治，并向外部权力当局争取司法独立、免除兵役、自由迁徙及罢课等自主权，以保护大学的独立与自治；同时，知识生产基本局限于学科之内，同行评价是知识生产质量控制的主要方式，这为学者主导大学治理提供了条件。总体而言，模式1时代的知识生产本身相对于外部选择或外部驱动而言，具有决定大学组织结构及其治理模式的更大力量，从而塑造了大学自治和学者治校这一经典大学治理模式，并成为漫长历史中大学治理改革的基调。时至今日，大学的改革与治理仍旧常常需要回到遥远的中世纪去寻求智慧，寻求当代的注脚。当然，值得指出的是，大学的知识生产从未彻底绝缘于社会，大学也并未真正实现过绝对的独立和自由。例如，中世纪权力当局在大学设置“执礼杖者”“信使”“记账员”，甚至直接派出教长、主教、神父等担任大学荣誉校长等[②]，这些都对大学自治权形成了限制。之所以强调知识生产模式1时代大学自治和学者治校，在于表明知识生产规律在大学组织逻辑上的本真反映及其对治理模式的内在要求，并凸显中世纪大学争取自治、学术自由和学者治校的重要意义，包括其对今天探讨大学治理的反思性价值。

模式2时代的到来，主要意味着政府以国家的力量、社会以市场的力量正式介入并不断增强在大学治理中的作用。具体来说，多样性、异质性作为知识生产模式2的本质特征，要求多主体共同参与知识生产和治理，更重要

① 黄瑶，马永红，王铭.知识生产模式3促进超学科快速发展的特征研究［J］.清华大学教育研究，2016（6）：37–45.

② 希尔德·德·里德–西蒙斯.欧洲大学史（第1卷）：中世纪大学［M］.张斌贤，等，译.保定：河北大学出版社，2008：139，193.

的是，各主体的共识、共享成为共同利益的标志，建立有效的沟通协商和利益均衡机制，成为新知识生产模式下大学治理的生态化要求。在具体的治理实践上，大学、政府和产业界（市场）三大核心主体形成了一个特殊的权力场域，三者以知识生产为基础，追求最终的利益分享，就知识生产过程及其治理进行协商、博弈及妥协。在现代国家与社会关系模式下，代表国家意志的政府始终作为强势力量介入大学管理。在古罗马的高等教育体系中，政府甚至对大学具有法定的控制权。即使在盎格鲁—撒克逊传统下的高等教育体系内，政府也通过政治和经济手段对大学实施调控。例如，自 20 世纪 60 年代以来，英、美等国基于大学对社会经济发展的重要性，越来越强调大学相对于国家利益的从属地位。各国政府加大了对大学干预的力度，尤其是强化了教育质量评估。[①]而市场作为资源配置的有效方式，不仅具有强大的内生力量，在特殊体制下这种力量还因市场作为政府的治理工具而得到强化，包括对高等教育或大学的影响力。这一时期，大学内部的权力结构发生了显著变化，为适应大学在资源配置和学术服务中的效率性要求，行政权力逐渐崛起，即大学从学院那里争取到了更多的权力，甚至包括学术管理的权力，在以教授为中心的传统基层治理框架被逐渐打破的基础上，基层学术治理的决策者逐渐转变为院长和系主任，院长或系主任越来越强势。与此同时，市场逻辑也鲜明地反映在了大学内部治理上，如产业界获得了在学校专业建设、课程建设中的话语权，尤其是劳动力市场的人力资本选择机制深刻影响了大学的人才培养模式，甚至影响到大学的办学定位和方向；大学内部诸如“服务地方办公室”等机构在促进科研成果转化、市场推广等方面发挥着重要作用，大学理事会、校友会机制的建立，也反映了大学治理的社会逻辑。因此，在知识生产模式 2 时代，大学治理主体的多元化一方面促进了大学知识生产价值的增值，另一方面也致使大学权力关系更加复杂，并在客观上形成了对大学自治和学术自由、学者治校的威胁。

知识生产模式 3 是基于“大学—产业—政府—公民社会”四重螺旋动力机制的“多层次、多节点、多形态、多主体”的多维聚合模式，结构更加复杂，尤其是突出了公民社会的作用。[②]公民社会以个体化的、组织化的以及正式的、非正式的方式参与大学的知识生产与治理，真正体现了“治理”的本质，“未来教育治理体系现代化就是要构建一个互联互通的矩阵式治理结

① 朱家德，周湖勇．大学有效治理研究［M］．北京：中国社会科学文献出版社，2016：118-123.

② 武学超．模式 3 知识生产的理论阐释［J］．科学学研究，2014（9）：1297-1304.

构”。公民社会的参与促使大学治理在价值取向上更加兼顾社会责任和公众利益，从而在一定程度上减缓了政府介入大学治理中的政治或行政逻辑，适应了教育治理现代化的重点，即“引入社会参与治理机制以突破行政中心主义桎梏”[①]。当前，政府在深化“放管服”优化改革、深入推进“管办评分离”的过程中高度重视第三方力量的评估、研究和服务价值，真正体现了社会参与对于促进大学有效治理的价值。同时，社会广泛参与大学治理对于避免市场过度介入大学的知识生产、引导高校在学术服务中反思和观照大众立场及公共使命等方面也有着重要意义。从现实来看，行业协会、专业学会、第三部门乃至国际组织在参与制定高等教育质量标准、实施大学评价与排名、塑造新的高等教育价值等方面正发挥着重要作用。在大学内部，大学生学习权尤其是其课程选择权、教师教学评价权正在促使学生群体空前地承担起治理者的角色；跨学科组织不断增加，协同研究中心、独立型科研平台、教科及产教融合发展中心等机构越来越多地分享着传统的大学治理权；为适应跨学科、超学科发展，大学积极探索教师“集群聘任”等新的教师队伍建设路径；等等。这一系列的变化都反映了模式 3 时代大学治理的新趋势。

三、大学治理变迁中科学伦理的规范意义

在知识生产模式的变迁中，大学与政府、产业、公民社会等组织在知识生产与治理过程中承担着不同的角色、功能和责任，且各主体间的关系越来越复杂。从本质上讲，这种关系网络反映了知识与利益、权力的关系。知识社会学理论认为，知识是社会群体、文化制度、历史情境、民族心理等的产物，这些社会因素在不同的社会和文化体系中，以特定的方式决定着知识的性质及其生产过程。维特根斯坦和哈贝马斯也认为，科学知识是为了满足人类某些利益的需要。[②]当然，权力本身就是一种利益，有时候权力是实现利益的方式。

在知识生产模式变迁中，政府代表着国家意志，无论是基于阶级利益的少数人的代言者，还是基于大众利益的公共责任，政府通过合法的教育治权介入大学治理，调整着大学知识生产的方式，甚至控制了大学的知识生产过程。在批判政府损害大学自主权、批判大学政治和行政权力损害学术利益的

① 王洪才 . 教育治理体系与治理能力现代化论略［J］. 复旦教育论坛，2020，18（1）：12-18.

② 胡金平 . 学术与政治之间的角色困顿［M］. 南京：南京师范大学出版社，2005：26.

时候，必须认识到这正反映了知识与利益、权力之间具有内在关联的客观实在性。但同时也必须认识到，政府对大学学术的干预常常隐含着对不同立场或诉求进行强行遮蔽的意图，损害了知识生产者依据学术中立和公共责任原则进行自由探究的场域规范。正如知识社会学理论所指出的，人类社会的法律、哲学、艺术、科学等均是建立在群体精神上的，社会群体精神的最初内容、价值观、目标、方向等均是由社会少数精英决定的，他们正是通过禁书目录、审查制度等形式，调控知识传播，完成符合上层利益需求的社会中知识的分布。[①] 同样，产业界以市场的力量介入大学办学过程，是基于对知识、信息的需求。显然大学立足于经济发展需要为产业提供智力服务，正成为其重要的合法性来源。但当市场越来越多地参与大学知识生产和治理时，同样会导致资源投入或功利导向的质量标准挟持大学的独立性和公共性。[②] 正如有学者所言，资本与科学的联姻是现代科学的典型特征，在资本逻辑的操控下科学取得了巨大发展，但由于资本增殖逻辑必然破坏科学伦理规范，资本"实用主义"逻辑必然破坏科学的人文关怀，资本拜物教逻辑必然对科学研究主体及主体间的关系产生负面影响，因此科学伦理必然会陷入困境。[③] 在模式3时代，公民社会成为新知识生产模式的重要构成要素，公民科学将公众参与的范围拓展到科学知识生产、分配、交换与消费的各个环节，打破了专家与公众、专业与常识之间的界限，但亦滋生着专业性不足、知识产权不清、志愿者失灵、虚假式参与等难题。[④]

对大学来说，无论是为政府提供意识形态性的课程与教学，以智囊团身份参与政府决策形成，还是为产业提供人力资本和知识服务，都基于结成利益联盟进而持续获得外部投入的需要。大学的自治传统受到了来自政府和市场的双重挤压，学术中立原则因为知识生产者的多元化立场而变得难以践行。在大学内部，当效率成为大学运行和管理的组织目标时，以民主为特征的学术权力主导治理模式将让位于行政权力的集中、统一管理，学术自治和学者治校的传统则将随之不断式微。在这个过程中，大学的"学院科学"精神悄

① 克思·舍勒.知识社会学问题［M］.艾彦，译.北京：华夏出版社，2000：63.

② 胡莉芳.市场经济条件下的中国大学公共性［M］.北京：人民日报出版社，2011.

③ 桑明旭.资本逻辑与科学伦理危机——后学院科学时代的伦理反思［J］.自然辩证法研究，2015（6）：54-58.

④ 刘翠霞.专家（主义/知识）的终结——公民科学的兴起及其意义与风险［J］.东南大学学报（哲社版），2018（5）：32-43.

然失落，因而面临着“后学院科学”时代公共知识私有化的风险。[①]而大学对政府的依附、对产业或市场的迎合，都是对大学自治、学术独立及其学术公共责任不同程度的背离。

因此，重构科学伦理，尊重学术独立及其公共职责，仍然是研究大学有效治理时必须思考的问题。质言之，大学有效治理就是要在尊重大学社会功用的同时，维护大学的知识生产独立性及治理的自主性，任何非此即彼的选择、任意一端的做法都是不合理的。但意图在两者之间找到绝对均衡的支点亦非科学选择，依据开放性学术本位之逻辑，基于大学组织的原初本性而整合多元社会力量，才是大学有效治理的本质追求。

第三节　大学的智力服务价值与创业型组织范式

毋庸置疑，大学知识生产模式转变及其背后反映的社会选择因素已经成为当下以及未来大学发展范式转变的根本依据，这同时也为大学治理体系建设和治理能力提升提供了基本导向，即大学要实现有效治理，必须充分兼顾大学的社会逻辑。大学作为一个特殊组织，其内外部关系的变化要求其主动进行组织调整和变革，以适应新条件、新趋势、新规则。基于大学组织内外部关系的变化及要求，本书认为，大学及其各利益相关主体必须重视其社会属性，尊重其社会服务职能在职能体系中的重要地位，意识到智力型社会服务职能对于大学自身及各利益相关主体的重要价值。同时，需要明确的是，立足于大学的社会逻辑及其变革要求，推动大学以创新创业为导向，积极建设创业型大学，正是大学发展范式转变的方向。建设创业型大学是大学强化智力服务、不断夯实合法性根基的必然要求。这意味着，创业型大学逻辑将成为大学实现有效治理的重要依据。

一、重塑以智力服务为特质的大学社会服务观

我国学界一直采用历时性方法，强调人才培养是现代大学与生俱来的第一职能，科学研究则是从 19 世纪初洪堡等人创建柏林大学算起，而社会服务成为高校基本职能是以 19 世纪 60 年代美国“赠地学院”的兴起为起始的。从某种意义上说，这种对大学职能的历时性认识是长期以来我国高校社会服

① 吴彤．都是“后学院科学”惹的祸吗？［J］．自然辩证法通讯，2014（4）：7-11.

务能力薄弱的认识论根源。考察大学发展的历史可以发现，大学从一开始就有着社会化基因，在现代社会更是一个凸显社会化逻辑和社会价值的服务机构。这就要求我们重识大学，重建大学的社会服务价值观。

（一）大学具有面向社会需求的服务性基因

在现代大学发轫于中世纪欧洲的进程中，市镇经济的发展、社会职业的需求、权力当局的支持等社会选择因素发挥了基础性作用。[①] 而且，人类生产生活的需求与变化还推动着知识不断发生分化，除最初以“满足闲逸的好奇”为主要目的的纯知识追求外，以服务于社会生产生活为目标的实用知识在整个知识体系中占据了更重要的地位。尽管19世纪初洪堡等人以新人文主义为指导，为追求纯学术而建立了柏林大学，强调大学的“自由和清净”，但在世界范围内，追求实用知识越来越成为大学改革与发展的重要方向。其中，尤以英国19世纪初期兴起的“新大学”运动为突出的代表。新大学以经世致用为追求，设置实用型、技术型课程，并实施工学结合的走读制度，培养职业型、服务型人才，以满足产业革命后经济社会发展对技术型劳动力的需求；同时还基于社会生产对新技术的要求而重视应用研究，注重开展科研成果的转化。[②] 甚至在技术革命和产业革命的驱动下，老牌的牛津大学和剑桥大学也不得不改变其古典教育传统，适应社会需求，增设世俗性、应用型课程，以应对生源和资源的双重危机。此外，法国在18世纪末期，以功利主义为创办原则，创办了专业学院以培养专业人才，这也反映了国家和社会生活对高校面向社会办学的客观要求。事实上，洪堡大学模式虽然引领德国大学获得了整体的成功，但在德国工业发展的推动下，德国从19世纪60年代开始创办高等技术学院，培训工厂管理人员、技术人员。[③] 而同一时期，美国颁布《赠地法案》，赠地学院开始广泛设置农学、机械制造、农业经济学等专业，推进农业科技教育，培养农工人才，并广泛开展实用性研究，解决企业面临的实际技术问题。赠地学院的兴起以及“威斯康星思想”的形成和推广，标志着专门化的服务社会成为大学的核心职能，并且以知识为基础，表现出越来越强的专业化，集中反映为一种“智力服务”。

---

① 希尔德·德·里德－西蒙斯.欧洲大学史（第1卷）中世纪大学［M］.张斌贤，等，译.保定：河北大学出版社，2008：10.

② 柳友荣.英国新大学运动及其对我国应用型本科教育的启示［J］.高等教育研究，2011（8）：94-99.

③ 贺国庆.外国教育专题研究文集［M］.保定：河北大学出版社，2001：52-54.

追溯现代大学发展史可以发现，社会选择从根本上推动着知识的分化。在大学变革知识生产模式过程中，自然科学和技术类课程逐步进入大学，打破了人文古典知识至上的课程传统，人才培养从单一的道德教育取向转为兼顾社会职业性需求，学术研究也逐渐分化出基于实用取向的新类型，直至专门化、直接化的社会服务成为大学公认的基本职能。这表明，大学组织从创建初始就具有面向社会的开放性，大学的发展不能回避社会要求，高校的社会服务能力体现着高等教育发展的程度。

（二）社会服务在高校职能体系及质量建设中扮演关键角色

一般来说，高校社会服务专指高校直接为社会生产生活提供知识产品和知识服务的活动。高校社会服务的意义不仅在于直接促进生产生活，还表现在对高校不同职能的整合和价值转化上，在高校职能体系及质量建设中发挥着独特作用。

首先，社会服务集中反映高校的科研和人才培养能力，并促使高校价值链向社会面延伸。高等教育质量只有在社会发展的实践中才能得到充分体现。评价高校的人才培养和科研质量，要看其是否促进了社会实践的进步，而高校提供的人才和科学技术是在应用于生产实践中体现其价值的。在高校知识生产与社会发展的需求之间，高校的社会服务职能作为联结两者的中介性环节，是高校人才培养和科学研究由内而外获得社会意义的一种转化机制。历史表明，没有社会服务，高校就一直拘泥于传统的“象牙塔”角色，其合法性根基就会发生动摇。正因如此，走出象牙塔是当代高校必然的选择。当下，高校已成为高度开放型组织，这一核心属性集中反映在高校空前多样化、立体化的社会服务上。随着社会生产生活方式的变化，高校不断革新服务社会的内容和形式，以适应社会发展，这构成了大学组织持续演进的根源性力量。有学者强调应将开放性、适应性作为现代大学制度的结构特征，这也表明了高校社会服务的重要性。[①]可以说，社会服务质量集中反映了高校的学术生产能力和人才培养能力，并且高校通过社会服务，实现了其知识链、价值链的社会化延伸，促使形成基于“学科—专业—产业链”的高校与社会协同发展逻辑，高校或高等教育同社会在相互融合、相互促进中实现共生发展。[②]

---

① 王洪才．论现代大学制度的结构特征［J］．复旦教育论坛，2006（1）：32-38.

② 胡赤弟，黄志兵．知识形态视角下高校学科—专业—产业链的组织化治理［J］．教育研究，2013（1）：76-83.

其次，高校社会服务作为一种智力型服务，在当代社会发展中的作用不可或缺。高校社会服务是一种独特的智力服务，是以“高深知识”为基础、以专业化的技术与方法为工具的特殊类型服务，其核心价值在于解决那些在人类生产生活中具有高复杂性、高难度和高挑战度的问题，科学化和专业化是这种智力服务的典型特征。高校在这种高端智力服务上具有独特的优势，因为高校是专门从事高深知识生产的机构，并通过专门的渠道和完善的制度保障来实现知识的社会化应用；而且，高校将科研创新、复合型人才培养和专业化社会服务融于一身，规模化、制度化的人才培养使其在服务效率上拥有无可比拟的优势。高校也只有通过高端智力服务才能体现其价值。如果高校的社会服务丧失了这种基于知识创新的独特性，甚至沉溺于缺乏专业品质的低端服务中不能自拔，高校也就失去了存在的必要性。在以知识和技术的创新为基础的现代社会，高校智力服务已成为推动社会发展的原动力，当今世界各国正积极启动一流大学建设计划，以增强大学的研究实力和国家的核心竞争力，如德国的卓越集群计划、法国的卓越大学计划、日本的远山计划等。[①] 同样，在我国，“‘双一流’建设作为一种国家理想主义，其意义在于为‘两个一百年’奋斗目标和中华民族伟大复兴提供智力支持”。[②] 以优化智力服务为高校的办学导向，一方面能够引导高校积极服务于国家重大战略需求，以实现其社会价值；另一方面能激励高校主动革新办学模式，增强智力生产能力，夯实价值基础。

综上，高校的智力服务反映了高校的社会属性要求，适应了现代社会对高校发展的客观需要。质言之，高等教育质量的含义与标准集中反映在高校面向社会需求的智力型服务能力上，社会化的立场与逻辑愈来愈成为评价高等教育质量的核心依据，从而也构成了大学治理的基本出发点和最终归宿。

二、创业型组织作为大学改革与发展的范式依据

大学的社会逻辑及其社会价值表明，智力服务是大学存在的主要依据，同时这也对大学的组织结构和办学模式提出了相应的要求，包括调整知识生产模式、主动拥抱市场等。但这并不是一个自然而然的过程，而是会受诸多

---

① 刘宝存，张伟. 国际比较视野下的创建世界一流大学政策研究［J］. 比较教育研究，2016（6）：1–8.

② 马陆亭. 扎根中国建设“双一流”的责任和路径［J］. 中国高教研究，2018（1）：18–19.

因素影响，大学的社会服务观、服务能力，以及以服务为取向的组织基础等都可能存在不足或偏误。这正是大学改革，尤其是范式转变的缘由。本书认为，创业型组织的发展及其理论为大学以智力服务为依据调整生产管理模式提供了借鉴。

（一）大学社会服务价值的实现缺乏必要的组织基础

大学组织在知识驱动和社会选择双重因素影响下发生演变，实现进化，大学权力随之发生某种调整，以适应组织变化要求。从世界范围来看，以及从大学发展的历史来看，各国大学无论是基于何种原因，如大学使命的探索变化、国家投入的普遍缩减、市场力量的主动介入等，其办学方向由纯粹的知识世界转向或至少兼顾社会生产是一个普遍的现象。大学在由封闭走向开放的过程中，其“社会属性”不断彰显。这种演变既是高等教育内外部关系规律的必然结果，也是当代大学生存和发展的一种必要方式和策略，即参与社会、服务社会已经构成大学实现自身价值进而获得合法性的基础。对于我国大学而言，资源高消耗性和资源供给的有限性，加之政府主导的重点建设发展模式等，决定了通过提供高质量的社会服务来争取社会性资源日益成为大学优化办学基础、增加办学产出的重要竞争战略，甚至越来越关涉大学的生存与发展。然而从现实来看，我国大学封闭办学的传统根深蒂固，服务精神普遍匮乏、服务能力和服务机制相对落后，社会资源获取能力普遍较弱。造成这一问题的原因是多方面的，如重德性修养而科学精神不足的传统知识、以政府财政投入为基础的单一化办学经费体系、以“五唯”为典型标志的评价与资源配置模式、行政权遮蔽高校独立办学权的科层化治理等，其中一个不可否定的根源性因素在于，大学作为知识生产和知识服务组织，其知识生产传统未能适应当今知识生产模式演变的要求。如前文所述，当前人类知识生产模式已经由模式 1 转向模式 2、模式 3。但我国当前大学在知识生产模式上主要还停留于模式 1 时代。尽管院校转型等作为政策或战略似已成为共识，但实践中转型依旧面临着诸多困境，以社会需求为导向的新知识生产模式并未建立起来。质言之，当前我国大学之知识生产或学术深受传统模式的束缚，不能反映和适应当前普遍的知识生产模式演变趋势，因而也难以为我国大学由封闭走向开放、面向市场和服务社会提供知识基础。所以，知识生产模式转变仍是我国大学发展范式和治理模式改革的主要依据，建设应用型大学、创业型大学等行为，都反映了改革的要求。

（二）创业型组织作为我国大学发展范式转型的导向

随着现代生产与生活环境的高度复杂化，组织不断发生演变和进化，在此过程中，创业型组织较好地适应了环境变化需求，成为提高生产效率与促进创新的有效组织形式。创业型组织理论认为，相对于传统型组织偏好“控制、秩序与稳定”的特征，创业型组织更加开放，追求结构与功能的持续变革与更新，因而具有显著的多样性和不确定性，体现了创业活动的创新本质及诉求。在现代创业型组织中，知识是组织获得竞争优势的关键资源之一。成功的创业型组织能够获取和整合那些与其产品领域的需求密切匹配的专业知识，进而利用这些专业知识将组织投入转化为有效的产出。成熟的创业型组织具有三个基本要素：一是创业精神，二是承载创业精神的主体，三是有利于培育创业精神的组织结构和管理机制。[①] 富有创业精神的组织能够主动在充满不确定性的环境中寻求到更多发展机会，在承担更多风险的同时率先实现产品、技术及管理等的创新，从而获得竞争优势。组织是人通过特定形式建立起来的集合，因而组织的创业精神来源于人、承载于人，即人的创业责任、创业意识和创业能力等从根本上成就了组织的创业精神。而组织创业精神的孕育、持续又是依托于相应的组织文化和组织管理方式的，例如鼓励参与和冒险、包容尝试错误，以及在制度上为创业者提供经济、技术和心理上的支持与服务等。只有人的主动性、探索精神、创新意识和探索行为得到激励和呵护，个人成长为创业型个体，创业型组织才能获得必要的生成基础。创业精神和创业型个体的生成为建立创业型组织提供了最基本的条件，但组织的创业精神、创业理想、创业规划等只有转化为组织的创业实践，创业型组织的资源整合和实践创新价值才能最终实现，而这一过程又依托于特定的组织结构，如机构设置、责权分配等必须符合创业组织的实践要求。一般来说，创业型组织所处环境、目标或任务、资源构成、机会空间等维度的不确定性，导致其组织结构具有典型的柔性特征，主要是指创业型组织淡化内外部组织边界，相互易于渗透，以降低交易成本、促进知识和信息的交流与共享，以及更加便捷地调整、优化组织形态，以介入复杂的关系系统之中，并获取有价值的机会或资源。

综上所述，创业型组织强调知识资源的基础性战略作用，富有创业精神，主动、持续促进自身组织与制度变革，以有效应对和介入变化多端的外部环

---

① 颜士梅．创业组织的特征分析［J］．软科学，2006（5）：1–3.

境，从而获得创新发展的机会，最终形成竞争优势。创业型组织同以专业知识为基础、以创新为特质、以专业服务创造价值的应用型高校在逻辑上存在一致性，这意味着创业型组织为应用型高校发展或地方普通本科高校转型提供了范式参考。应用型高校只有转变为创业型组织，知识的应用才会成为其价值取向，并进而主动通过创业来实现这一价值，而这又是高校实施实质性创新创业教育的客观要求。

三、创业型大学建设是大学发展范式转型的方向

现实中，高校向应用型院校转型，以及参与产教融合等，都很难摆脱传统办学模式的限制，这是因为高校深陷基于“五唯”的范式陷阱，因而急需进行一场范式的革命，实现向创业型组织的转变，为高等教育质量建设提供可靠的组织与功能基础，为建设高等教育强国提供一条明晰的实践进路。

（一）创业型高校是知识生产模式革新和高校组织进化的产物

20世纪末，美国学者伯顿·克拉克（Clark，B.）和埃兹科维茨（Etzkowitz）等学者提出“创业型大学”（Entrepreneurial University，EU）概念，催生了美国的麻省理工学院、斯坦福大学，英国的沃里克大学，荷兰的特文特大学等一批创业型高校，创建创业型高校成为“大学变革的一种趋势”。[①]之所以说高校向创业型组织转型标识着一种范式的革命，是因为创业型高校重新界定了知识及知识生产的意义，重构了高校知识生产模式，即创业型高校摒弃了将纯知识生产作为主要甚至唯一目标的传统，转而主动追求知识的社会应用价值，以适应社会选择的要求。在科技推动产业发展的背景下，“仅仅创造知识并使之予取予求，这远远不够，高校还需利用市场的力量以确保这些知识得以应用”。[②]创业型高校的诞生反映了知识生产模式的演进，即知识生产模式由模式1向模式2乃至模式3的转变，使得知识应用反过来成为知识生产的内在动力，即高校以社会需求和社会选择为依据，组织新的知识生产。简言之，创业型高校是知识生产模式或生产流程重置的产物。从根本上说，创业型高校还因为生产力发展提出了知识分化和知识应用的要求，尤其是在现代工业社会乃至信息社会、智造社会，科技已经构成经济社会发

① 伯顿·克拉克.建立创业型大学：组织上转型途径［M］.王承绪，译.北京：人民教育出版社，2007：1.

② 伊丽莎白·波普·贝尔曼.创办市场型大学［M］.上海：上海科学技术出版社，2017：52.

展的基础和原动力。当然，在新的社会背景下，高等教育质量也因新生产力发展的要求和知识的分化而有所演化。高校如果抱守古希腊时代“为满足闲逸的好奇”的知识观、执拗于洪堡时代为学术而学术的大学观，而忽视了社会生产及生产技术对知识分化的要求，就会发生“范式危机”，威胁到自身合法性基础，高校办学或高等教育质量也就无从谈起。①高校只有主动延长知识的价值链，应用知识服务市场、服务社会，才会重获并巩固合法性根基，以“实现创新的动态性自我维持”②。因此，向创业型高校转型是高校组织进化的要求。总之，知识驱动和社会选择共同推动了创业型高校的产生，而创业型高校亦适应了新时代高等教育质量观的新要求。

（二）创业型高校实现了智力生产和智力服务能力的优化

创业型高校，意味着其树立了知识服务社会的价值取向。在此大学观和发展观的引领下，高校为了适应知识生产模式的演化，积极推进知识应用。一方面，高校要依据社会需求来组织和实施智力生产；另一方面，高校要寻求有效服务社会的途径。为此，高校就必须进行积极的组织变革和相应的制度建设，以成为一个具有敏锐的市场嗅觉和高超的市场参与能力，能够依据环境变化及时调整智力生产模式的创业型组织。质言之，创业型高校是一种高校组织范式，它以知识应用或知识服务作为知识生产的价值目标，以社会选择为根本动力来驱动和组织知识生产，具有灵活、开放、动态的组织结构，具有鲜明的社会性、功利性和进取性特征，是典型的学习型、创新型组织。其中，“创业”是指高校通过知识生产和知识服务创造价值，或者扩大自身与利益相关主体共同价值的过程；为了实现价值增值，高校在主动参与社会建构中寻求价值释放的空间，并主动通过知识创新来开拓新的服务领域。可见，创业型高校是高校强化智力服务品质的有效载体。需要明确的是，创业型高校强调知识应用，强调高校融入社会、参与经济活动，但并不意味着创业型高校否定基础研究的意义，相反，知识应用和智力服务为创业型高校在基础研究、基础学科建设上提供了新的动力机制和物质基础，而基础学科的发展又将持续地推动知识向技术和生产力转化。因此，创业型高校在知识的价值链上保持了内向闭合、外向开放的良性循环状态。质言之，创业型高校并非资本主义的学术展现，真正意义上的创业型高校通过学术资本转化来践行学

---

① 王建华．大学的范式危机与转变：创新创业的视角［J］．中国高教研究，2020（1）：70–77.

② 亨利·埃茨科维兹．三螺旋创新模式［M］．陈劲，译．北京：清华大学出版社，2016：416.

术创新与学术应用的双重责任[①]，从而统一了学术共同体的内在价值与作为社会机构的智力服务价值，有效体现了创业型高校的组织逻辑。

四、基于创业型大学建设的大学治理改革进路

创建创业型大学是我国大学范式转变或大学深化改革的重要方向，创业型大学将成为主动变革知识生产模式、追求知识持续创新和有效推进知识转化的“新大学”。这种新的范式对于我国高等教育内涵式发展及大学治理的影响是全局性、系统性的。正如王建华教授所提出，在创新创业时代，创业型大学必然要成为包括研究型大学在内的大学转型发展的共同新范式。[②]创业型大学的知识生产与智力服务相互构成了价值实现的必要条件，高等教育内涵式发展因之具备了可靠的组织与功能基础。

显然，创业型大学作为新的发展范式，必然要求实施与之适应的大学治理。相对于传统的大学发展模式，创业型大学具有两个典型特征，一是外向性，即大学办学高度开放，知识生产与社会需求构成相互条件；二是实在性，即大学以服务社会需求、解决社会发展真实问题、促进经济社会高质量发展为基本职责，以实质性“贡献”为质量。无疑，创业型大学的组织逻辑与特征必然作为构建有效的大学治理的基本依据。简要来说，大学治理必须适应创业型大学的外向性要求，依循大学与社会相互关系规律，尊重社会逻辑，重视社会主体在大学治理中的智慧与作用，将社会主体权力有效纳入大学权力体系之中。在大学发展中，无论是学科建设、师资建设、专业与课程建设，还是制定学校战略规划、质量保障等，行业、企事业单位等社会力量都应具有参与其中的空间。为此，无论是宏观层面的政策与法规，还是大学内部的运行机制，都应该建立科学的社会化参与机制，这本身也是教育治理体系现代化的重点。[③]其中，以大学的实质性“贡献”为依据重建大学的评价体系是治理体系优化的重中之重。大学的实质性贡献既指真正意义上的知识创新，而非盲目追求“成果”数量，也指大学所培育的人才和科技服务能够满足经济社会发展的真实需求，能够有效转化为生产力。就大学治理的社会化逻辑而言，本书主要强调大学评价体系要将后者作为重要标准，避免大学封闭办学，甚至沉迷于虚空的、无意义的“成果”炮制之中，也就是应该突破长期

① 付八军 . 学术资本转化：创业型大学的组织特性［J］. 教育研究，2016（2）：89-95.
② 王建华 . 重审大学发展范式［J］. 大学与学科，2020（2）：49-57.
③ 王洪才 . 教育治理体系与治理能力现代化论略［J］. 复旦教育论坛，2020（1）：12-18.

以来形成的“五唯”化评价模式对大学开放办学的束缚。在很大程度上，“五唯”扮演着大学评价和资源分配机制的角色，背后则反映着长期以来我国大学治理中的行政中心主义、管理主义、绩效主义、排名偏好等思维、制度和文化。[①]关于“五唯”的本质及其作用机理等内容，本书将在后文中专门述及。

从这个意义上说，基于创业型大学组织要求构建大学有效治理体系，是一个扭转由“五唯”传统造成的大学制度与文化生态的过程。当然从长远而言，则需要立足于开放性学术本位之组织逻辑，实现知识生产模式的迭代创新，并在协调知识本体与社会应用价值的过程中，促使知识的价值实现最大化释放。所以，创业型大学是历史与现代的产物，是高等教育或大学组织内外部环境相互适应的产物，是大学组织进化的结果。

第四节　大学的文化认知、制度精神与组织信任

现代大学是复杂的巨型组织，具有角色多元、职能多元、利益相关主体多元的特征，不同角色、职能和相关主体利益诉求间存在着差异、矛盾甚至冲突，并且随着大学内外部环境的变化而变动。因此，大学要想在日益强调绩效与竞争的治理环境中持续保有竞争力，就必须确保制度的持续变革和创新。正如有学者所言，现代大学制度建设是一个“永恒的建构过程”[②]。然而，在大学制度建设过程中常常出现“制度困境”：一方面，大学组织的复杂性导致制度设计本身存在缺陷，甚至制度失败；另一方面，从纯粹技术的角度看，制度本身是合理的，但无法有效地转化为制度实践。这表明，从制度设计到制度实践，某些中介性因素虽然发挥着重要作用，却容易被忽视。对此，社会学制度主义理论高度重视制度建设中的文化因素，强调文化建构的意义。这对于我国大学制度改革和大学有效治理的探索具有重要启示价值。

一、文化本身即制度体系的重要构成

20 世纪 70 年代，美国经济史学家道格拉斯・诺斯等人在批判行为主义政

---

① 王洪才．高等教育评价破“五唯”：难点・痛点・突破点［J］．重庆大学学报（社会科学版），2021（3）：44–53.

② 王洪才．论现代大学制度的雏形［J］．中国高等教育，2007（13）：33–35.

治学的基础上，将制度因素引入经济史研究，发现了制度变迁与经济发展之间有着密切联系，在此基础上建立了一套“制度—选择—经济和社会发展结果”的新制度经济学理论。该理论随着在政治学、社会学等诸多领域的应用，最终形成了新制度主义理论。到20世纪90年代，新制度主义在发展中逐渐衍生出历史制度主义、理性选择制度主义、社会学制度主义及规范制度主义等不同流派。

（一）新制度主义理论视域中的文化认知

在新制度主义理论体系中，社会学制度主义理论作为重要的理论分支，对于工业化模式、移民政策、公司培训、技术传播等有着广泛的解释价值。相关研究表明，社会学制度主义与当前我国教育管理体制改革具有理论上的显著相关性，因而是认识和探索我国大学治理模式的有益视角。① 社会学制度主义理论的独特之处在于它大大拓展了制度的边界，认为制度不应仅仅局限于正式的规则、程序和规范，还应该包括象征系统、认知模式和道德模块等文化因素。这些文化因素跟传统制度构成要素一样，影响着人的行动，区别在于对人的行动选择有着不同于传统制度要素的作用机理——一种“意义框架”，即文化因素通过影响人对客观对象或自身行为的意义的认知而调节其行为选择，从而导致不同的行为结果表现为组织运行与管理的不同状态。这些文化因素在现实的生产生活及管理中具体表征为价值观、信仰、习俗、心理定式、广泛的利益诉求及价值立场等，既可以是某个具体的行动意图，也可以是内化于心的稳定认知、情感和价值系统，是在形式上显著区别于政策、法规、规章、行政指令等“正式约束”的“非正式约束”。此外，这种非正式约束所包括的深层特征是广泛性和弥散性，即它无时无刻、无处不在地影响着人的思想与行为选择，而正式约束则经常存在“制度真空”现象，致使人的某些行为得不到基本约束和引导。这种非正式约束被制度主义学者斯科特称为“文化—认知”要素。斯科特认为，制度是由符号性要素、社会活动和物质资源构成的持久社会结构，包括为社会生活提供稳定性和意义的规制性、规范性和文化—认知要素，以及相关的活动与资源。“关注制度的文化—认知性维度，是社会学与组织研究的新制度主义最显著的

---

① 罗燕.教育的新制度主义分析——一种教育社会学理论和实践［J］.清华大学教育研究，2003（6）：33-39.

特征。”[①] 社会学制度主义为组织管理和制度改革提供了新的范式层面上的启发。

（二）文化认知的制度功能及其作用机理

作为制度的文化，这个由符号、脚本和惯例等构成的制度世界，在影响行动者的身份认同、自我想象和具体偏好的基础上，建构或约束人们的行为，促使其形成了稳定的规制系统。质言之，文化—认知要素是个体思想与行为模式的深层影响机制，它调节甚至决定着人的真正意愿。文化—认知理论并不排斥人在决策前进行复杂的理性算计，但更重视价值立场对人的理性的规约作用。人在特定价值观引导下作出某种选择，是理性与理想的结合；所以，非正式约束常常比正式约束的影响更加深入、持久和有效，更加预示着方向和方法的科学合理性。从这个意义上来说，组织文化建设是组织管理的最高境界和最有效方式。现实中，组织建设往往更加注重规章制度的设计，并经常以权力为基础来强化制度的实施，客观上存在着制度与文化二元对立的倾向。社会学制度主义关于制度的界定打破了制度与文化概念之间的界限，文化被纳入了制度范畴。这是新制度主义理论与传统制度学派的一个重要区别，也是组织管理理论进步和管理范式创新的一个具体表征。

文化—认知因素除了深刻影响个体选择，就其在整个制度体系中的重要角色来说，还表现在它是一个合法性机制。如果说“早期的制度理论研究者主要关注固定的制度以及它们对组织的影响”，那么社会学新制度主义则主要关注“制度是如何出现并获得稳定性、合法性、拥护者的”。[②] 具体来说，合法性及合法性危机是社会学新制度主义理论体系中的核心概念。所谓合法性，是指制度设计既符合正式的国家法令规章和组织自身章程，也符合组织内部约定俗成的规范规则和组织成员的文化认知结构。当组织的制度体系与内外部规制环境相适应时，是有效的，获得了存在的合法性；若不相适应，则是无效的，意味着其不具备存在的合法性，由此产生了制度改革的需要。但组织内外部的规制体系之间，以及正式、非正式约束之间都存在冲突的可能性，即使制度设计得到了组织内外部正式授权，但由于不符合作为非正式约束的

① W. 理查德・斯科特 . 制度与组织：思想观念与物质利益［M］. 北京：中国人民大学出版社，2010：56.

② W. 理查德・斯科特 . 制度与组织：思想观念与物质利益［M］. 北京：中国人民大学出版社，2010：103.

惯习、愿景、立场及潜规则等，也难以充分发挥其制度功能，即不具备可靠的合法性基础。这表明，文化认知要素通过确保组织成员接受或拒绝新的制度设计而扮演着合法性机制的角色。此即本节一开始提出的问题，从制度设计到制度实践的转化过程中，某些中介性因素起到了非常重要的作用，显然社会学制度主义认为文化认知因素发挥着至关重要的中介性作用。

（三）文化建构在大学有效治理中的重要价值

首先，大学制度的设计与实施离不开文化认知要素的中介作用，文化建构是大学治理中不可绕过的基础性工作。20 世纪初北京大学探索人事改革，意欲借鉴美国的大学制度，实施“非升即走”改革，但此次改革因遭遇了校内外广泛抵制而最终失利，究其原因，在很大程度上正是因为不具备必要的文化基础。具体来说，就是新的制度设计与我国大学教师的传统价值观相去甚远，因而缺少必要的价值认同。[①] 自北大人事改革至今，已有越来越多的大学实施以“非升即走”为重要标志的教师聘任和管理制度，而制度落实的重要基础就是在经历了一定时期的实践、研究及博弈之后，各主体对这一制度模式形成更加公允的认知，并通过心理准备机制而大大弱化了改革带来的冲击和不适。就普遍意义上来讲，一方面，相对于以合法权威为基础的大学战略规划、规章制度、行政命令，大学各主体尤其是最广泛的基层学术组织和广大师生的认知结构和价值取向，更加持久、稳定和深刻地影响着其最终行为选择；另一方面，大学制度设计不仅需要合法权威认可，还需要各主体的价值认同。缺乏价值认同和基层支持的制度设计缺少充分的合法性，便失去了转化为制度实践和制度效能的必要基础。大学有效治理之所以有效，在于符合大学的精神与逻辑，符合广大教师作为以学术为天职的社会特殊角色的正当权益诉求，并充分兼顾了其利益需求，其世俗的和价值的理想在更大程度上得以相对充分地实现。因此，大学治理的现代化探索，必然要尊重大学文化的合法性审视功能。

其次，在大学治理实践中，文化建构是治理体系和治理能力建设的重要内容，对我国来说，大学文化建构的意义更加凸显。大学治理在其目的上是引导大学及其利益相关者以各自适宜的方式参与和有效干预大学的知识生产过程。就我国来说，协调强势主体与弱势主体间的失衡关系，促使各主体及

---

① 张继明，余敏.论现代大学制度建设中的大学文化治理——基于社会学新制度主义的视角［J］.中国地质大学学报（社科版），2017（5）：154–162.

其权力各安其位，是大学治理的直接任务，因而亟待建立完善的治理体系，包括强化文化—认知要素在治理体系中的价值及其建构。传统的大学管理模式习惯于通过规章制度建设对各主体实施“硬约束”，权力尤其是行政权力作为核心的约束机制，因具有典型的泰勒科学管理模式和科层制管理特征而常常忽视各主体的情感需求、交往需求及自我价值实现的需求，忽视大学管理中个体既作为大学组织成员，还归属于具体学科和专业，不仅受到正式组织约束，还会受到非正式组织、非正式文化的生活化影响，甚至受到群体利益和潜规则等的支配。由于大学规章制度与非正式约束之间存在客观差异，在很多时候其对各主体的规制功能强于认同、支持作用，使得管理效能低下。社会学制度主义强调文化本身即制度，要求重视文化—认知因素对人的支配作用，这启示大学在追求有效治理过程中，需要以文化的视角与方法审视制度建设，尤其是要立足于大学内外部各主体的需要与诉求，重视建立学校共同愿景，发挥其思想动员、价值引导作用，通过校园文化建设来为各主体提供“意义的框架”，并将其融合于制度建设之中。只有这样，文化建构或文化治理，才是大学有效治理的核心机制。而只有正式约束与非正式约束实现了耦合与协同，大学才会走向有效治理。因此，大学治理中既要建立健全的规章制度体系，又要更加珍视大学的理想、大学的精神。在大学陷入功利化、世俗化的当下，找回失落的大学精神、重塑大学的文化灯塔角色，是我国大学治理的重要使命。

二、制度精神是制度转化的自在力量

制度不仅仅是针对相关人的严肃话语、规则文本及其表现出的强力规制作用，它还包含着制度道德、制度文化、制度伦理、制度精神等内容，即制度本身反映着制度制定者特定的道德观、伦理观和精神气质，具有一定的价值倾向性。这种价值倾向性决定着制度本身是否足够合理、是否反映社会正义，因而也决定着制度在实施过程中能否获得广泛认同和支持。在构成制度的诸要素中，制度精神对于制度设计、制度理想顺利向制度实践转化具有独特作用。我们在大学制度建设中，也必须重视大学制度精神的存在及其合理建构，以为制度创新提供内在支持。

（一）制度精神的含义与作用机理

所谓制度精神，是指制度得到恰当遵守和履行所需要的设计意图，以及内化于人们心中的一套稳定的信念和价值体系，既包含制度设计时的立意和目的，也包含制度实践过程中相关人对制度本身的敬畏和遵守。正是由于制度精神的存在，制度才能在实践中较为有效地发挥其约束人们行为、调节社会秩序的作用。[①]例如，在现代制度人学价值论批判与反思维度不断凸显的当下，人文即制度建构和制度建设的重要价值标准，同时也是制度主体追求通过制度改革以达至善治的理性选择，从而表现为一种积极的制度精神。[②]更重要的是，制度的本质在于不同利益相关者经由复杂的博弈过程而形成的共识或相对共识，其背后是权力及利益的分配。在利益相关主体间存在显著力量差异时，或者制度形成过程中缺少必要的民主机制、程序公正匮乏时，最终的制度设计必然包含了某些主体的被动和妥协。所以，制度即使已经建立起来，也可能内含着不均衡。制度所内含的不均衡存在正义和非正义的区分，但无论正义与否，不均衡的制度建构都是以否定部分主体的利益为前提的，区别在于是否或者在多大程度上以促进公共利益或大众利益的实现为导向。从制度设计、制度建立到制度实践的整个过程，利益受损者都会不同程度地掣肘着这个过程的推进。公共取向的制度设计意图以及决定制度设计者秉持公共取向的理想、愿景、价值立场，为实现制度公共价值而付出的努力、所采取的积极行动，都表现为一种积极的制度精神，这种制度精神是制度主体突破不利环境的束缚、创造性地促成制度设计转化为制度实践的先进力量。当然，在制度精神缺乏科学理性的支撑，或者受到更大的相反力量的阻碍时，制度精神就难以成为制度转化的充分条件，由此引发制度困境。所以，制度改革往往表现出一定的曲折性，甚至发生倒退，制度的创新总是一个螺旋式上升的过程。但培育积极主动的制度精神，显然是制度建设所不可或缺的一个环节和内容。

（二）大学有效治理要求强化制度精神的建构

对于我国大学治理而言，制度精神的建构尤其迫切，不仅因为我国现代大学的发展历史较短，制度精神缺乏充分累积和沉淀，还因为我国大学深受外部环境制约，制度缺乏自主性。具体来说，在制订大学治理方案环节，应秉持尊重不同主体的治理权、促进共商共治共享的基本逻辑，尤其是要以大

① 崔玉娈 . 制度精神初探——中国政治制度的视角［D］. 上海：复旦大学，2011：14.

② 袁祖社 . 制度精神：基于现代“人文理性”之优良政治伦理价值诉求［J］. 思想战线，2009（4）：69–74.

学知识生产规律为根本遵循，以克服行政化为标识的传统管理模式弊端为重点，最终建立基于学术本位的大学治理结构。这反映了我国大学制度精神的科学性和正义性，决定着整个大学治理过程的有效性。因此，在制度建构的起始阶段，决策者必须始终坚持正确的制度观、改革观。正如学者别敦荣所强调的，大学制度改革需要贯穿核心价值，包括遵循制度正义和程序公正，尊重科学理性及践行共享治理精神等。①学者冯永刚则特别指出，目前我国高等教育公共性发展面临一些阻抑，要消除高等教育公共性的制度障碍，需彰显制度设计的公共精神。②在具体的治理过程中，权力和利益布局要重新调整，尤其是行政权力的中心地位需要被弱化，行政管理需要转变为行政服务，而基层和广大师生获得了参与管理的机会，学术权力会逐渐主导学术管理，这一过程势必要经过激烈的、反复的博弈，因而对于改革者来说，需要具备足够的改革勇气和创新智慧。同时，在治理语境下，作为传统的制度规制对象的广大师生，也需要自觉遵循和积极践行制度设想。唯此，才能打破传统力量的阻隔，推进大学治理的理想。而反观现实，从改革的制度设计到制度实施，我们都缺少必需的制度精神，现代大学制度缺乏核心价值引领，出现了大学“制度失灵”“治理失灵”的现象。因此，对于我国大学治理来说，亟待涵养制度精神，发挥制度精神的动力与保障作用，以实现大学的有效治理。

三、信任在组织文化与制度体系中的意义及其建构

20 世纪 70 年代以来，信任成为心理学、社会学、经济学、组织行为学等多个学科领域的研究对象。总体上讲，信任是指主体对交往对象在实施积极的心理评估基础上建立的肯定性心理预期，进而采取与其心理预期相一致的行为决策。在具体的组织内部，信任主要分为人际信任和制度信任。在功能上，组织信任作为一种文化与整合机制③，促使其形成一致性的文化认知，建立价值认同，从而实现不同主体及其和资源条件之间的耦合与协作，进而深刻影响着组织治理的方式和成效。正如弗朗西斯·福山（Francis Fukuyama）所说，组织信任是“从一个规矩、诚实、合作的行为组成的社会群体中产生出的一种期待”。④

---

① 别敦荣 . 现代大学制度：原理与实践［M］. 青岛：中国海洋大学出版社，2018：87.

② 冯永刚 . 高等教育公共性的制度障碍及其破解［J］. 江苏高教 .2014（2）：1–4.

③ 陈彦雄 . 组织文化中的信任问题研究［D］. 西安：西安科技大学，2010.

④ 弗朗西斯·福山 . 信任：社会美德与创造经济繁荣［M］. 彭志华，译 . 海口：海南出版社，2001：29.

（一）信任是组织建构及其功能发挥的必要条件

人类生产生活的基本方式就是组织化，即通过某种机制建立协作关系的各种群体、集体或团体。在人类社会进化发展进程中，组织作为人们获得生存权利和发展空间的必要方式，组织化的社会特征不断加强、日益突出，基于工业大生产的现代社会更是高度组织化。随着第四次科技革命的发生、发展，协同成为信息社会和智能创造社会的人们从事生产生活的重要方式，组织对于个体及整个社会发展的意义得以空前凸显。[①]组织化机制是多样的，既包括契约、规章、制度等，也包括组织信任，一是组织成员之间的信任，尤其是不同地位、不同立场、不同岗位的个体或群体间的信任，二是组织成员对组织的信任，其中对制度的信任是最重要的维度之一，包括“衡量对制度性质和目的评价的合法性维度”和“衡量对制度执行效果评价的有效性维度”。[②]组织信任是建立稳定而合理的组织秩序的基础。随着生产力的不断解放，人拥有了越来越多的自由发展的机会，但与此同时，人的思想观念、价值立场、利益诉求等也走向高度分化，人与人之间的关系越来越复杂，充满了矛盾、冲突，这就形成了现代社会组织普遍面临的管理困境，不仅需要通过科学的技术与方法进行协调，还需要建构人文环境来消弭组织内的矛盾关系。

组织内部价值与利益的分化、人与人的矛盾冲突，在本质上标识着组织信任的匮乏和流失，需要重建组织信任，以促使组织秩序由分化甚至冲突、分裂走向和谐稳定。在建立组织信任的过程中，重点是打破管理者与被管理者之间的隔阂，破除横亘于两者之间的权力阻塞，引导利益既得者向其他群体合理让渡正当利益。更重要的是建立共同的发展愿景，为不同群体的自我实现提供可能的渠道。组织内部的分化和矛盾经常反映在管理者主导的制度设计和制度实施上，使不均衡的利益分配通过制度安排固定下来，导致被管理者对于制度的性质和目的的合法性、制度执行的有效性等失去认同，即组织失去了制度信任。因此，从根本上说，制度变革就是要建立和优化制度信任。从人际信任到制度信任，本质都是调整各成员的价值观和行为方式，从社会学制度主义的视角而言，就是一个文化建构的过程、一个制度完善和组织治理的过程。

---

① 张继明 . 智造社会背景下一流本科教学的课堂重构［J］. 大学教育科学，2020（4）：62–69.

② 戚玉觉，等 . 组织中的制度信任：概念、结构维度与测量［J］. 经济管理，2018（2）：192–208.

（二）组织信任有利于大学共同体的建构与治理

大学是一个典型的松散联合体，尽管现代大学的制度化组织特征愈来愈强化，但实际上大学十分依赖非制度化的交往关系，而有效交往的基本规则就是信任，因此信任对于大学治理有着特殊意义。对于我国大学而言，大学的有效治理既需要政府、市场组织对大学这个社会机构及其价值的信任，大学由此获得必要的外部支持；也需要内部组织成员对大学及其各要素的信任，为大学知识活动创造必要的内部秩序。知识活动是大学的功能与价值体系的联结和载体，知识共享是大学知识活动的基本形式，也是知识得以被创造的动力机制，因为知识共享可以加快教师之间知识的流动，促进知识再生产，从而扩大学校持续发挥效能的空间。而实证研究发现，组织信任有利于增强教师的交往满意度和心理安全感，从而倾向于分享知识。[①] 知识的分享和再生产，要求大学知识生产者、管理者和服务者建立相互信任的关系，这是实现有效交往和合作生产的基础。当前，学科交叉、师生交往、协同育人、协同攻关、平台建设等大学学术生产过程正空前地强化协同发展范式，知识产权保护、资源共享、利益互补、价值共同体的建立等，都要求各个主体建立充分的信任关系，以实现协同发展。概言之，组织信任促使大学成为共同体，并开展有效的知识活动。但从现实来看，我国大学内部尚缺乏足够的信任，不同院系组织之间、基层与学校之间、学术与行政之间、教师与学生之间、制度与相对人之间均不同程度地存在信任缺失，各个主体在交往中表现出明显的私利主义、本位主义特征，有违于大学的组织特性和知识创新规律。尤其是学术人与行政人之间的疏离甚至对立关系，已经严重阻碍了大学的创新，亟待培植两者间的信任，以化解其间的关系异化。[②] 因而，大学有效治理的重要任务就是建立大学内部的信任文化，降低交往成本，促成有效的社会交往与融合。

综上，社会学制度主义扩大了制度的外延，重视发挥文化的制度建构及治理功能，并要求在制度建构中培育制度精神，作为制度实践的内在力量。而在组织文化建设中，信任有利于强化组织共同体建设。我们在探索我国大学有效治理的进程中，应改变以行政权力为主导、偏重实施硬约束的传统模式，重视文化—认知要素对各利益相关者的深层影响，充分发挥非正式约束

---

① 杨烁，余凯.组织信任对教师知识共享的影响研究［J］.教育研究与实验，2019（2）：39–45.

② 向东春，陈春萍.大学人与行政人信任培植的阻力与化解路径［J］.教育发展研究，2012（1）：56–60.

的长效功能。在大学文化建设中，建立各主体之间的信任关系，进而创设大学协同发展的良好氛围，为知识生产和创新提供必要的内部秩序，从治理的角度来说，则为大学走向治理提供了必要的客观条件，因而建构新的大学文化是我国大学治理的当务之急。

本章小结

大学只有成为大学自己，才能发挥好其本身的职能，因此大学治理必须尊重大学的组织特性，并且要把握大学分化过程中的组织演变规律，这是大学实现有效治理的根本原则。然而，在千余年来大学组织的演变过程中，尽管学术本性不曾有变，但学术本身的分化以及面向社会的内在需求不断凸显，因此在重新定义的学术性与社会性之间，要求大学治理进行恰当地平衡。无论是片面执守大学传统，还是以变革为由否定传统中的永恒价值，都是机械的思维。这种学术本身的分化及大学组织的演变鲜明地反映在大学知识生产模式的变迁之中。大学应据此调整治理方式，改进治理模式。在当前，学术的分化、知识生产模式的演变集中体现为创业型大学的诞生，这是一种将学术创新和智力服务相统一的新大学发展范式，而新范式的产生和采用是创新对传统的批判性重构，意味着大学也必然要依据创业型大学的组织结构、生产与服务模式重构治理模式。大学治理的基本意涵是完善多元主体共同、有效参与大学办学和管理的制度体系，但无论是从制度理论本身而言，还是从大学的组织属性及其要求来说，文化的建构必须作为大学治理的重要内容。换言之，大学以知识活动为中心的学术本性、学者始终追求真善美并处于思想与价值交往之中的群体特征、关注并引领社会风气尤其是批判大众文化的重要使命等，决定了大学还必然是一个文化组织，因此探讨在制度建设中的文化建构，尤其是关于如何培育积极的制度精神和组织信任，对于大学有效治理的探索有着更为深远的意义。

第四章

我国大学治理的实践与治理失灵

无论是基于现代大学组织的高度复杂性对其有序运行提出了更多要求，还是基于当代经济社会发展越来越依赖大学作为“超级服务器”发挥功用价值而要求大学不断提高服务效能，大学治理都已经成为整个高等教育战略体系的核心构成，成为国家治理体系的重要组成部分。但大学治理总是受到体制机制、发展基础、治理传统、文化心理等多重因素的影响，治理客观上存在着失灵的可能，或者说，大学治理只是通向大学善治或治理现代化的一个过程。[①] 作为具有显著的系统性特征的大学治理，在缺失必要条件时，治理失灵就会成为事实。从我国大学治理的历程与当下境况来看，从治理体系的设计到治理主体的权力分配，再到治理方式的选择和实施，尽管蕴含着走向现代化治理的更大可能，但也确实因为某些传统的、保守的甚至异化力量的影响而陷入治理的困境。正是在这个意义上，本研究提出有效治理是当前我国大学治理探索的当务之急。要探索大学有效治理之路径，构建大学有效治理的模式或体系，实现大学治理体系与治理能力的现代化，需要以一种科学的思维与方法、真诚的态度和精神去探清我国大学治理的现况，尤其是隐含其中的掣肘性问题，作为当下变革与未来持续建构的起点。基于教师在整个大学组织及其治理体系中的核心利益相关者地位，本研究以教师学术职业发展问题作为触点，反思当下我国大学治理的现实之觞。

① 张继明.略论大学治理现代化的逻辑与实践［J］.中国地质大学学报（社会科学版），2016（2）：150-155.

第一节 大学教师学术职业发展的境遇及其治理之困

大学治理何以促成大学发展？大学治理的有效性以何为标准？大学作为一个学术组织，其治理必然要以促进学术发展为目标。大学学术活动的主体是教师，因此教师的学术职业发展状况就成为大学治理有效性评价的主要依据和核心标准，同时也成为探索大学有效治理路径的基本出发点和最终归宿。基于此，本研究通过个案实证调查来呈现当前我国大学教师学术职业发展的基本状况，揭示其所存在的问题，借此来反思我国大学治理的现实之弊。这是找寻大学有效治理之道的基本前提。

一、教师学术职业发展是大学有效治理的根本标志

从词源来看，“大学”（university）一词源于拉丁文“universitas”，意指由学生、教师组成的联合体或社团，也即大学的本义就是由师生组成的社会团体。从中世纪大学发轫与发展的历程来看，大学最初分为以巴黎大学为代表的“教师型大学”和以博洛尼亚大学为代表的“学生型大学”，教师和学生分别在不同类型的大学里扮演着管理者角色。[①] 但事实表明，历史最终选择的是教师，教师成为大学永恒的主人，成为大学历史的缔造者和发展走向的决定者。专门的行政管理者群体，则是大学在漫长的分化中衍生而成的；至于学生，虽然“没有学生也就没有大学”，但在现实的大学组织中，学生因经验、阅历尤其是知识占有的局限性而在事实上依附于教师，这也是“学生型大学”最终退出历史舞台的直接原因。当前，无论是强调大学管理者尤其是领导者的引领作用，还是不断强化学生的中心地位及其相应权利，都无法否定一个最基本的事实，即教师构成了大学的组织基底。教师之所以被视作大学的组织基底，根本上又在于大学教师所从事的学术职业为大学作为一个社会机构获得合法性奠定了必要基础。无疑，大学是一个角色与职能多元化的复杂机构，而且，人们在界定“大学何为”等基本问题时，也总是先立足于大学作为教育机构的属性及其教书育人之根本使命。然而，大学的高级专门人才培养及专业化的智力型社会服务，都是以大学的学术创造功能为基础的。失去学术创造功能，大学就只能作为一个传授书本知识的普通教育机构，只能提供那些缺少专业品质和科技含量的一般性社会服务。概

① 贺国庆．中世纪大学和现代大学［J］．河北师范大学学报（教育科学版），2004（2）：22-28.

言之，大学的学术功能是其价值之源，大学所承担的最伟大使命是研究“学问”。[①] 正是从这个意义上说，大学的存在与发展离不开教师学术职业的发展。

所谓学术职业，是一个集学术（academic）和专业（profession）为一体的合成名词，既与大学或相似机构中的专门学者或资深学者相联系，又具有专业的内涵特征和基本属性，主要是以高深知识为基础的教学、科研和社会服务活动。[②]大学教师的学术职业发展包含三层含义：其一是大学教师有条件、有能力从事学术活动并不断实现学术的创新；其二是大学教师以知识活动为主要形式，从事教学、科研和智力服务，以促进大学组织目标的实现；其三是大学教师在学术创造和服务于组织的过程中，获得持续发展的各种条件，以实现自身的持续再生产。据此，学术的内在规律与相关规范、大学的组织目标与规制体系，以及教师作为一个职业的规则与吁求等，就成为大学教师实现学术职业发展的主要条件。例如，大学教师只有具备充分的学术自由，才可能实现学术创新；教师只有在履行学术职业职责，提供了符合评价标准的教学、科研服务之后，才能获得生存发展的物质基础；而大学只有尊重教师的专业、职业要求，为其提供适宜的学术发展空间、职业发展环境，促进教师发展，才能依托教师达成各种组织目标。从大学治理的角度来说，有效的大学治理就是促成这一系列条件的达成，在这个过程中，管理者及教师等各利益相关者都负有不同的治理职责。站在管理者的角度，就是要为教师建构适宜的学术职业发展环境。从现实来看，也正是诸如行政化管理模式、高度量化的绩效评价机制、效率导向的资源分配机制等束缚着教师的学术创新活动，阻碍着教师学术职业的发展。因此，教师学术职业发展既是大学学术创新的重要表征，也是大学实现有效治理的根本标志。

综上所述，大学从一开始就是一个主要由教师组成的学术共同体，大学因教师的学术职业活动而具备了合法性基础，大学必须依靠教师学术职业发展而不断走向卓越。因此，促进教师及其学术职业发展是优化大学组织和建构科学的大学治理体系的基本使命。在这个意义上，大学有效治理就是要构建良好的制度与文化环境，以保障教师的中心地位，并为其学术职业发展提供优质服务。

---

① 王学典.坚持“学术本位”：大学精神的本质［J］.清华大学学报（哲学社会科学版），2012（6）：48–50.

② 宋旭红.学术职业发展的内在逻辑［M］.武汉：华中科技大学出版社，2008：14–15.

二、我国大学教师学术职业发展的实证调查——以H省为例

大学发展必然以教师发展为基础，一流师资队伍是我国实现“双一流”建设目标的关键要素[①]，强化高水平师资建设也就成为“双一流”建设的基础工程。显然，这需要对我国高校师资建设体系进行深入、准确把握，寻找问题，确定改进方向。基于此，笔者以问卷调查为主要方式，对H省高校教师学术职业发展及其环境进行了实证研究，试图呈现高校教师发展的现状及其影响因素。调查包括了大部分省属普通本科高校，调查时间为2019年12月15日至2020年1月13日；采用在线答卷方式，最终回收992份有效问卷。

（一）教师学术职业发展的基本表现

教师学术职业发展在很大程度上取决于其职业理想、职业信念及其职业价值的认同情况。正确的职业观和学术观是促进教师自觉追求学术成长的内在动力。调查发现，自由、理想和学术工作的特质是高校教师选择从事学术职业的重要考量因素。这意味着，高校教师队伍谋求专业发展的内在力量，需要通过科学的体制机制或治理方式来维系、呵护，并进一步去激发和释放，这反映了大学治理的使命与价值。从另一个角度来说，教师职业理想或专业信念往往同现实学术职业发展之间存在较大反差，又表明了学术治理或教师队伍建设制度环境存在着诸多问题，从而凸显了大学治理走向有效治理的必要性与迫切性。在大学角色多元化背景下，学术职业的范畴变得越来越宽泛，但核心是指教师的科研与教学工作，这是考量高校教师学术职业发展的两个基本维度。其一，科研维度。首先，在科研立项上，H省高校教师获得国家级项目支持的比例偏低，不到20%，获得省部级和厅局级项目支持的也仅占30%左右，横向项目支持同样比较薄弱。其次，社会服务能力较弱，尤其是人文社会科学领域。在智力型社会服务成为当下大学重要职能的背景下，H省高校人文社会科学领域的教师为政府及社会部门提供专业咨询的能力较弱，得到的有效转化“咨询报告”十分匮乏。最后，在科研方式上，教师仍拘泥于传统“单打独斗”的方式，跨院系、跨学科和跨行业的合作研究极为少见。在以协同为基本特征的新科技与新学科发展背景下，显然这种传统的科研方式已经落后于学术职业发展的新要求。其二，教学工作维度。高校教学的本质是知识讨论，即教学学术；按博耶的学术观，教学学术是学术体系的重要

① 谈哲敏.师资队伍是“双一流”建设的核心［J］.中国高等教育，2017（Z1）：26–28.

构成。[①]因而教学学术是大学教师学术职业的主要内容，且是教师学术职业同其他学术职业类型的主要区别。调查发现，H省高校约44%的教师认为教学工作量超负荷，甚至严重超负荷，缺乏积极的效能感及幸福体验，而这必然会伤害教师追求学术职业发展的主动性，造成学术职业发展的内在动力不足。在影响教师教学体验的诸多因素中，学生评价作为高校普遍采用的教师教学评价模式和事实上的教师管理机制，正伤害着教师的教学自主性，甚至损害了高校教学文化和教师文化，这与学界对学生评教制度及其造成的“师生合谋”等问题的批判性分析是一致的；[②]与此同时，教学督导作为学校行政介入教学过程的重要手段，由于过度强调其监督和问责职能，而专业性、服务性不足，给教师的教学工作带来了一定的干扰和压力，而更符合高校教师评价规律的校内外同行评价机制却普遍缺失。

特别值得关注的是，青年教师学术职业发展是大学师资梯队建设的重要任务，但大学并未为青年教师教学学术发展提供有效的组织支持。青年教师普遍面临“如何站稳讲台”这一难题，部分青年教师在科研上出现了较长时间的“真空”阶段。帮助青年教师尽快适应职业角色、为专业发展奠定基础，是高校教师队伍建设的重要使命和重要内容。

（二）教师学术职业发展的环境认知与诉求

高校教师的学术职业活动对环境有着独特需求，在柏林大学主要创建者洪堡看来，大学的支配性原则包括了“寂寞”和“自由”[③]，今人更是常常将高校教师的理想生活描绘为“诗意地栖居”。在本质上，这都反映了高校教师对学术职业环境基于理想的认知与体验。基于此，本书调查了高校教师的工作感受与诉求，以此探析高校工作环境及其背后的治理问题。

1. 教师缺少积极的工作体验

其一，在诸多影响职业体验的因素中，职称的影响被普遍认为是最大的，但调查中仅有14.5%的教师能够较为轻松地实现职称晋升，在所有的“负向评价内容”[④]中，教师对职称制度的认可度几乎最低，职称晋升给教师造成了普遍压力，并强化着以职称为导向的“学术”给教师带来的消极体验。

---

① 吕林海．大学教学学术的机制及其教师发展意蕴［J］．高等教育研究，2009（8）：83–88.

② 林光彬，洪煜．学生评教的行政化与学术化论析［J］．教育研究，2016（8）：40–46.

③ 陈洪捷．德国古典大学观及其对中国大学的影响［M］．北京：北京大学出版社，2002：39.

④ “负向评价内容”是指教师认为对自己的发展造成不利影响的各种因素。

其二，学术能力的提升与学术发展预期存在较大反差，只有不到19%的教师认为其工作经历促使其学术职业发展达到了预期，以学术职业发展为基础、为目标的学术机构却不能促进教师学术职业发展，显然是一个极大的悖论。

其三，与教学相比，教师的科研幸福感与效能感明显较低，这表明高校教师科研压力大，而且超过75%的教师深受教学与科研的冲突所困扰。

其四，认可学校现行管理制度激励作用的教师不到24%，接近50%的教师对学校管理制度激励功能的有效性持不乐观态度，这表明高校对于以绩效、问责和奖励为主的外部驱动管理模式需要深刻反思并做出调整。

2. 教师对学术发展环境缺乏认同

其一，40.95%的教师认为该省教师职业环境有待进一步改善，以至于有18.91%的教师有辞职去其他地区工作的想法；除54.84%的教师仍然会选择本校、本岗位外，有12.40%的教师希望结束高校教师这一职业，另有20.56%的教师选择到其他高校当教师；另外还有12.19%的教师希望到本校的管理岗位上去工作。可以说，该省高校教师群体在地区认同、组织认同和学术职业认同上均表现得相对消极，学术职业创新因此缺少充分的情感与价值基础，内在动力匮乏。

其二，关于教师为何要离开现职业或岗位，重新择业，其原因按重要程度排序从高到低依次为："获得更高的收入和待遇，提高生活质量""加入更高的学科和学术平台，获得更大的发展机会与空间""获得更理想的学术环境"及"家庭因素"。这表明，该省高校教师收入缺少竞争力，激励性不足；一流大学和一流学科建设成效未彰，教师发展缺少必要的平台支持；学术支持力度较小，如教师发展服务机构的专业化能力有待提升等。

其三，从教师供职单位的实际发展环境来看，除"工作的价值感和责任感"作为主观因素构成教师发展的重要支撑外，院系氛围、工资福利待遇、办公条件、晋升和发展空间、培训体系、管理制度等方面的教师满意度由不到40%依次下降到1.61%，这意味着高校不仅缺乏良好的发展服务体系，而且在管理模式上已经明显影响到教师的职业投入，而这与学界关于高校行政化的批判是相吻合的。

3. 青年教师发展空间受到挤压

青年教师发展在很大程度上决定着高校教师队伍发展的整体水平，在梯队建设中，青年教师需要给予更多的关注和投入。H省高校教师队伍中青年教师所占比例较高，从本次调查来看，青年教师发展空间受到多重力量的挤压。

其一，尽管消费主义造成教师身份异化为“功利实体”[①]，但不可否认的是，收入水平在物质与心理上对个体产生了越来越大的影响，而且现代学术体系对资源或经济投入的要求越来越高也是不争的事实，因而工资收入和福利水平较低成为困扰青年教师的一个较为突出的问题，个人支付能力不足不仅困扰着学术实践，还严重影响着青年教师的学术价值观和学术理想。

其二，在一个典型的人情社会中，一些高校不可避免地存在着人情文化，“论资排辈、人情关系”等问题导致青年教师面临着学术资源和学术机会匮乏的困境。

其三，行政化管理模式在很大程度上限制了其学术自由和学术自主的权利，尤其是违反学术规律的日常管理方式极大地消耗着青年教师的学术热情和学术创造力。

其四，高校校级层面所提供的教师发展服务体系针对性和个性化较弱，在院系层面，青年教师服务基本处于制度化缺失状态。青年教师正处于角色转换和学术方式的调适阶段，缺乏专业性的引导和支持，将延缓其学术职业发展，甚至导致其在较长时期内处于职业迷茫中，并存在转入职业误区的风险。

（三）高校教师学术职业发展的制度与保障

1. 高校教师发展的影响因素

其一，大学教师在学术身份上首先属于某个学科或专业，因此对学科或院系的依附程度和归属感要强于对学校。但调查发现，院系和团队管理水平较少得到教师认可，这表明院系管理水平或其为教师创建的发展环境不足以支撑教师持续发展。

其二，教师发展质量的提升离不开一定的学术平台，相当大比例的教师认为“学术平台优势”是影响学术职业发展的重要因素，但调查显示，教师对自身所获得的平台支持评价较低。

其三，职称晋升机制在现实中是影响教师专业发展的关键性因素，但这恰恰也是影响教师发展的主要束缚性因素。调查表明，大学教师职称晋升主

① 靳玉乐，王磊. 消费社会境遇下教师身份的异化与重构［J］. 全球教育展望，2018（1）：83-92.

要以教学与科研为依据，社会服务的权重远低于学术占比，造成科研转化阻滞；在教师学术评价中，“科研为王”现象严重，超过45%教师因为晋升评价而被迫发表低水平论文；在职称评审规范性上，只有43.2%的教师认为监督机制健全，而有18.6%的教师可能会被迫“搞关系”；14.2%的教师可能会与同事之间存在不良竞争。这表明，不科学的职称制度造成了高校教师发展陷入“内卷化”状态，损害着高校的学术文化和教师文化。

其四，在诸多因素影响下，尤其是在“唯论文”导向的评价制度之下，约60%的教师感受到了科研工作的超负荷感，而H省在学科评估和国家“双一流”遴选中明显处于被动局面，这个悖论表明，“唯论文”导致学术低质，而健康的科研管理和教师评价机制对于卓越学术的生产具有根本性意义。

其五，在开放办学理念指导下，大学积极向创业型组织转变，学术资本转化随之成为学术职业发展的新样态。但在调查中有近20%的参与者认为高校教师队伍中存在过度追求成果转化收益的问题。这就提出了一个重要警示，大学应严格审视社会服务的价值导向，“如果某些知识是为了达到商业应用目的、专门创造应用价值的话，那么由商业机构来创造反而更有效率。在大学内创造的知识可以被验证是有用的，但没有必要一定要在大学内创造”①。

2. 教师薪酬体系的激励水平与合理性

其一，收入水平总体较低。与古典学术相比，现代科学研究及大学教学需要具备必要的经济基础，现代大学既需要大师，也需要“大楼”。②教师学术职业的创新发展需要有竞争力的薪酬，为学术生活提供良好的物质条件。调查发现，H省高校教师的平均年收入既落后于经济社会发展水平相近地区，更与京、沪、粤、苏、浙等地差距甚远。因而只有14.8%的教师对于目前“工资收入水平”表示满意。这意味着高校教师薪酬体系不能很好地发挥对人才引进和教师发展的激励功能。通过非正式访谈还发现，因薪酬水平较低而产生的相对剥夺感在实际上影响着教师职业投入的积极性。

其二，薪酬制度有待调整。调查对象中，有58%的教师认为目前高校的薪酬制度不合理；有近43%的教师认为教师群体中的收入差距过大，伤害了部分教师的工作积极性。在基于竞争与绩效的评价模式之下，绩效工

---

① 金子元久.高等教育财政与管理［M］.刘文君，编，译.上海：华东师范大学出版社，2010：226.

② 陈先哲.重识大楼之谓与大师之谓［N］.光明日报，2017-05-02（13）.

资的合理性显然需要被重新审视，即对于大学教师学术职业的绩效如何界定、如何比较，绩效工资标准的科学依据为何等，需要有一个更加科学的研判。

其三，如前所述，“家庭因素”影响着该省高校教师的择业观、职业观和职业投入，然而调查发现，有大约 35% 的教师对所享有的医疗保健、带薪休假、子女教育等福利表示不满意。有竞争力的薪酬和福利水平正成为当前高等教育生态中影响高校教师队伍建设的重要因素，教师收入及相关待遇总体偏低影响着师资建设水平及其科研产出质量，这是一个事实。在大学治理中，如何从人的本性与时代性出发，建立合理的教师管理与评价机制，在根本意义上决定着治理的有效性。

3. 科技成果转化机制

科技成果的转化是知识应用或学术实现其价值的重要形式，在高校融入创新驱动发展的时代背景下，成果转化已经成了教师学术职业的重要构成。高校科技成果转化机制是否科学、健全，也是衡量学术职业发展环境的一个重要维度，从调查来看是存在一定不足的。具体来说：① 48.7% 的教师认为高校建立了推进教师科技成果转化的专门系统，36.6% 的教师对学校的成果转化专门建设评价不高，44.1% 的教师认为科技成果转化制度建设先进，但有超过 1/5 的教师则认为制度建设落后。这说明，高校在推进教师科技成果转化的专门系统建设上，包括组织机构的完善和制度设计的改进上，还有待加大力度。②只有 34% 的教师认为科技转化收益提升了教师的积极性，有超过 20% 的教师认为在科技成果转化中教师与学校收益分配不尽合理，影响了教师的科技转化积极性。③当前，通过技术研发、成果转化等方式服务社会，已经成为高校的重要职能，但有 19% 的教师认为高校教师中存在过度追求科技成果转化收益的问题，这表明高校在社会服务中需要严格审视其价值导向，在经济学及管理学意义上的收益与大学作为知识和文化机构而追求学术本身的价值取向及其批判性品格之间，做好恰当地平衡，过度追求外部性收益，甚至为之建立严密的教师考评和激励约束体系，将是对教师学术职业的另一种控制或束缚。

4. 教师发展服务体系建设

高校教师学术职业对终身学习和持续发展有着特殊的需求，职后培训是推动教师专业可持续发展的重要形式。但调查发现，高校教师发展服务体系建设不力。

其一，高校的教师发展服务在内容和形式上比较单一，在为教师提供多元化、个性化服务方面尚有较大改进空间，并且需要教师发展机构能够立足教师真实需求去设计服务项目；教师教学理念有待更新，即有待于从教师的以“教”为中心向以学生的“学”为中心转变，并且课程设计、教学设计、课堂组织等方面的能力有待增强，需要教师发展中心进行有针对性的引导和培训；教学研讨会、座谈会、报告会等培训形式居多，工作坊等深度交互活动的参与度较低，机会也较少，基于真实课堂教学的临床评价和指导更是十分匮乏。

其二，H省教育财政连续多年设立专项实施教师培训，但调查发现，教师对培训的满意度却并不高，这要求对大规模、集中化、统一化的传统教师培训方式进行反思，重建有效的培训模式。

其三，一个更为值得反思的发现是，教学竞赛、教学评估（督导）和依据教学绩效实施奖惩是最不受教师认可的活动形式、管理形式。现实是，基于绩效主义、评估主义的治理方式正对高校形成新的支配[①]，基于绩效评价、绩效奖励的外部激励模式，对于以自由与创造为特质的教师学术职业来说，同样是一种束缚。唤醒教师投入学术职业的内在自觉，才是有效大学治理的最终追求。[②]

总之，调查研究表明，H省高校教师在职业理解、职业理想、职业责任等方面表现出了正确的、积极的认知与价值取向。但是在客观上，组织环境包括专业发展服务体系、管理制度体系、价值与文化体系等并没有为教师释放内在工作动力提供必要条件，甚至行政化的管理模式和专业化不足的服务模式束缚了教师投入学术创新的主动性。大学作为以学术功能为基础的社会轴心机构，教师学术职业发展的阻滞不仅意味着大学学术创造能力上的不足、一流大学建设和高等教育内涵式发展的不力，还意味着国家创新发展因此失去了杰出人才和卓越学术的支撑。有学者指出，大学治理的根本在于构建一个知识共同体，使大学人能够充分享受知识探究的乐趣。[③]从某种意义上说，就是要通过有效治理建构一个适宜的组织环境，激发教师的学术信念和学术自觉性、创造性。

① 王建华．量化评估与大学发展［J］．高等教育研究，2020（11）：33–41.

② 张继明．我国高校本科教学改革的审视与现代化治理路径：基于20余年来改革历程与治理模式的分析［J］．高校教育管理，2020（4）：115–124.

③ 王洪才．大学治理：理想·现实·未来［J］．高等教育研究，2016（9）：1–7.

三、透过教师学术职业发展看大学治理之困境

（一）大学的组织与治理环境深刻影响教师学术职业发展

在传统的象牙塔式大学中，教师拥有较高地位，自由和独立是其学术活动的基本原则。由于在很长一段历史时期内，教师同时还是大学的治理者和决策者，这保障了大学组织的运行与治理是以学术活动的要求为主要依据的，学术自由、教授治校及大学自治等经典大学理念都在本质上反映了知识活动对自由、自主和创造的要求。这为大学教师学术职业的稳定发展提供了适宜的组织环境和保障体系，当然，这种适宜性反映着时代性，即在现代大学发展的早期，大学组织的角色、结构、使命及其与社会生产的关系相对单一，大学教师身兼学术生产者与大学决策者双重身份，从而实现两者间的统一。然而，大学唯有在不断地组织进化中才能适应社会发展，唯有在适应中才能获得安身立命的机会。在进化与适应中，大学的组织运行、知识生产及教师学术职业发展需要有新的治理模式与之相适应。知识驱动与社会选择是大学进化的双重力量，但归根结底是社会选择决定着大学进化的方向，从这个意义上说，大学的进化是一个逐步进入社会的过程。在这个过程中，大学逐步由“象牙塔”转变为世俗的中心，知识生产模式也持续演进。在知识生产模式由 1 时代向 2 时代、3 时代演进的过程中，“知识在一个更广阔的、跨学科的社会和经济情境中被创造出来”[①]，即传统意义上的社会生产部门开始成为新的知识生产者，直至公民社会作为知识生产主体的角色不断彰显，知识传播的理论与实践在经过“科学普及”“公众理解科学”“科学对话”之后逐渐进入“公众参与科学”的新阶段，形成了“公众科学”[②]，这意味着大学作为知识垄断者的传统角色被空前地祛魅，大学教师也不再作为知识的权威而出现在公众的视野中。

伴随这样一个祛魅和去权威的过程，大学教师的身份发生了显著变化。教师的大学治理权一步步被让渡给专门的管理者，甚至失去了学术治理的主导权。随着大学的社会意义不断彰显和被发掘，无论是大学由政府主导，还是由市场支配，抑或是大学依然保持一定程度的自治，基于控制的治理模式都越来越普遍和强化，大学的治理权力由基层逐渐集中到学校层面，外部

---

① 迈克尔·吉本斯，等.知识生产的新模式：当代社会科学与研究的动力学［M］.陈洪捷，等，译.北京：北京大学出版社，2011：14.

② 杨正.“公众科学”研究：公民参与科学新方式［J］.科学学研究，2018（9）：1537-1544.

主体亦加强了对大学的干预，强权和控制成为追求大学生产效率的有力工具。在此背景下，传统的学术观、教师观及大学管理传统等都受到一定的冲击，甚至遭到解构，大学越来越多地面临着学术共同体与“学术—行政共同体”间的一系列冲突。[①]组织和治理环境的变化必然影响到教师学术职业的发展，导致教师学术职业的性质和发展方式一步步远离了以教师为中心的学术传统，教师在科层和效率的规训下成为“知识工人”，不再是如美国教育学者马丁·芬克尔斯坦教授所说的“具有专业知识背景的、易受新知识生产影响的、随着学术劳动力市场波动的、遵循共同学术规则和学术伦理的自主性职业”，他们一边在与权力进行的力量悬殊的博弈中捍卫学术职业的传统，一边服从和适应效率与功利标准，从事新的知识生产。在世界范围内，无论是大陆法系还是盎格鲁—撒克逊法系的大学，失去充分的自主性和自主权是教师学术职业发展面临的共同问题，只是程度和形式有所不同。

（二）我国大学治理的传统束缚教师学术职业发展

知识生产模式的演变、大学组织及其治理方式的变化在客观上造成了教师身份及其学术职业发展失去了传统的庇护，这是世界范围内大学普遍面临的问题。但由于不同国家和地区的大学发展条件存在各种差异，问题发生的形式和程度等都有所不同。前述关于H省高校教师学术职业发展出现的问题既反映了我国大学发展的整体环境，也体现着具体省份和地区大学治理模式的特殊性。

1. 政府主导型治理模式影响教师学术创新

从整体上说，我国大学治理模式作为国家治理体系的组成部分，具有典型的权力集中特征。政府权力作为大学治理体系的核心要素，通过严密的科层机制对大学实施系统管理。随着现代大学制度的探索，尤其是党的十八大以来高等教育治理体系与治理能力现代化成为国家深化高等教育综合改革的重要目标，大学获得了越来越多的办学自主权，但大学制度模式的行政主导特征并未根本改观。在以政府为主导、以政治或行政权力为基础的制度框架下，大学作为事业单位，在事实上扮演着政府派出机构的角色，被赋予了行政主体的性质。[②]大学虽然是事业单位，但政府往往按一般意义上的国家公职

① 陈正权，朱德全．高校教师发展的困境与调试［J］．高教探索，2018（5）：118–122.

② 南玉霞．对确立我国高校行政主体地位的思考［J］．中国高教研究，2009（9）：35–37.

人员身份对教师实施管理，教师的学术人身份及其学术职业发展的特殊性反而缺乏更多观照。更重要的是，政府权力通过科层化的大学内部组织架构在基层延伸，对大学的管理与学术产生系统性影响，行政准则成为大学组织管理包括教师管理、学术管理的重要依据，大学里存在统一化、标准化的规制特征。无疑，这与大学作为一个学术机构的根本属性及其规律有着一定距离，而教师学术职业发展环境则需要更多的自由、开放、多元和包容。调查发现，职称机制是高校教师普遍深受其累的一个制度要素，在事业单位行政化制度模式下，职称制度本质上是通过资源配置而对教师实施管理的权力实践机制，其所依据的是科层化逻辑：一方面以职称制度作为工具来激励教师扩大产出，实现功利性的效率目标；另一方面则通过机会资源和利益的分配来追求秩序的稳定性、以行政权力为中心的向心性。这种制度和管理逻辑常常与教师成长规律和学术职业规律缺乏一致性。当前，高校职称制度改革不断深化，政府逐渐将职称评聘的部分权力让渡于学校乃至基层学术组织，但职称评聘机会仍是稀缺资源，主要由行政管理者主导，并作为一种自上而下的调控机制继续影响教师的学术职业发展。

2. 效率导向致使教师学术职业发展深受外部力量控制

效率是大学行政管理的重要目标。在我国大学制度改革的历史进程中，市场化机制的引入是一个标志着我国大学制度发生重大转换的“关键节点”，按照历史制度主义的观点，它标志着市场在高等教育资源配置及大学组织运行中开始扮演重要角色。20 世纪七八十年代，西方教育领域普遍发起新公共管理运动，其基本目标就是通过市场化来提高教育管理效率。基于对绩效的追求，政府在大学治理中普遍应用市场来调控大学生产。显然，市场与学术是两个完全不同的领域，遵循不同的逻辑。市场的介入不可避免地与大学学术发展产生冲突，教师学术职业发展再次受到了来自市场的冲击，即教师的学术生产开始追求“效率”，以迎合对数量指标的要求，学术的工具性特征愈发明显，教师越来越像是产业计件制下的“知识工人”，学术自主愈发弱化。为了提高学术产出效率，以促进教师竞争为本质的一系列大学制度出现，如教师聘任制、教师绩效管理机制等，进一步使教师失去了“诗意的栖居地”，学术“快餐化”“碎片化”损害学术本身，降低了大学的学术品质。在大学走向社会中心的背景下，市场力量为大学及教师学术职业带来了更大的显性化冲击，由于市场偏好成为衡量大学办学质量的重要标准，尤其是就业率成了衡量大学人才培养水平的核心指标，教师必须以劳动力市场需求和经济学意义上的效益标准为依据，重新设计教学体系，调整学术方向及其生产方式。当然，在新的学术观和学术生产模式下，也有部分教师主动迎合外部标准，从而满足自身的功利性需要，甚至出现“浮士德式交易”。从一定程度上说，市场在高等教育治理中的作用及其作用方式的背后是特定制度的安排，因而市场对大学及教师学术职业的影响反映着政府对高等教育的调控。[①]在此条件下，大学教师或主动或被动地远离了学术职业对知识本身的追求，教师的传统身份在陷入世俗的过程中，其因学术而生的尊严、独立精神、专业自主权等受到较大的束缚。

3. 重点建设模式增加了教师学术职业风险

政府主导型大学治理模式在管理效率上有着独特优势，尤其是在相对集中的高等教育管理体制下，其效率优势更加明显。我国大学治理的一个重要政策或模式就是“重点建设”。重点建设是我国高等教育发展的一种战略，是指定或遴选部分办学实力强的大学，给予倾斜性的资源投入和政策扶持，促使其实现高效、优质发展。[②]重点建设在价值取向上是效率优先的，从政策实践效果来看，“985 工程”“双一流”建设项目的启动和实施，推动我国在世界高水平大学建设方面取得了显著成就，这为政府主导大学治理的有效性提供了有力的证据，甚至可以说是中国特色现代大学制度的优势所在。在当前大学智力服务能力越来越决定一国之科技实力和综合竞争力，而我国在诸多基础科学和核心技术领域却遭遇“卡脖子”问题的条件下，我国政府空前地加大重点建设力度，以求更快建成世界一流大学。在此背景下，政府在大学治理中的主导地位得到进一步强化，通过战略规划、考核评估、审计与问责等方式加强大学调控。相应地，非升即走的人才聘任机制、基于全时性考核的职称动态调整机制、基于绩效标准的教师量化评价机制等逐渐成为大学内部治理的重要竞争实践形式，用以加快实现大学治理的效率目标。无疑，以效率为导向的管理方式适应了增加绩效产出的需要，但在推动数量化指标节节攀升的同时，我们对于基础学科和重大核心技术研发如何取得实质性突破则需要深刻反思，并推动深化大学治理机制的有效变革与创新。对于教师来说，以效率为导向的评价与管理模式可能会为其学术创造带来困惑或束缚。需要进一步注意的是，当大学学术治理过于追求量化评估，学术与学术人的信念、

---

① 张应强，张浩正. 从类市场化治理到准市场化治理：我国高等教育治理变革的方向［J］. 高等教育研究，2018（6）：3-19.

② 胡建华 .70 年高等教育重点建设的变化及影响［J］. 江苏高教，2019（10）：1-7.

理想、热情、尊严等恐将受到影响。调查中，教师效能感和幸福感匮乏，甚至弥漫着逃离学术、逃离大学的消极情绪，都反映着大学教师学术职业发展面临的困境。

结语

现代大学从中世纪发轫至今，经过了千余年的进化与发展，然而其作为学术共同体的属性始终不变，教师的学术职业发展始终是大学价值之源。从这个角度来说，促进教师学术职业发展是大学治理的根本目的。就我国而言，H 省高校教师学术职业发展有着广泛代表性，是故有效的大学治理要求以教师发展为本，创设符合学术职业规律的内外部环境。具体来说，就是在物质与精神两个基本维度上给予教师足够的尊重，在帮助教师实现生活富足的同时，唤醒其内在的专业和职业自觉，即以大学与学术逻辑为根据，建构专业化的教师服务体系，从而确保教师在富有成效的学术职业中获得充分的效能感、荣誉感和幸福感，这是教师以学术为志业并持续投入其中的根本内在动力。所以，尽管大学发展的内外部环境变化多端，大学治理的理念与技术不断革新，但从大学独立办学，到学术自由和学者治校，都是大学健康发展不可绕过的经典理念和法则。可以说，在现代化进程中，大学需要尊重和呵护那些确保大学之为大学的传统及其价值。换言之，尊重学术、遵循学术职业发展的根本逻辑，是改革取得实质性成功的前提，这也是我国“双一流”建设中必须秉承的基本原则。[①]

第二节 大学治理模式的行政本位及其变式

在当今世界，任何国家和地区的高等教育发展都与政府有着紧密联系，且这种趋势在不断加强。在历史上具有高度独立性和独立能力的大学，也逐渐与政府建立了各种合作关系，甚至越来越倚重于政府在资源、政策、经费上的支持。在此背景下，政府成为大学重要利益的相关者，政府干预模式成为大学发展及教师学术职业发展的重要影响因素。在我国相对高度集中的管理体制下，政府的高等教育治理方式就对学术职业发展产生了更加具有决定

① 周文辉，牛晶晶，贺随波．“双一流”建设中国特色内涵辨析［J］．西北工业大学学报（社会科学版），2020（2）：23-30.

性的影响。我国现代大学制度及高等教育治理现代化的探索，其核心正在于处理政府与大学的关系。同时，任何政府在实施社会治理包括高等教育治理的过程中，都依循其自身的逻辑，在缺乏权责制衡或规范的条件下，行政主导可能会成为大学创新发展的束缚因素，而改变过度行政主导也就成为制度改革的重要任务。

一、大学管理行政本位的内涵与典型特征

我国高等教育管理模式或大学制度体系具有典型的行政主导特征，无论是在学界还是在实践领域，这已是重要共识。[①]有学者指出，我国近代大学是中国社会近代化过程的起点，它的产生被赋予了过高的政治性目的，从而掩盖了大学本来应该具有的学术性目的，这使我国近现代大学自产生之日起就有很浓厚的行政化管理色彩。[②]毋庸置疑，大学作为一个学术共同体并非绝对否定行政管理的必要性，而且行政主导的治理模式对于大学发展的积极意义也是不可否认的，但当行政主导突破了合理性界限，将导致大学核心价值转移和权力发生错位，对大学造成伤害，这亦是不争的事实。[③]中华人民共和国成立 70 多年来，我国高等教育管理体制及其改革经历了计划体制向市场体制的转型，进入 21 世纪后又逐渐受到治理思想、治理理论的影响，现代化治理成为基本走向，这期间尽管大学与政府的关系发生了明显的阶段性变化，但优化府学关系、发挥政府调控和大学自主的双重作业，始终是完善高等教育治理结构的关键课题。[④]

何为大学行政本位？从府学关系来说，就是政府将大学作为一般的政府派出机构，甚至视作普通的行政机关，以政治或行政的逻辑与方式对其实施管理，大学对政府的依附关系成为一种正式的制度安排，甚至迎合权力逐渐成为大学的一种组织文化。就大学自身而言，在现代大学的组织分化和职能演进过程中，行政管理机构基于客观需要在大学组织内部衍生而成，依附于学术并服务于学术，但随着内外部环境的变化，行政管理机构拥有了独立性和越来越大的权力，最终取代了学术权力在大学治理中的中心地位，成为学校制定战略规划、实施资源分配乃至进行学术评价的主导者，行政管理的逻

① 别敦荣，徐梅．去行政化改革与回归现代大学本质［J］．中国高教研究，2011（11）：13-16.

② 刘少雪．我国近现代大学行政化管理模式的历史探索［J］．清华大学教育研究，2011（1）：20-24.

③ 彭道林．大学行政化的外在表现及其危害［J］．高等教育研究，2010（10）：19-23.

④ 胡建华．大学与政府关系 70 年（1949—2019）［J］．高等教育研究，2019（10）：12-20.

辑成为大学运行的主导性逻辑，从而在长期的进化下形成了在一定程度上悖于学术本位的大学组织文化。在本质上，大学行政本位是行政权力与学术权力分殊、力量发生失衡的结果，科层文化和行政文化对于学术文化形成了某种抑制。[①]

在行政本位的制度模式下，大学内外部行政管理者的管理方式主要借助国家正式制度安排及学校内部的科层体系来对大学实施规制。在这种权力架构之下，大学作为学术共同体的组织特性受到规训，以知识生产规律为基底的大学逻辑面临同内外部管理体系间的冲突，大学特有的自由和创造精神容易受到遮蔽，大学的学术创新功能与价值难以充分释放，甚至有的大学在依附外部标准中失去了自我，大学的独立品格发生了不同程度的矮化。总之，在这样一种制度环境或运行模式中，大学具有发生组织异化的风险。行政权力本身具有较强的扩大和支配属性，这决定了高等教育治理及大学内部治理的行政本位特征具有极强的稳定性，并存在自我强化的组织特征，这是高等教育治理“去行政化”难的内在原因，政府也在高等教育治理体制改革中难以走出在“放权”与“收权”之间摇摆往复的尴尬境地。但毋庸置疑的是，大学治理必须坚持改变过度强调行政本位的现状，或者在行政主导和学术本位之间找寻恰当的平衡点，其根本目的在于确立起行政管理服务于大学学术创新的组织逻辑和目标，发挥行政主导本应有的积极作用。

二、大学行政本位管理的新形式及其作用机制

如果说在传统模式下，大学行政本位管理依赖于科层制来组织和运行，科层制为行政权力在大学场域中占据主导地位提供了合法性空间，那么随着大学内外部环境的变化，大学行政管理模式也会逐渐发生变化，在形式上缓解了行政权力与学术权力之间的冲突，甚至也在事实上赋予了大学一定的自主权。但从另一个角度而言，事实上管理者仍旧以新的方式或技术强化着其自身的逻辑和意图。

（一）类市场化

随着我国由计划经济体制向社会主义市场经济体制转变，市场理念、市场原则、市场机制逐渐对社会各个领域产生了全面而深刻的影响。在教育领

---

① 王建华．中国大学转型与去行政化［J］．清华大学教育研究，2012（1）：23-32.

域，发挥市场在教育资源配置中的作用从一开始时备受争议，到逐渐成为国家制定教育政策、实施教育改革的重要方向，我国高等教育市场逐渐形成。市场与教育结合的基本逻辑是通过市场竞争机制来提高教育运行与管理效率，高等教育市场化在优化资源配置、激励大学组织活力方面发挥着独特的优势，并适应我国深化高等教育体制改革的要求。但需要指出的是，我国高等教育市场在国家主导高等教育治理的宏观框架之下，是一种“计划为体，市场为用”的“类市场化治理”模式。[①]进而言之，政府通过高等教育市场来实施资源配置，也即通过市场以区别于传统计划体制的方式对高等教育施加影响，或者说，市场成为政府介入高等教育和实施大学治理的新形式、新机制。在市场的驱动之下，大学制定了以竞争机制为重要核心的制度体系，对外积极争取政府和社会资源投入，相互间展开了锦标赛式的，甚至是零和式的激烈博弈，在内部则以通过竞争性资源配置来激励基层组织及教师个体不断提高生产力。市场竞争机制在一定程度上提高了高等教育管理及大学组织运行的效率，但教育资源配置或教育组织运行的效率提高并不必然等于质量提升，因为市场效率在追求投入产出比优化和高效的过程中，常常违背教育发展或大学办学规律，体现了市场与教育间的矛盾冲突。而市场冲击教育质量的一个典型表现，就是大学对效率、速度的追逐使自身陷入了无序竞争的陷阱，造成了资源的消耗，形成了所谓的“内卷”，内卷的实质就是资源消耗不断增加而有效产出停滞。从运行或管理模式上讲，类市场化的大学管理在本质上遵循的并非独立的大学意志，从这个意义上说，市场化以不同于传统的方式强化了大学的行政本位管理模式。

（二）绩效管理

体制转型或市场体制的建立，从根本上反映了对效率的追求及市场机制的效率价值。从整个世界范围来看，始自 20 世纪 70 年代的新公共管理运动强调重塑政府，提出构建“企业型政府”“市场化政府”，其基本逻辑就是借助市场来改造政府，在公共管理中引入竞争机制，提高政府的公共管理和公共服务效率。[②]我国高等教育市场化的背后，是国家对加快高等教育培养高级

---

① 张应强，张浩正.从类市场化治理到准市场化治理：我国高等教育治理变革的方向［J］.高等教育研究，2018（6）：3–19.

② 陈振明.走向一种“新公共管理”的实践模式：当代西方政府改革趋势透视［J］.厦门大学学报（哲学社会科学版），2000（2）：76–84.

专门人才速度以促进经济社会发展的迫切需要，体现了以市场为手段优化政府管理效能的新公共管理逻辑。在新公共管理运动中，政府重塑或政府再造的重要工具之一就是绩效管理。“世界范围内的政府再造者都发现，使用绩效管理可以使政府的生产率获得显著持续的增长。”①在市场化思维和新管理理念影响下，我国高等教育管理及大学内部管理都开始关注绩效问题，并逐渐构建基于竞争与绩效的高等教育资源配置与评价体系。我国高等教育发展的巨大资源需求与国家有限的投入能力间的矛盾，使政府尤其重视资源利用效率，并通过强化绩效管理来增强大学的效率意识，引导其通过改革来不断提高效率。事实上，管理者将绩效考核与资源、经费等捆绑在一起，有力地牵引着大学的办学方向及其在学科建设等各领域的具体规划和运行过程。因为大学要获得管理者更多的支持，就必须迎合其绩效评价标准，并据此在大学内部实施严格的绩效管理，从而又导致基层学术组织、个人会陷入对绩效的追逐与竞争之中。因此，客观上绩效管理逐渐成为管理者加强高等教育干预的重要机制。以竞争为核心的市场策略，则越来越成为府学双方强化绩效管理、提升管理效率的有效手段。如前所述，市场是有效提升组织运行与管理效率的工具。在市场与权力的双重加持之下，对绩效的高度重视和追逐导致形成了绩效主义大学管理模式。绩效主义逐渐取代了传统的大学精神及学术逻辑，全面影响着高等教育及大学内部治理，使其成为外部意志坚定的执行者。

（三）审计问责

绩效主义管理成为管理者加强高等教育管理的重要手段，而绩效主义管理的实施一方面要通过市场机制强化大学间的竞争，另一方面则需要增强大学的绩效职责。管理者除通过资源分配来激励大学履行职责外，还主要通过实施问责来强化其绩效责任。由于现代高等教育是一个资源消耗巨大的行业，而且对于我国来说，高校（主要是指公立高校）的学术资本转化或市场营收的能力都相对较弱，对国家财政投入有着严重依赖性，因此政府对大学的问责具有强大的激励和约束力量。更重要的是，来自政府的绩效问责还具有体制赋予的权威效应，这就进一步决定了在我国高等教育治理中政府问责对大学的强大影响力。政府对大学的问责，不仅是高等教育治理的一种手段，还是政府对公共资源投入使用状况进行监管的公共职责，目的是确保公共资源

---

① 戴维·奥斯本，彼得·普拉斯特里克，著.摒弃官僚制：政府再造的五项战略［M］.谭功荣，刘霞，译.北京：中国人民大学出版社，2002：146.

实现公共价值，即保障大学科学规划和使用政府的高等教育财政或资源投入，为大众提供充分的、优质的教育服务，为国家经济社会发展提供有力的智力支持。因此，问责是政府优化公共教育服务的必要治理工具。从“问责”的实质来看，其以责任追究为作用机制，即以追究失责的方式实现对过程的有效调控，从而保障责任的履行和目标的达成，也即赫尔曼·芬纳所说的“责任必须以外部控制为基础”①。由此可见，政府对大学的绩效问责在更多时候表现为一种负向激励的力量。当前，我国高等教育发展正处于国家重点投入、集中打造少数世界一流精英型大学的新阶段，无论是中央政府还是地方政府，都空前强化了对大学的绩效要求，从而对大学进行着更为严格的问责。绩效问责的基础在于审计，即对大学的投入产出状况尤其是国家公共资源使用的规范性、合法性、有效性进行审查、核算，并进行专业化的审计。对绩效的高度重视，让政府不断拓展审计领域、加大审计力度，目前审计正成为大学的一种文化。②显然，审计是国家对大学的合理干预，但如果“合规性”要求与大学办学的“自主性”之间发生失衡而产生过度审计，就会造成伤害大学学术创新的风险。

（四）全域评估

评估是质量管理的重要工具。我国从 20 世纪 80 年代中后期开始试点高等教育评估，从最初的教学评估，到目前涉及专业、学科、院校等多个维度的评估，从政府自上而下的行政化评估，到强调高校自评，再到突出第三方评估，从社会化、市场化的评估排名，到国际组织越来越多地涉入高等教育的认证及排名领域，我国逐渐迈入了一个高等教育评估繁荣的时代。21 世纪以来，随着我国启动以质量提升为核心的高等教育发展新战略，高等教育评估的重要性得到空前彰显③，评估的范围和力度空前加大，促使形成了一种“全域性”评估模式。高等教育评估的广泛应用，在客观上体现了政府对高等教育管理传统模式的主动变革，也反映了高等教育管理的专业性要求，在一定程度上优化了府学关系，赋予了大学更多自主办学、自我管理的空间。然

① HERMAN FINER.Administrative responsibility in democratic government［J］.Public Administration Review，1941，1（4）：335-350.

② 林小英，薛颖.大学人事制度改革的宏观逻辑和教师学术工作的微观行动：审计文化与学术文化的较量［J］.华东师范大学学报（教育科学版），2020，38（4）：40-61.

③ 张继明.我国高校本科教学改革的审视与现代化治理路径：基于20余年来改革历程与治理模式的分析［J］.高校教育管理，2020（4）：115-124.

而，在高等教育管理体系具有典型的政府本位特征，同时管理者越来越强调高校的产出与绩效的客观条件下，评估成为管理者进行资源配置、激发高校办学活力和实施问责的有力手段。换言之，评估同样是以不同于传统的方式来贯彻管理者意志。评估与利益分配一体化的制度设计，使高校办学被严格限制在评估框架之内。随着我国“五位一体”评估体系的建立和实施，尤其是在“双一流”时代，无论是学科评估，还是一流大学、一流学科、一流专业和课程的遴选，都深刻左右着高校办学模式。评估的时代价值、评估对绩效管理的现实价值及我国特殊的评估机制共同催生了“评估主义”，为管理者全方位调控高等教育提供了有效的实践机制，在强化高校的质量意识和改革责任的同时，也存在着显而易见的问题，如全域性评估致使大学迎评的成本不断累积，且对大学日常生产秩序造成一定冲击；由于评估常常不具备充分的专业性，大学在迎评中会耗费大量资源，并且统一化、标准化的评估还加剧了大学办学的同质化趋向。尤其是在量化主义评估模式下，大学及其办学过程作为一个复杂而有机的系统被幻化成毫无生命力的静止化的指标、数字，量化评估愈来愈“精确化”，但大学发展的路却越走越窄。①

三、从大学管理制度的角度审视“五唯”现象

制度的功能首先在于维系组织的正常秩序，当制度本身无法准确反映组织运行的逻辑与规律，就会导致组织失序。行政本位制度模式及其绩效主义、评估主义、问责主义等种种形变强调行政规则的支配作用，从根本上说背离了大学以知识生产规律为依据的内在逻辑。在此背景下，“五唯”最终成为大学普遍奉行的思想、价值观与行为模式，大学也因之陷入了“虚假繁荣”的发展陷阱。

“五唯”是一种高校评价模式，从高等教育财政拨款、“双一流”建设、学科评估，到高校内部师资建设、院系考核、资源分配、学位点培育，再到各种国内外高校排名，无不受此评价模式影响。承前所述，引入以量化、标准化为核心特征的科学管理和以追求效率为导向的市场机制，是我国大学管理模式改革的两大方向，在实践中两者相互融合、强化，在高校资源配置中发挥着决定作用，而“五唯”化评价适应了高等教育绩效的量化、审计及通过强化竞争来提高办学效率的要求，成为管理者普遍依赖的工具。随着基于绩效与竞争的高校管理模式大行其道，“五唯”思维不断被强化，逐渐对高校

① 王建华．量化评估与大学发展［J］．高等教育研究，2020（11）：33-41.

办学形成了全面控制，进一步导致高校陷入过度量化和无序竞争的局面。第一，“五唯”评价将高校量化管理引向了极致。当代高校是一个角色、结构、职能、目标、文化及内外部利益相关者相互关系高度多元化、复杂化的巨型组织，同时还是一个系统内各要素基于核心价值而高度协同、有机合作的生态组织，因而高校的评价和管理必须秉持系统科学、生态科学及复杂科学的思维与方法。但当代高校普遍引入的是泰勒科学管理模式，管理过程追求简便化、标准化和统一化，有违于高校的复杂化、多样化特性；在具体管理方法上，通过指标分解和高度量化将高校实际发展水平进行了选择性的、不可“还原”的“裁剪”，这种裁剪性信息的生成机制无法为高校评价提供更加真实的信息依据，更重要的是破坏了高校生态平衡，肢解了高校作为生命体的生命力。[①] 总之，“五唯”是高校量化管理的极端表现，使高校深深地陷入了“指标化”办学的陷阱。第二，“五唯”评价机制强化高校竞争，导致高等教育场域发生失序。管理者在对高校办学绩效进行严格量化的基础上，实施高校学科评价、学术评价、项目评审和资源配置，同时又鼓励高校通过类市场化的竞争来提升办学绩效，高校间形成了零和式博弈关系。为了确保高校和教师的办学及学术活动具有价值甚至实现“增值”，审计机制被引入大学治理过程中以加强问责，大学成为一座实施各种绩效审查、监察的机构[②]，严格的量化审查机制大大强化了高校的竞争取向。如此，权力与利益、量化管理手段和市场竞争机制共同构成了高校评价与管理体系，而“五唯”评价具有标准明确、显示度高和易操作等特征，成为这一体系的联结机制和实践机制。长期以来，各级管理者以“五唯”为依据来实施高等教育管理，包括实施学科评估、“双一流”高校和学科遴选及各类专项投入等，“五唯”作为高校办学的价值取向也因此不断强化。

“五唯”化办学对于以自由和创造为特质、以学术创新为价值基础、具有鲜明生态化特征的高校而言是不合适的，因为它将教师从系统性的学术场域中孤立出来，成为分离的、单独的、样本的和数据化的原子，从而产生无意义感；将复杂、充满不确定性的学术生产简单化和固化为静态性、截面性指标，使知识生产成为工厂中按固定流程进行的产品加工；用外显的功利化、工具化标准衡量富有典型理想主义特质和公共精神的学者，基于“经济人”

---

① 张应强.理性利用大学排行榜　促进高校内涵发展［J］.河北师范大学学报（教育科学版），2020（2）：9–13.

② 林小英，薛颖.大学人事制度改革的宏观逻辑和教师学术工作的微观行动：审计文化与学术文化的较量［J］.华东师范大学学报（教育科学版），2020（4）：40–61.

假设的管理逻辑和基于外部标准的学术审计破坏了学者的自由家园，侵蚀了其学术理想；将高校丰富多元的职能和责任严重地窄化，高校沦为一个知识产品加工和售出的机构。总之，“五唯”导向从根本上违背了高校作为学术共同体的组织规律、学术生产规律及其文化使命。但更为根本的是，“五唯”办学模式在客观上造成了高校的价值虚无主义，用数字堆砌起来的所谓绩效使高校失去了真正意义上的、立足于社会真实需求的学术创新的支撑。“五唯”迷失背后的基本逻辑之一正是传统大学管理模式的要求，换言之，传统大学管理模式及其新机制在缺乏有效规范的情况下，最终表现为“五唯”取向的学术评价和资源分配模式。因此，破除“五唯”成为当下大学治理改革的当务之急。正是基于此，政府及相关部门接连发布关于“去五唯”的政策，体现了政府改变传统管理模式的决心。但在高校管理实践中，“去五唯”工作仍存在不少困难，表明传统思维定式和制度安排具有巨大惰性，大学有效治理任重道远。

总之，要构建大学有效治理体系，增强大学治理能力，须以国家管办评分离和“放管服”优化服务精神为指向，探索可行的“去行政化”机制。在这个过程中，必须谨防传统的行政本位管理陷入路径依赖，导致“去行政化”的探索落入新的行政本位之窠臼。例如，质量评估、绩效管理、审计与问责等，一方面体现了政府改变大学管理传统的努力，但另一方面又可能是在“改革正确”原则掩护下更加精密的笼子，依旧束缚着大学的自主与创造。“权力在中国大学的资源竞争领域是一种通行到底的支配力量，它既内含强制性的国家意志，也糅杂了复杂的官员意志。”①

第三节　社会化进程中大学逻辑与价值理性的迷失

英国诗人约翰·梅斯菲尔德在《大学何以为灯塔》中称赞大学：“世间很少有事物能比大学更美。当防线崩瘫、价值崩溃、水坝倒塌、洪水为害、前途变得灰暗、古迹沦为泥淖时，只要有大学在那里，它就屹立闪光；只要它存在，人那颗被引导去从事美满探索的自由心灵仍会给人来带来智慧。”大学作为灯塔而引导社会文明进步的力量，源自其以知识活动为载体追求真善美的精神与使命，源自大学投身于追求真理以实现自我价值的自觉。可以说，

① 程瑛.高等教育资源竞争失范及其治理［J］.湖南师范大学教育科学学报，2014（4）：58-62.

这就是大学独有的存在方式或者说是大学的内在逻辑。从理性的角度而言，大学对理想的追求及其行动逻辑反映的是一种价值理性。大学价值理性与其崇尚真理和追求真理的学术传统之间是一种相互支撑、相互强化的关系，无论大学发生何种分化，其学术传统都确保大学始终作为大学，即作为一个以知识活动为核心的特殊组织，这是大学生成价值理性的基础；而大学价值理性则作为一种精神和内在自觉，保障大学在变革中永葆其传统和特质，始终以追求真善美为天职，由此获得持续存在的意义。然而，人类在不断开发新世界、大学因独特的技术价值而不断满足人类需求乃至欲望的过程中，大学的价值理性逐渐式微，其与工具理性间的抵牾日益突出，大学在追求功利价值中越来越世俗化，甚至像眭依凡教授所批评的那样越来越“庸俗化”[①]。大学价值理性的危机，是更大意义上的大学危机，大学将因此失去作为学术机构去追求学术、实现学术创新的能力。

一、从资源依赖到“唯资源论”：资源由手段变为目的

现代大学的初生与发展从一开始就要求具备一定的物质基础，显然，最早的大学创始者聚集在一起从事专门的知识活动，并不是仅仅依靠对知识的热情和理想，他们或者本身就拥有一定的经济基础，或者接受着来自教权、王权及市镇的扶持。例如，12 世纪末巴黎大学的学舍由教士提供的慈善基金支持[②]，神学的教师工作依靠牧师俸禄的拨款来维持，法学的教师工资可能是由自治市支付[③]，没有物质作为生存基础，大学就无法从中世纪发轫而直至一千多年之后的今天，成长为一个基业长青的社会核心组织。从以想象、注释、编纂等为模式的古典人文知识生产，到以实验为基本形式的自然科学知识生产，在知识生产模式的演进中，大学的知识生产成本越来越高，甚至逐渐成为一个投入巨大、极其昂贵的生产领域。巨型大学的产生、终身教育的发展及普及化高等教育时代的逐步来临，当代高等教育体系的规模变得越来越庞大，大学知识生产所承载的国家及社会期待也越来越浓烈，致使其对资源投入的要求远远超过了以往任何时代。

但高等教育本身不是一般意义上的物质生产部门，虽然其自身通过智力

---

① 眭依凡．大学庸俗化批判［J］．北京大学教育评论，2003（3）：32–38.

② 希尔德·德·里德–西蒙斯．欧洲大学史（第一卷）：中世纪大学［M］．张斌贤，程玉红，和震，等，译．保定：河北大学出版社，2008：63.

③ 希尔德·德·里德–西蒙斯．欧洲大学史（第一卷）：中世纪大学［M］．张斌贤，程玉红，和震，等，译．保定：河北大学出版社，2008：165–166.

服务推动着人类物质文明不断进步，但它必须依靠源源不断的外部投入作为支撑，才能维系自身的存在与生产运行。因此，高等教育是典型的资源依赖型行业，大学唯有持续获得外部的资源注入才能存在，并发挥其独特的智力生产和智力服务作用。在我国，大学的体量普遍较大，高等教育总体规模已居世界第一位，从而产生了巨量的资源需求。另外，在以公立为主的高等教育体系里，大学的资源获得渠道相对单一，即政府财政投入是大学（此处指公办高校）办学经费的主要来源。受国家财政能力所限，政府无法为所有大学提供充分的经费投入。在有差别的财政投入机制之下，政府一般优先扶持重点大学，从“211工程”“985工程”到“双一流”建设，都是采取集中投入、重点发展的模式，这意味着有一部分大学势必面临着不同程度的资源压力。随着高等教育市场的逐渐形成和政府干预大学方式的改变，大学为获得更多的政府扶持而展开激烈竞争。基于绩效竞争的资源分配机制，使大学在资源获取能力、办学能力和发展质量上的差别越来越大。反过来，高校办学能力和发展质量又进一步强化了其资源获取能力，如获得更多的办学自主权、更多的专项经费、更多的社会捐赠及社会声誉等。“马太效应”不仅给部分大学尤其是地方大学带来了资源匮乏和资源流失的双向压力，还使重点大学或优势大学不断集聚资源，以维系和扩大优势，如通过发挥薪资优势、学科优势竞相抢夺优质人才等。在很大程度上，这种权力与市场共同参与而实质上以权力为根本主导的资源配置机制导致了教育生态的失衡，大学的价值观、思维与办学行为发生异化。

高竞争化、强差异化的发展模式使办学资源的重要战略意义不断凸显，在激烈的资源争夺战中，尤其是受“锦标赛式”资源分配机制的影响，越来越多的大学陷入了“唯资源论”的范式陷阱之中，即资源本身成为目的，资源获得在大学理念与行动系统中充当了新的价值向导，而人的发展与知识创新似乎不再那么重要。为了达到资源获得的目的，大学通过各种方式，甚至突破理性或道德原则去争抢资源。正如有些学者所指出，我国大学资源竞争的最大问题是竞争失范[①]，而竞争失范的直接表现就是大学之间的过度竞争或零和博弈，以及由此导致的教育失序乃至无序。[②]在此模式下，资源的价值不再是促进人发展和知识创新的手段，资源获得本身、资源的数量及其带来的

① 程瑛.高等教育资源竞争失范及其治理［J］.湖南师范大学教育科学学报，2014（4）：58-62.

② 张继明，王洪才.由过度竞争到协同发展：高等教育发展的范式转换［J］.国家教育行政学院学报，2018（8）：26-32.

社会“声誉”成为大学评价的标准，因而也成为大学发展的重要指标。更为致命的是，大学深受量化资源指标的支配甚至奴役，变得愈来愈浮躁、功利、肤浅和短视，在各种精致而唯利是图的算计中失去了教书育人和探求真理的信念与自觉。概言之，在“唯资源论”的支配下，大学陷入工具理性之囹圄，价值理性逐渐丧失，没有了价值理性的引导和规范，大学便成了没有生命的资源堆砌物。所以，今日之校园里大楼越来越高，实验室及科学仪器越来越先进，但大师和大学问却越来越少。事实上，如今我国大学在基础设施水平上已经达到了较高水平，部分重点大学的物质基础甚至已经达到了世界一流水平，但正如邬大光教授所追问的那样：我们的大学是否用一流的设备创造出了一流的成果呢？[①] 当年，梅贻琦先生“所谓大学者，非谓有大楼之谓也，有大师之谓也”的论说，在今天我们竟只能借以感慨和伤怀，令人唏嘘。

二、从学术资本到学术资本主义：大学学术传统的背弃

在较长历史时期内，大学只偏爱纯粹知识。洪堡强调：“大学唯有纯粹地追求学问，方能实现它们的目的。它们的主导原则必须是自由和清净。”[②] 在人类认识和改造世界的过程中，知识发生了分化，自然科学知识最终取代了古典人文知识的地位，成为“最有用的知识”，工程科学及技术的功用性价值也愈来愈突出。相应地，科学课程成为大学里最重要的课程，社会服务逐渐成为大学的重要职能。基于大学的智力服务价值，现代国家普遍将大学置于发展战略的中心。追求学术应用价值最终成为现代大学的责任，甚至构成了大学的精神。大学在通过学术应用而服务于经济社会发展的过程中，获得了政府及社会的资源投入，学术应用能力随即又成为大学获得发展的重要条件。由于资源越来越构成大学增强竞争力的基础，主动增强服务能力、提高服务质量，已是当代大学的重要战略构成。

一方面，学术构成了国家推动经济社会发展的重要战略资源，同时，从工业社会开始，大学的智力服务还逐渐成为社会部门从事生产并提高生产效率、扩大收益的重要条件；另一方面，大学又借助独特的学术应用能力谋取外部资源投入，由此学术成为大学与外部主体进行博弈的有力凭借。如此，大学学术就具备了“资本”的特性和价值。所谓“资本”，既指用于生产和牟

① 邬大光．什么是“好”大学［J］．北京大学教育评论，2018（4）：169–182.

② Wilhelm von Humboldt.On the spirit and the organizational framework of intellectual institutions in Berlin.Minerva 8（1970），242–250.

利的生产资料和货币，也指一般意义上谋取利益的凭借。[①]由于拥有了学术资本，而且学术资本具有一定的稀缺性或高附加值，大学可以借此同那些对知识产品和知识服务具有需求的部门如政府、企业等进行讨价还价，从而换取其赖以生存进而实现更大发展所必需的经济资本、政治资本等。在市场条件下，大学的学术生产和学术服务就更具有“资本”的意味。例如，大学通过向企业出售或转让专利产品、为企业提供技术转化等获得企业资助，或者政府向大学购买技术服务等。从国际上看，大学走向社会、融入市场，通过智力服务而获得资源回报是一个普遍现象。在我国，市场在高等教育资源配置中的作用正变得越来越重要，同时，在国家教育财政相对有限的条件下，强化大学的社会服务职能，引导大学与市场加强联姻，已是政府和大学双方的共同策略。在此背景下，学术资本正成为我国大学发展与治理体系中的一个重要概念。由于我国大学长期依附于政府及其财政投入，缺乏主动的服务意识和社会参与能力，因而大学走出“象牙塔”经历了一个极其艰难的历程。但在政府的积极推动下，尤其是在资源短缺影响发展的条件下，大学最终认识到服务社会的必要性，学术资本理念在事实上成为大学新的发展观，而学术资本转化能力越来越影响到一所大学的发展空间。有学者认为，只有实现了学术资本转化，大学才能真正形成完整开放的学术链条，才能充分履行知识应用的历史使命。[②]

学术资本是一个不具有价值前设的中性概念，其结果之利弊，取决于资本由谁掌握、如何使用等。[③]许多大学在追求学术资本转化的过程中，深受“唯资源论”影响，在求索真理与市场牟利之间、科学精神与功名意识之间、公益理性与私己观念之间迷失了方向，滑向了学术资本主义。[④]美国学者希拉·斯劳特和拉里·莱斯利指出，学术资本主义就是“为保持和扩大资源，教学科研人员不得不日益展开对外部资金的竞争，这些资金用来进行与市场有关的研究，包括应用的、商业的、策略性的和有目标的研究等，不管这些钱是以研究经费和合同的形式、服务合同的形式、与产业和政府合作的形式、技术转让的形式，还是以招收更多的、更高学费的学生的形式。我们称院校及其教师为确保外部资金的市场活动或具有市场特点的活动为学术资

① 中国社会科学院语言研究所词典编辑室.现代汉语词典［Z］.第5版.北京：商务印书馆，2007：1801.

② 付八军.学术资本转化：创业型大学的组织特性［J］.教育研究，2016（2）：89-95.

③ 胡钦晓.何谓学术资本：一个多视角的分析［J］.教育研究，2017（3）：67-74.

④ 胡潇，缪燚晶.大学教师价值理性的困惑［J］.伦理学研究，2015（5）：117-122.

本主义”[①]。在学术资本主义支配下，大学不仅遗弃了追求真理的传统，同时由于学术研究中充斥着商业的味道，服务公众的使命也大大削弱，大学作为知识的中立裁决者的特权不复存在。[②]于是，包括大学教师在内，大学逐渐失去了公众的尊重。[③]学术资本主义的实质是在利益取向下市场力量对学术界的侵入，大学沦为市场的奴仆。当前，我国大学尤其是定位于应用的地方大学，极其热衷于服务，强调对接产业需求、服务产业升级，学科建设和科学研究等普遍重视经济学意义上的办学收益，在工具理性支配下，社会服务或面向社会办学的价值导向超出了应有的知识应用范畴。在校地合作、产教合作不断强化的繁荣中，大学学术创新、人才培育和文化批判的能力越来越令人担忧，大学似乎越来越不像大学了。

三、“立德树人”遭遇“就业率”：大学教学治理中的功利主义

教育要培养什么样的人、如何培养人，从古希腊时代开始就是一个难题。在当代，随着大学与经济社会发展间的相互依赖关系不断强化，应培养何种人才更加成为大学不可回避的现实问题。目前，“立德树人”作为大学人才培养的根本使命已然成为共识，但对于如何践行这一使命，我们还需要深入、持续探索。2016 年 4 月发布的《中国高等教育质量报告》显示，近些年来我国大学在学科专业结构、人才培养模式、教学方法上总体比较单一，以学生为本的理念未深入人心，质量意识和质量文化缺失，实现由量到质的跨越是高校人才培养的突出问题。可见，构建科学的大学教学与治理模式仍是我国大学面临的迫切任务。在此过程中，功利主义评价的盛行致使改革陷入某种误区。

我国当前大学人才培养质量评价标准的确立非以大学自身为依据，而是更加强调社会眼光。例如，对大学毕业生就业率的高度关注、对大学生实践能力的普遍不满、对大学传统的理论型人才培养体系的严词批判、对欧美大学教育质量评价指标的追随等在很大程度上都是站在大学之外的立场来审视大学的，以非教育的标准来评判大学教育，具有显著的功利主义倾向，即以

① 希拉·斯劳特，拉里·莱斯利.学术资本主义［M］.梁晓，黎丽，译.北京：北京大学出版社，2008：98.

② 罗杰·盖格.大学与市场的悖论［M］.郭建如，等，译.北京：北京大学出版社，2013：273.

③ 爱德华·希尔斯.学术的秩序：当代大学论文集［M］.李家永，译.北京：商务印书馆，2007：153.

工具性价值的实现为主导性甚至唯一性的评价依据，如技术的掌握、就业的质量及起薪水平等。功利主义价值观深刻影响着大学人才培养体系的建构，包括：以就业率为主要依据的专业调整、创业教育和创业学院的火热建设、普通本科院校向应用型院校的统一转型、对德国及中国台湾等国家和地区应用科技院校办学模式的追捧、以校企合作为标志的应用型人才培养机制改革、职业型课程在高校的大量设置、以培养学生动手能力为名的各种教学方式改革等，都反映了这种外部导向的、具有鲜明功利主义倾向的大学观和发展观。当前，功利主义评价已成为我国大学教育质量的主要评估方式，功利主义质量标准是社会对大学教学质量做出否定性价值判断的重要根据。

在功利主义评价模式下，大学教学及其改革的不力具有必然性。从历史上看，高等教育的变革往往是新的社会需求所引发的，其相对于社会变革而言多具有滞后性，大学难以准确把握社会变迁的节奏及其对新型劳动者的需求，进而及时做出有效的教学改革。① 同时，受长期办学中形成的思维定式、路径依赖及累积性资源限制等因素影响，大学教学改革总是掣肘颇多。更重要的是，在功利主义评价体系中，诸多所谓的“教育指标”实质上是综合性的社会发展指标，是经济、社会、文化、教育等的集中反映。某些指标原本就非大学之所能，而是管理者强加和社会所期，最典型的仍是大学毕业生就业问题。就业率及就业质量是大学教学水平评估中的重要指标，但显然大学没有足够的能力迅速捕捉产业结构调整、经济形势变化带来的人力需求的变化信息，据此及时改革人才培养模式；就业状况在根本上取决于国家经济发展形势，当前我国经济出现下行趋势，尤其在新冠疫情影响下，制造业发展滞缓，私营、小微企业普遍陷入困境，劳动力就业空间大幅萎缩。体制性因素对就业的影响往往远大于教育本身，如大学毕业生由国家统一分配转变为个人与市场双向选择，部分求职者必然遭市场淘汰。因此，大学生就业质量本质上说是一个经济或社会发展指标，而非教育指标。②

问题的关键并不在于大学教学改革在追求功利主义价值上的艰难，而在于这一评价体系本身就是非理性的。在这一评价体系的引导下，大学将逐渐丧失理性判断和自主办学的能力，在市场、政府等多重力量的挟持下，大学教学成为技术培训之地。过度强调技术及职业导向，将造成受教育者丧失理

① 李延保 . 中国大学改革回顾与发展展望［J］. 中国高校科技，2013（4）：8-12.

② 张继明 . 大学教学改革的功利主义批判与理性回归［J］. 四川师范大学学报（社会科学版），2017（6）：86-90.

性的力量而表现出工具化倾向，成为物化指标的偏执追求者，人的解放、自由和幸福由此成为遑论。正如有学者指出，以就业为导向的技术主义、工具主义、功利主义导致教育走向了“谋生化”，“人文学者无论如何强调他们在人的想象力、创造力和批判性思维发展中的作用，在教育中均处于可有可无的尴尬境地”，受教育者被塑造成“物质、自我、冷漠”的“社会性格”。[①]即使从就业的角度而言，纯粹的技术导向也远非眼下劳动力市场之所需，因为在产业升级换代日趋加快的背景下，一个具体岗位甚至职业的淘汰消失正逐渐成为常态。从长远来看，“成人”却是受教育者作为成熟的职业者的核心素质。所以，相对于功利主义的评价观，大学教学有着基于教育价值取向和自身使命的“内在标准”，这要求探索建立理性的人才培养质量评价体系。当然，大学教学评价的“内”“外”标准之间并非绝对对立，但在当前的大学教学改革语境下，强调内在标准，由功利主义取向回归到对理性的尊重，是构建一流本科教育的当务之急。

总之，在任何时候大学只有秉持和释放其学术传统与价值理性，才能够存在并实现其价值。但是大学在分化与变革中，一方面角色与功能不断拓展，蕴含着越来越广泛和强大的价值空间，另一方面，这个过程也隐含着大学迷失自我的可能。大学承载着越来越多的期望，于是对资源的需求越来越大，对学术资本转化产生了越来越强烈的要求，对社会外部标准的适应性要求也越来越高，在满足自我与外在需求的过程中，出现了“唯资源论”的思想，出现了学术资本主义，出现了迎合外在标准的功利主义，大学的学术传统与价值理性逐渐消失，大学因之失去应有的精神气度和文化特质，变得喧嚣浮躁、急功近利和俗不可耐，失去了作为知识堡垒和文明灯塔的资格。价值危机、文化危机是当前我国大学发展面临的根本性危机，也是我国大学治理亟待面对的核心问题。有效治理的实现意味着帮助大学跳出沉迷于外在价值的欲望陷阱，重建学术本位的传统与价值理性，使大学在实现社会价值的过程中不忘知识创新的初衷。

第四节　功利化治理模式下大学共同体的分化

尽管与其他大多数社会组织不同，大学是一个“松散结合的系统”，其内

① 高德胜．政治冷漠与教育的谋生化［J］．探索与争鸣，2013（5）：84-89.

部存在着“有组织的无序状态”①，但大学作为一个学术共同体的根本属性，又决定了大学内部各要素，如院系、学科、教师等以学术发展规律为准则，保持着相对一致的行动，以确保大学能够达成统一的组织目标，而这又是确保实现各利益相关者之核心利益的基础。因此，大学治理既要尊重大学的组织松散性，为大学学术活动的开展营造自由和宽松的氛围，同时也要重视大学作为一个学术共同体的组织特征，加强对不同利益相关者的统筹协调。在当代大学利益相关者及其相互关系日益复杂、协同性要求空前强化的条件下，这种统一的组织管理就具有更加重要的意义。在我国，正是由于大学内部不同主体在价值立场、行动方式、利益诉求等方面越来越多元化，相互之间形成了严重隔阂甚至博弈冲突关系，致使大学作为共同体组织发生了分化，而且由于学术本位的大学逻辑在各方主体的撕扯中被严重扭曲，大学还存在组织异化的可能危机。因此，大学治理的核心使命就是引导大学复归学术共同体的组织状态，促使大学重建知识生产所必需的组织基础。

一、大学共同体的四重含义

共同体是指那些通常因为具有某种共同的状况或类似的经历而拥有相同视角、观点或者态度的一群人的集合体，其共有的视角、观点或态度决定着共同体如何对某些事物或情境做出反应。②大学是一个典型的共同体组织，作为一个整体，大学在整个社会体系中表现出与众不同的个性品质，这种独特性是大学内部各主体在立场、情感、思想和行动上的总和，是大学存在价值的集中反映。大学在其滥觞之时，共同体作为一种生存策略，确保大学获得与环境进行博弈的整体力量。德国社会学家斐迪南·滕尼斯认为，共同体是一种具有排他性的社会联系或共同生活方式，这种排他性其实就是一种自我防御机制。③随着大学组织不断进化和完善，共同体逐渐成为大学的组织结构和存在方式，甚至成为大学的一种精神、一种逻辑。

（一）大学是一个各主体协作完成专业目标的共同体

大学之所以存在并且历经千余年时间依旧基业长青，从根本上说，是由

① 阎光才．大学组织的管理特征探析［J］．高等教育研究，2000（4）：53-57.

② SINGER B J.Pragmatism，Rights，and Democracy［M］.New York：Fordham University Press，2019.

③ 王湘穗．共同体概念及当代意义［EB/OL］．（2020-03-16）［2022-06-06］.https：//www.sohu.com/a/380632964_778557.

于它始终对于人类社会发展有着不可或缺的作用，这种不可或缺性源自大学所从事的是专业活动，即大学应用科学，通过正确的方式与技术有效地解决社会发展进程中的难题；更重要的是，大学本身就是科学与技术的生产者、设计者，而且具有显著的垄断性，因为无论是科学研究和创新型人才的培育，还是技术的开发应用，主要是依赖大学来组织实施的，其他社会机构不具备从事智力生产的基础或优势，即使专门从事科学研究的部门，也往往无法与大学在学科多样性和人才培养的效率上相提并论。在大学中，人们以专业的方式从事生产，并提供着专业的服务，这是大学作为专业共同体的基本逻辑。作为专业共同体，大学接近一个纯粹理性组织，以知识创新为终极追求，以促进知识发展为天职，尊重并遵循知识规律及相应的学术规范，是大学内部运行的根本要求。当然，大学为了保障学术的中心地位及其有序运行，还会建立相应的服务与治理机制，形成一个学术本位的规制体系，作为人们共同遵守的准则。一般来说，作为一个专业共同体，个人的立场、情感及价值观等服从于学术中立原则和以理性、效率为中心的科层化规则。无论是基层组织还是作为主体的人，都在根本上以学术的内在要求及其客观标准为依据采取一致行为，从而形成一个有机的整体，这为大学的知识活动营建了必需的组织环境。

（二）大学是一个为各主体提供共同利益的共同体

“共同体”一词源自古希腊语，意指城邦设立的市民共同体。亚里士多德在《政治学》中提出，共同体是人们通过群体的共同活动来追求“共同善”和“共同利益”[①]，是一个基于共同价值诉求和共同利益基础的共同关系模式。即，共同体得以形成的一个重要原因在于人们能够从中得到各自需要的利益。[②]大学之所以成为共同体，是因为利益作为黏合机制促使不同个体或群体建立了合作关系。不同个体的共同利益从根本上说来源于大学的学术功能，具体来说，大学内部学术群体的学术创造为其他群体获得了存在的合法性。没有学术，或者一所大学的学术发展是落后的，那么无论是管理者还是受教育者，都不再具有存在的必要性和可能性，或者其利益均将受到损害。当然，行政管理者既是资源分配者，也是与外部主体的直接对话者，学术群体从管理者那里获得必要的资源和制度供给，并实现其学术成果的社会化应用。至

---

① 杨晓东，马俊峰．共同体演进的逻辑与自由人联合体的产生［J］．理论界，2012（6）：29-31.

② 马俊峰．马克思社会共同体理论研究［M］．北京：中国社会科学出版社，2011：23.

于受教育者，他们从一开始就是大学办学资源的重要来源，甚至可以说，学生是大学一切功用的来源。可见，大学内部各主体之间存在着相互依赖、相互成就的关系，利益是这种关系得以建立的基础条件，各主体在追求利益过程中客观上实现了共同的或整体上的利益。因此，大学治理者应正视利益作为整合机制的作用，在通过治理服务促进大学创造价值、扩大各主体共同利益的基础上，协调不同主体间的利益诉求。

（三）大学是一个以共享价值为联结的共同体

利益是结成共同体的根基，但往往也是冲突的根源。利益既是大学构成共同体的重要黏合剂，但在组织内部利益冲突的存在亦具有较大的普遍性，尤其是像大学这样一个利益相关主体高度多元化的复杂组织，立场差异和利益冲突更加不需多言。这意味着，仅仅依赖利益上的求同存异并不足以促使大学构成共同体。对于大学这样一个教育机构、学术机构和文化机构，其独特性在于承载着某种超越世俗利益关系的价值理性，这是大学得以构成共同体的内在性、根本性因素。亚里士多德强调，国家之所以形成，是因为其本身是一个具有道德性的共同体，是“必要之善”。[①] 波普兰将“共同体”定义为社区、社群及在行动上、思想上遵照普遍接受的道德标准聚合在一起的团体。[②] 可见，共同体包含着道德或精神要素，其生成和存在要求各主体采取一致行动来追求共同的价值。无论是作为教育者践行“教育之善”，还是作为学者不懈地追求真理，以及借助大学作为文明的灯塔或者促进国家与民族进步之重器的家国情怀，这种具有超越性的精神、公德及价值观成为大学人普遍的特质与风范，促使其将自我实现的理想与大学发展的公共责任紧密融合，并有效地调节着个体间不同的诉求，协调着世俗性与超越性、现实与理想间的差距甚至冲突。概言之，共同的价值取向是大学共同体的根本标志，是大学能够为了共同使命而采取一致行动的内在自觉力量。

（四）大学是一个相互成就的命运共同体

1887 年，德国社会学家滕尼斯出版《共同体与社会》一书，用“共同体”来表示建立在自然情感一致基础上、紧密联系、排他的社会联系或共同

---

① 师曾志．“命运共同体”视阈下的对外传播［J］．人民论坛，2020（18）：130-133.

② 张志旻，赵世奎，任之光，等.共同体的界定、内涵及其生成：共同体研究综述［J］.科学学与科学技术管理，2010（10）：14-20.

生活方式，这种社会联系或共同生活方式产生关系亲密、守望相助、富有人情味的生活共同体。[①] 换言之，在共同体发展到一定程度后，共同体成员之间将超越完全自然主义的情感关系和任务导向、利益导向的理性化关系，但情感关系仍是联结各成员的内在机制，理性则作为其实现共同目标的重要工具，情感的存在使理性工具更加科学有效地解决问题，而理性又强化着情感的联结作用。“情理交融”的共同体能够以更加有效的方式保障组织发挥功能和实现价值，确保各成员满足利益诉求，当然也有助于促进价值与使命感的共鸣和个体的升华。正如马克思所描述的“真正的共同体”那样，“只有在共同体中，个人才能获得全面发展其才能的手段，也就是说，只有在共同体中才可能有个人自由”。[②] 换言之，实现人的自由发展与建立共同体互为目的和基础。这样，在理想意义上的大学就成为一个命运共同体，其内部行政管理部门、各院系、学术自治组织、师生等不同主体之间建立了紧密的情感关系，在理性指导下采取一致行动，在这个过程中相互支持和促进，彼此成就，并最终成就了大学及其知识活动的卓越，成就了学术人或大学人的卓越。

大学是一个共同体，共同体既是大学的存在方式，也是大学能够作为一个“有意义的存在”的基础。大学又是一个多层、多维的共同体，其在不同层面上遵循相应的共同体逻辑，能够确保大学保持有机的内部秩序和持续的组织活力，以从事卓有成效的生产活动，从而完成组织目标和实现独特的社会价值，包括学术创造、服务国家与民族进步，以及满足大众的教育需求等。需要强调的是，不同层面的共同体逻辑之间存在一定的矛盾，需要在独特的超越性价值引领下进行调适。因此，从治理的角度来说，大学治理需要尊重大学作为共同体的独特要求，并处理好不同层面共同体逻辑之间的关系。

二、大学共同体的内部冲突与分化

大学共同体的建构中充满了矛盾冲突，在某种意义上，大学共同体是大学组织运营及治理的理想，甚至有的大学在基本职责、基本任务、基本目标

---

① 斐迪南·滕尼斯.共同体与社会：纯粹社会学的基本概念［M］.林荣远，译.北京：商务印书馆，1999：52.

② 姜晓磊.马克思恩格斯“真正的共同体”思想及其当代意义——基于人与自然关系的视角［J］.学习与探索，2016（9）：21-25.

的达成上都缺乏必要的基础。因此，大学有效治理的根本在于促成并扩大各主体间在利益与价值上的共识，在此基础上建立共同认可的制度体系。但从现实来看，恰恰是大学利益相关主体在利益、价值、参与方式等方面难以达成共识，导致大学的内部冲突难以调和，无法形成生态化的共同体，从而也就无法实现大学的理想。

（一）教师与学生"分道扬镳"

大学是一个师生共同体，在大学的滥觞及其发展早期，大学作为一个教育机构，师生双方不仅是教与学的两个主体，还是大学的管理者，简言之，师生是大学最初的缔造者。即便是今天大学的角色、职能和利益相关者走向了多元化，教育功能仍是大学存在的合法性根基，教育教学是大学办学中毋庸置疑的中心工作，师生双方是大学的核心利益相关主体。这也就意味着，师生双方的共同存在及其以知识和德性为媒介的有效交往，构成了大学意义的重要来源。师生交往作为一种理性的专业活动，应遵循教学规律和学校的教学管理制度，最终实现特定的组织目标。在较长一段历史时期内，教师在知识占有上拥有权威地位，是课堂与教学的绝对支配者，学生则是教师的追随者，对教师有着天然的信任，这决定了师生之间可以建立稳定的合作关系。

但随着民主化进程的加速，学生的权利意识不断觉醒，而课程与教学观革新，尤其是在建构主义、后现代主义思潮的解放下，学生中心主义逐渐成为普遍的大学文化，学生开始谋求建构课程和参与教学改革的主动权，这就在一定程度上动摇了师生关系的稳定基础。在这个过程中，知识的民主化越来越成为一个趋势，而在知识生产与传播模式借助技术力量发生重大变化，知识与教师作为知识权威被不断祛魅的条件下，教师与学生间的稳定合作关系被进一步打破。更为根本的是，在人力资本理论风靡的时代，大学教学不再是为了传播知识本身，而是在教育经济学逻辑支配下成为资本生产过程的一个环节、成为商品需求者与商品提供者的一个交换行为，知识在经济学意义上的收益性、有用性成为决定师生关系的重要标准，理智意义或本源意义上的知识，以及情感因素已经难以维系师生协作的基础，师生之间的矛盾关系进一步凸显。大学内部行政力量的介入，更加强化了师生双方的矛盾关系。换言之，无论是由于权力本身的控制本性，还是基于绩效管理及问责的驱动，大学管理者通过学生的课程选择、教学评价等实施教师管理，这使师生间的矛盾关系显性化为双方间的利益博弈，双方已经失去了相互信任和有效合作的原有基础,“相互取悦与关照”的“分数膨胀”表明了有效教学的失败[①]，也标志着一个专业共同体的幻灭。教师和学生是大学里的最主要群体，教学是大学作为一个具有独特价值的社会组织的核心使命，师生之间专业共同体关系的消解意味着大学作为整体的共同体受到最严重的冲击。

（二）基层组织间“壁垒丛生”

从大学师生共同体的分解来看，利益上的不同诉求是双方分道扬镳的根本原因，师生双方由基于共同知识追求而彼此成就的利益共同体分解为教师和学生两个不同的利益群体，利益博弈打破了利益的一体化，利益的黏合作用因之式微。如前文所述，大学行政权力的介入在客观上强化了师生之间的利益分歧。从大学行政权力的实施来看，通过利益分配来激励包括师生在内的各主体的生产积极性，或者以此推进管理者意志的贯彻执行，是大学管理者行使行政权力的重要方式。进一步来说，管理者应用资源分配权、绩效评价权及规则制定权等，引导各主体进行各种资源和机会的竞争，而由于资源与机会的相对稀缺性，各主体间的竞争异常激烈。各主体在高竞争性的利益追逐过程中，产生了零和式的博弈关系，而这又不断强化着各主体间的利益分化。

大学是一个典型的“松散联合体”，各基层学术组织、学科、团队及平台等既是相互结合的，以共同成为一所大学，但同时又因为知识的分化，彼此间有着不同的知识生产模式和组织建设方式等，具有相互的独立性，整体上产生了松散性甚至离散性。“松散结合”是大学组织的典型特征，这使各学科或基层组织能够各按其独特的知识活动规律进行知识生产并实施自主管理，同时也确保各组织之间进行必要的合作，在推动知识创新的同时促成大学统一目标的达成。然而，在功利化管理模式下，利益上的分歧和不断强化，导致这种离散性更加突出，超越了可以结合的边界。知识发展总是在分化中走向融合，要求各组织之间进行必要的融合，但利益上的差异使这种融合遭遇本位思维、自利思维和以利益驱动为基础的制度障碍，而变得十分困难，甚至出现各种壁垒，大学组织的整体性和有机性受到不同程度的损害，松散有余而结合不足，因而丧失了应有的学科集聚优势、协同育人优势等。在空前强调跨学科、融合学科、交叉学科及超学科的时代，院系、学科及其他学术

---

① 赵颖.学生评教制度下分数膨胀的内在逻辑：博弈模型的建立［J］.中国高教研究，2019（4）：20–26.

组织之间的隔阂状态显然无法适应学科发展和知识创新的需要。另外一个值得关注的大学分化现象，是自然科学、工程技术科学与人文社会学科之间的鸿沟正变得越来越难以弥合。始自20世纪50年代查尔斯·珀西·斯诺提出的“两种文化”间的冲突，仍旧鲜明地反映在今天我国的大学办学过程中，由于在人类改造世界中发挥着更加直观的作用，而且在长期以来以绩效和量化为主的学科评估和大学评估模式下更容易产生显性效益，自然科学及工程技术科学的学科地位凌驾于人文社会学科之上，导致了人文社会学科发展普遍受到束缚，这是大学文科院系处于弱势地位并致使其与理科院系之间形成某种疏离化思维的重要缘由。

（三）管理者与被管理者发生文化分殊

从大学的起源及其本质来看，大学里的行政权力属于衍生性权力，其最初的主要职能就是服务于大学学术活动的。[①] 然而，在整个世界范围内，行政管理者在大学逐渐获得了独立地位，最终在不同制度和文化环境下不同程度地占据了决策者地位。在我国大学，决策者通过行政权力来落实和推进自身意志，甚至可以说，行政权力在事实上就是决策权本身，尽管其经历了一个从执行权到决策权的“上位”过程。管理者在借助行政权力实施决策过程中，造成了同“被管理者”即院系和教师之间的分离。一方面是因为行政权力与学术权力有着截然不同的运行逻辑，前者的本性是控制与扩张，强调统一、标准、服从和效率，而学术权力强调独立、自主、个性和创造，以适应和保护学术自由、学术创新。在两种权力的博弈过程中，行政权力借助正式的制度化力量占据了上风，实现了对学术权力乃至其他类型权力的僭越与控制。另一方面是因为行政管理者作为大学主要的利益相关者，借助行政权力来维护自身利益，如在项目审批、学位点设置等多个环节，管理决策者在资源和利益的分配过程中发挥着主导作用。[②]有研究发现，我国国家级教学成果奖评选中一线教师相对缺位，这在一定程度上体现了管理者与被管理者间的矛盾关系。[③] 正是基于此，“去行政化”一直是我国建设现代大学制度和探索现代化治理的关键任务。

---

① 宣勇．外儒内道：大学去行政化的策略［J］．教育研究，2010（6）：62-66.

② 徐娟．社会转型背景下我国大学行政权力演变的二维分析［J］．高等教育研究，2012，33（1）：27-32.

③ 何玲，魏银霞，黄乃祝．国家级教学成果奖评选政策分析与调适［J］．高教发展与评估，2020，36（1）：104-113.

行政本位的管理传统在形式上表现为不同权力类型间的冲突，最终造成了学术权力的式微，影响着大学的学术自治和自主发展。但对大学影响最为深刻的是行政化造成了管理者与“被管理者”之间的分离，这既是利益上的分歧，更是愿景及价值立场上的分立，如果说利益关系在一定程度上可以通过深化制度改革进行调整，但在长期的权力博弈中造成的文化分殊则尤为根深蒂固，在更深层面上影响着大学组织的有机性、秩序的稳定性。换言之，在文化分殊的影响下，大学的顶层设计和战略规划在遭遇基层的不信任及其各种有形无形的抵制的同时，来自基层院系和广大教师、学生的学术及利益诉求等也更加难以为管理者所理解和接纳。管理者最终借助权力做出和实施决策的结果，就是其与被管理者间的共识空间被不断压缩。组织信任是影响大学运行秩序的重要因素，缺乏相互信任的学校文化瓦解着大学作为共同体得以维系的基础。

（四）“青椒”隐喻凸显学术内部分化

学术及学术职业因其独特的价值而得到人们的青睐和追求，青年人更因学术职业同其个人理想及社会责任的深度关联而积极投身其中。在现代化进程中，学术的专业化、职业化，以及高等教育规模在民主化、功利化等力量驱动下的持续扩大，更加促使大量青年人加入大学教师队伍。我国在较短时期内从精英化经由大众化而迈入普及化发展阶段的过程中，大量青年教师投入了大学学术职业之中。近十多年来，我国研究生教育规模持续扩大，博士毕业生进一步成为大学引进人才和加强师资建设的主要来源。总之，青年教师构成了我国高等教育师资的主体力量，并承载着实现高等教育高质量发展和学术创新的重任。[①]

在当代，大学的学术工作并非传统意义上的纯粹的知识探索，而是在特定环境或规则体系下的职业活动，不仅要受到学术职业在职业道德、规范等方面的规制，还要受到组织因素的深刻影响，如组织的制度安排、传统惯习等。在我国，大学青年教师面临着一系列发展困境。首先是角色的转换和适应困扰着青年教师，如青年教师要从以纯学术探索为职责的研究者或学习者转变为以教书育人为使命的教师，教学素养上的不足会导致其产生角色焦虑，而学校的评教机制及可能由此给青年教师带来的低评价风险又进一步强化着这种焦虑。其次是青年教师因较低或较浅的职称、资历等原因，不仅要承担

① 唐玉生．高校青年教师培养：挑战、任务与策略［J］．现代教育管理，2020（1）：101-106.

更多教学任务、承担一定的院系管理服务等事务性工作，而且在校内外项目立项、学术发表等方面也要受到各种挤压和束缚，脱颖而出的机会较少。最后是在当前高校不断强化考核评价的条件下，尤其是在诸如“非升即走”等人事聘任制度下，青年教师不仅要面对立项、出版和发表的难题而不断加大学术投入，实施“自我剥削”[①]，以应对繁重甚至严苛的考核，还且要时刻承受因缺乏职业安全、对未来充满不确定性而产生的心理压力。在这种高功利化、高竞争性的条件下，以上三重困境又是相互强化的，致使青年教师陷入了一种不太友好的职业环境。不可忽视的是，这种职业发展的困境又全面而深刻地影响着青年教师的日常生活，甚至导致其生活质量（如基于家庭与婚姻的幸福感、基于经济支付能力的获得感等）处于较低水平，而这都会对青年教师的职业信念、专业成长等造成进一步的伤害。正是在这个意义上，高校青年教师被称作“青椒”，其本质是关于青年教师在学术职业发展中遭遇重重困境的一个隐喻，凸显着高校教师群体或学术内部的分化。

三、大学共同体的分化本质是治理失灵

共同体是大学的一种存在方式，标识着大学作为一个特殊社会机构的组织结构及其从事知识活动所必需的组织秩序。换言之，当大学能够作为一个以共同价值观为引领、以共同利益为基础、内部各主体以专业的方式协作从事知识生产、彼此相互支持和成就的共同体时，大学才能成其为大学。然而，基于利益矛盾，大学各主体间发生了复杂的甚至尖锐的内部冲突，而这种关系状态又深刻反映着外部力量如政府和市场的意志与不当干预。总之，大学内外部多元力量间的利益分化与竞逐导致了共同体的分化，大学的组织结构与组织秩序在现实中背离了应有的组织逻辑，出现了原子化的存在与运行状态，大学因而陷入了组织异化的困境。

（一）以权力和功利驱动为基础的大学治理模式

大学之所以发生内部冲突，源自在传统治理模式下权力和利益驱动作为主要治理工具，造成大学内部各主体在以权力为基础的资源分配框架下过度

① 任美娜，刘林平．“在学术界失眠”：行政逻辑和高校青年教师的时间压力［J］.中国青年研究，2021（8）：14–21.

追求利益，并且相互间的利益分歧不断强化的现实。[①]具体来说，在行政本位的管理模式下，大学管理者借助资源调配权、审批与评价权等，将利益分配到符合既定标准的基层单位或相关项目、团队等。当然，在这个过程中，竞争机制发挥了重要的利益分配作用，具体表现为大学普遍采用的绩效评价机制，即管理者以对基层的绩效认定为依据实施分配。行政权力本身就具有的支配力和资源、机会等利益所具备的吸引力相互借力，竞争机制则进一步加持了两种力量的结合，实现了决策者、管理者对基层强有力的支配。在自上而下的支配中，各基层单位陷入了以资源或利益获取为导向的惯性之中，并导致资源的竞逐与获得本身被等同于办学，等同于办学的绩效，甚至作为高校内外部评价的主要标准，因此资源占有本身又成为新一轮资源竞争的资本。正是在这个意义上说，当前的大学办学与大学治理越来越具有“绩优主义”特征，甚至陷入了绩优主义的路径依赖之中。以资源或利益为两端的“办学”过程实际上是一个偏离大学共同体逻辑的负性循环，是外部力量主导下功利主义、工具主义取向的极致表现。在这个过程中，无论是教育还是学术，作为大学的使命与价值基础反而被边缘化，资源从作为服务于大学使命与价值实现的手段异化为办学的目的。在如此思维和办学模式下，基层之间展开了激烈的、非合作的、零和式的竞争。在以权力与资源为驱动力量的治理体系中，一个不容忽视的中介性因素是量化主义的评价管理方式。量化主义管理就是通过量化测量技术将大学整体切割成彼此孤立的要素，进而通过任务驱动机制并辅之以绩效审计和问责机制，激励各要素追求效率最大化，其本质仍为权力和利益驱动，而且量化主义管理更加有效地强化了各主体的竞争意识和功利取向，从而也就进一步将各主体导向了分化。[②]在很大程度上，我国大学治理模式深刻反映了体制、历史、文化等多重因素及其综合影响，既体现了“中国之治”的优势和智慧，但也需要在科学原则指导下进行改革创新，大学共同体的重塑从根本上说有赖于现代大学制度或现代化治理体系、治理能力的建设。

（二）利益分化瓦解了大学共同体的存在基础

在各种正式与非正式的、主观与客观的制度与文化因素影响下，大学内

---

① 张继明，王洪才.由过度竞争到协同发展：高等教育发展的范式转换［J］.国家教育行政学院学报，2018（8）：26–32.

② 王建华.量化评估与大学发展［J］.高等教育研究，2020，41（11）：33–41.

外部各利益相关主体之间产生了责权和利益等多方面的分歧。一般来说，同一组织或场域内不同主体间产生分歧是普遍现象，但在以权力为主导、以资源分配为重要驱动发展机制的治理模式下，大学内部所盛行的绩效竞争导致各主体对自我利益的追逐和强烈的排他性倾向，相互之间壁垒丛生，制度上的藩篱又使不同组织间失去了沟通与合作的渠道，在价值取向和战略规划上失去了协同发展的意识与思维，更重要的是在文化上彼此间失去了信任基础，私人理性越来越取代公共理性，大学的民主精神和公共责任意识趋于淡化，而这恰恰是凝结大学共同体的最为根本的内在力量。换言之，当利益分歧不断被强化，作为共同体的存在基础不断被瓦解，“原子化”成为大学及其内部主体的一种存在方式。孤立主义、自利主义、本位主义的发展，抑或说原子化的发展方式，既是权力本位的大学管理模式和高功利化、高竞争化的大学发展模式的结果，同时又相互强化，遮蔽着大学作为学术共同体的公共理性。在此背景下，师生深受基于经济学意义上的收益观和管理学及行政学意义上的权力观影响，管理者和教师群体深受基于行政与学术两种权力、两种文化的影响，大学基层组织和相关个体深受基于绩效主义、功利主义、本位主义等思维的影响，相互之间产生了价值、立场和现实利益等的分歧。青年教师成为一个特殊的教师群体，其“青椒”隐喻的发生在本质上也是这种功利化、行政化取向的管理模式所导致的结果。当大学共同体走向分化，其正常的教学和学术活动将失去必要的交互性、开放性组织环境，在当前更是阻碍了大学协同育人和跨学科、交叉学科建设，从而无法适应新科技、新产业对大学人才培养和科学研究的协同化要求。当前，“双一流”建设作为我国高等教育改革与发展的重大步骤，从制度角度来看，依然强调传统制度模式的外部驱动作用，而高功利、高竞争的治理机制可能将成为掣肘一流大学建设进程的重要因素。这意味着，我们必须探索建立有效治理模式，保障大学能够重新构成学术共同体，唯有如此，大学教师才能够获得学术职业发展的必需环境，大学才能实现学术创新。

综上所述，大学是一个有机的学术共同体，这确保大学总是能够以合适的方式适应内外部环境的变化，并通过适应内外部需求来从事有意义的知识生产。只不过，现实中人们并没有严格依循学术共同体的逻辑实施大学治理，致使大学在不同层面上的共同体秩序遭到伤害，甚至产生一定程度的分化，预示着大学治理的失灵。这就表明，大学有效治理的重要逻辑依据就是大学作为学术共同体的组织本性及其内在逻辑。只有当新的治理模式能够保障大学由当下的分裂状态回归至有机的共同体，大学能够持续实现学术创新，保证一流大学建设具备了充分根基，大学的治理才是有效的。

本章小结

大学唯有按其应有逻辑运行，才能够正常行使其职能，实现组织目标及其价值。大学治理的本质是要确保大学按应有逻辑去运行，但大学治理模式往往是在复杂因素影响综合作用下建立起来的，掺杂着不同利益相关者的诉求或意图，因而与大学学术逻辑间往往是存在罅隙的。我国大学治理模式在体制、文化、历史等多重因素影响下，总体上呈现出了显著的行政化、功利化趋向，在治理方式或治理技术上表现为行政权力安排、市场竞争牵引、资源或利益驱动等的合流，导致大学的办学实践背离了理想中的组织逻辑，影响了其办学成效。值得特别注意的是，在大学治理的探索过程中，传统模式也在悄然发生着形变，以适应大学内外部环境变化对治理变革的需求，但由于传统模式的基因并未发生本质更新，形变的治理传统仍然对大学的健康化、生态化发展产生着负面作用。总之，大学作为学术共同体在组织上的分裂和整体上的异化风险，最终促成教师学术职业发展的困境，而教师学术职业效能低，在根本层次上影响着我国大学发展的层次和质量。因此，我国大学发展及治理的实践表明，我国现行大学治理存在失灵问题，要求在大学治理的改革与优化中正视问题所在，探清问题原因，找寻问题解决之道，明确我国大学有效治理的方向与路径，让大学回归本真、回归常识。

第五章

大学治理失灵的归因与发生机制

在信息化时代，大学愈加成为一个国家发展战略体系的核心，战略意义空前凸显。我国大学的改革与发展、当下的“双一流”建设及高等教育内涵式发展，承载着推动教育强国、科技强国和人才强国建设的重大历史使命，深刻影响着新时代我国经济社会发展质量。供给侧结构性改革、双循环战略及新旧动能转换要取得预期成效，均有赖于大学为之输送优质的人力资源和智力服务。这就需要通过有效的大学治理，不断强化大学的质量意识，提高大学的高质量发展能力。当然，大学的上述功利价值在根本上依赖于大学知识创新能力，因为知识是大学价值体系的逻辑起点。高等教育内涵式发展或高质量发展意味着大学知识创新能力的持续提升，其功利价值严格来说是大学知识生产的副产品。大学的知识创新要求建立相应的现代化大学治理体系与治理能力。但如前文所述，我国在探索大学治理现代化进程中受到诸多历史与现实因素的束缚，存在着较为普遍的治理失灵现象。推动大学由治理失灵走向有效治理，即成为我国大学治理现代化探索的重要方向和当务之急。唯有实现有效治理，大学内涵式发展战略才能够有序推进。深入探析和准确把握导致我国大学治理发生失灵的多重、复杂原因，尤其是探寻我国大学运行与治理的矛盾特殊性，揭示束缚大学发展与治理效能的深层次原因，是改进和优化大学治理模式、实现大学有效治理的前提。

第一节　科层制与大学逻辑间的二律背反及其强化

任何一个组织都是以某种形式联结在一起的，并建构特定的内部秩序和外部关系，以形成该组织运行的特殊场域。场域与秩序间往往存在着某些矛盾乃至显著的冲突，从而提出了制度变革、模式变革、技术变革的要求。对于大学来说亦是如此，人们难以创造出一个完美的秩序体系来满足大学的理想，大学总是处于管理系统与自身组织逻辑之间的矛盾与协调之中。科层制应用于大学，正是大学组织演化与管理理论、管理技术相互调适的结果，尽管科层制在促进大学正式组织不断提高管理效率方面发挥着积极作用，但其与大学逻辑本真之间的“二律背反现象”也是难以避免的[①]，在特殊的环境之下，这种矛盾性表现得尤为突出，构成了束缚大学创新发展的深层因素。

一、科层制的内涵、逻辑与内在缺陷

科层制是一种组织结构和组织形式，也是一个由管理机制和管理技术构成的系统。从社会发展的历史来看，人类及社会在形成组织尤其是正式组织伊始，就产生了科层化的痕迹，“科层制在古代中国、埃及和晚期罗马帝国都曾出现过，并且在历史上曾标志着这些伟大帝国的强盛，以及在政治组织上史无前例的制度化”。[②]随着社会组织的演进，科层制的结构也越来越趋向于严密，功能亦不断完善。20世纪初期，德国社会学家马克斯·韦伯明确提出了科层理论，科层制成为一种明确的组织结构和管理系统，并随着社会生产关系的调整而得到普遍推广和应用。“在当今社会，科层制已成为主导的组织制度，并在事实上成了现代性的缩影。除非我们理解这种制度形式，否则我们就无法理解今天的社会生活。”[③]

（一）在技术层面科层制促进管理效率最大化

科层制的核心要素是权力与规制。具体来说，科层制指的是一种权力依据职能和职位进行分工和分层，以规则为主要管理手段的组织体系和管理模式。[④]马克斯·韦伯是以理想类型为方法论基础对科层理论或科层制进行抽象性设计的，其具体内容包括：在组织内部建立合法的权威，施行严格的等级制；根据组织目标进行劳动分工，并以专业能力为标准量才用人，确保每个岗位或职位都具备必要的专业基础；建立完善的规章制度和程序系统，保障组织严格依章运行；组织成员之间为公务关系，反对私人关系影响公共管理；

---

① 姜传松．大学组织科层化：二律背反及其调适［J］．江苏高教，2007（2）：5–8.

② 冯钢．科层制与“官僚精神”［J］．浙江大学学报（社会科学版），1998，12（4）：68–77.

③ 彼得·布劳，马歇尔·梅耶．现代社会中的科层制［M］．马戎，时宪民，邱泽奇，译．上海：学林出版社，2001：8.

④ 朱国云．科层制与中国社会组织管理模式［J］．管理世界，1999（5）：207–208.

职权运行遵循理性化或非人格化原则，避免个人情感与价值等因素影响固有标准。[①] 作为一种理想型，科层制在效能上被赋予了极高的期望。具体来说，在科层制模式下，以专业能力为标准实施的劳动分工造就了专家，提高了工作的专业化水平；而具有非人格化取向的专家依据事实和理性在技术上做出正确的决策，进而，权威等级体系通过各种形式的规训，保证下一级及基层工作者对决策的服从与执行；个体对职业发展或职位提升的追求进一步保障了组织内部的忠诚关系，而这又更加强化了组织内部良好的执行力；在严密的规章制度的约束下，组织具备了一个协作有序、形成合力的执行系统，保证组织运行的统一性和准确性；而制度本身的良好稳定性又保证了组织运行的平稳和自动化水平。

科层制的上述特征确保科层组织得以高效运行。马克斯·韦伯认为，科层制的组织效能建立在五大优点之上，分别是例行的层级管理制、等级制的职务权威、专业化的知识素养、脱离私人生活的职业活动和管理的普遍化原则。[②] 因此，从纯粹技术观点来看，科层制以精确性、稳定性、纪律性和可靠性为特征，被认为是达到目标最有效率的组织。[③] 在实践中，科层制也确实较好地满足了组织管理中对效率的要求。

（二）科层制难以克服自身的功能障碍与风险

然而，理想类型作为研究社会和解释现实的一种理论工具，是对经验事实的提炼，虽然最大程度地包含着经验事实特性，但还是与现实本身有着一定的距离。因此，马克斯·韦伯的科层制组织在实践中面临着诸多“功能障碍”，包括：严格的劳动分工导致不同部门和职位之间壁垒遍布，缺乏有效合作；过度强调权力主导和等级秩序，导致官僚主义盛行，专业化的优势和创造力实际上受到权威的压制，“金字塔”式的等级化组织结构不仅造成上下层级之间存在沟通障碍，还容易致使决策和反馈信息失真；严格而周密的规制体系，进一步遏制着组织内部的自主性、创造性和责任意识，容易陷入机械化和形式主义；非人格化、高度理性化的管理取向，尤其损害着劳动者的自我实现的理想，久而久之会造成劳动者职业倦怠，压抑创新意识，致使组织

---

① 高清海，李家巍，土威海.韦伯：摆脱现代社会两难困境［M］.沈阳：辽海出版社，1999：240.

② 马克斯·韦伯.经济与社会［M］.上海：上海世纪出版集团，2010：1095-1097.

③ 李有学.反科层治理：机制、效用及其演变［J］.河南大学学报（社会科学版），2014，54（1）：39-46.

一步步丧失活力。“一方面，这一体制因其规模所累，信息传递、执行监管、人际关系等成本加剧放大，常常导致组织失败；另一方面，政府各部门边界明确、按部就班、各司其职，殊难脱离常规轨道而变奏运转。”①“官僚主义、仪式主义、行动僵化等科层治理机制缺陷形成的组织失败常常导致政府在满足社会需求方面的无能和无效，这也正是科层制遭到诟病的症结所在。”②彼得·布劳和马歇尔·梅耶认为科层制具有三个方面的“反功能”，即管理方式的非人格化，无力纠错及组织增生的偏好，抵制革新及固化社会分层。③即使是马克斯·韦伯本人，也对现代科层制不无忧虑，认为“科层制破坏了人民全部的经济和政治主动性……科层政府压制私有经济活力古已有之。任何科层组织在发展过程中都有形成该结果的趋势”。④

可见，科层制存在着难以克服的内在缺陷，以至于美国组织理论家沃伦·本尼斯在《官僚制的灭亡即将到来》中宣称：“从20世纪60年代开始算起的20至50年里，人们将目睹并亲自加入官僚制的送葬队伍。”⑤这意味着，在科层制的应用过程中，人们需要对其进行持续优化，尤其需要针对具体的组织环境，进行有针对性的改造。

二、科层制与大学组织间存在难以调和的矛盾

现代大学从欧洲中世纪开始发轫于学者行会组织，到后来逐渐成为一个制度化、规范化正式组织；从一个纯粹的学者自治组织，到逐渐衍生出行政管理职能并最终生成一个相对独立、具备特殊逻辑的管理者群体；从组织形式及构成要素相对简单，到演化为一个结构与功能高度复杂化的巨型社会机构；从严格遵循学者自治和学术自由，到行政权力不断扩张、控制力量不断增大。经由这一系列的变化，大学的管理方式也越来越复杂化，科层制逐渐适应了以效率为导向的大学组织要求，被广泛应用于大学管理之中。但由于大学作为一个学术组织，其独特的组织属性与内在逻辑

---

① 周雪光.运动型治理机制：中国国家治理的制度逻辑再思考［J］.开放时代，2012（9）：105-125.

② 李有学.反科层治理：机制、效用及其演变［J］.河南大学学报（社会科学版），2014，54（1）：39-46.

③ 彼得·布劳，马歇尔·梅耶.现代社会中的科层制［M］.马戎，时宪民，邱泽奇，译.上海：学林出版社，2001：139-161.

④ 冯钢.科层制与“官僚精神”［J］.浙江大学学报（社会科学版），1998，12（4）：68-77.

⑤ JAY M H，ALBET C.Hyde：Classics of Public Adminis-tration［M］.2nd.Chicago：The Dorsey Press，1987：325.

始终保持着足够的稳定性，以致自中世纪至今的千余年时间里，大学成为为数不多的得以赓续的社会机构之一。大学以学术为本位的组织本性及其逻辑与科层制管理模式之间产生了基于“二律背反”的矛盾性。科层制本身固有的功能缺陷在特定环境下被进一步放大，与大学间形成一系列冲突。

（一）基于行政主导的一元权力结构不符合以学术权力为中心的二元权力格局要求

科层制以行政权力作为运行与管理的基础，行政管理权的一元化构成了科层制的核心特征和追求管理效率的关键技术，而大学则是一个以行政权力与学术权力为主要构成的二元权力格局。尽管在世界范围内，大学内部行政权力正以各自的方式占领着越来越多的话语权甚至决定权，但从理想的角度来说，大学需要学术权力在整个权力系统中占据中心位置。学术权力不仅要在学术发展与治理中占据主导地位、发挥主导作用，还要全面参与和影响学校的管理与决策，无论是学者治校还是教授治校，都反映的是大学的内在要求。从大学组织进化的历史来看，行政权力的产生与存在是必然的，但从应然角度而言，行政权力应在以服务学术发展为导向的价值引领下运行。虽然行政权力具有不同于学术权力的特殊要求，但在学术服务导向之下，其与学术权力间形成耦合关系，两者在不同范畴内发挥主导功能并在共同目标下相互作用。但从整体上来说，大学作为学术场域，行政权力的独立性是相对的，它必须服从以知识生产规律为基础的大学场域秩序，服务于学术权力和学术利益。但现实常常是远离理想的，现实中行政权力与学术权力的力量总会发生失衡，行政权力往往作为一种拥有可见的合法性基础的实质性权力而凌驾于学术权力之上，致使行政权力的逻辑主导大学发展的方向和模式，大学的学术属性及其逻辑则被遮蔽或扭曲，大学的二元权力结构变成一元化的行政权力结构。当矛盾的主要方面发生了质变，大学异化便产生了。

（二）权力中心位居顶端有悖于大学组织结构及其“底部沉重”之权力秩序

大学作为一个知识活动组织，其功能与价值高度依赖于基层，即大学的知识生产和应用主要发生在院系等教学、科研组织，从组织结构和权力布局的角度说，这种性质与运行方式决定了大学是一个“底部沉重”的组织。[①]因此，大学的发展战略、资源分配、权力协调等应充分观照基层需求，在本质上，也就是说大学内部治理必须尊重知识生产规律，遵循学术发展标准，有效的内部治理必然是为院系学术活动创设良好环境，并能够激发基层学术活力的。我国积极探索校院两级管理机制改革、强调“学院办大学”模式，都反映了院系基层学术组织在大学整体发展中的基础地位和根本作用。但科层制的典型特征之一就是其行政权力自上而下行使，权力的中心在学校组织的顶端，在科层制的大学权力现实秩序中，管理权的大小与势能自上而下渐次衰减。这导致院系基层缺乏自主发展、自主管理的必要空间，甚至学术自主权受到行政化的干预和束缚，学术活动的规律得不到应有的尊重，学术创新的活力遭到不合理的抑制。在权力实施方式上，表现为基层组织和教师不具备必要的参与学校治理的机会，学术权力和民主权利的代表被明确界定为被管理者、顶层设计的执行者。学术基层被排斥在大学治理核心之外，关于学科建设、学术发展和教书育人的普遍智慧被排除在决策过程之外，而仅仅将发展的希望寄托于少数所谓的管理精英，而问题要害在于这些位于学校权力格局顶端的管理者常常不对学术负责，而是只对权力负责。这种权力秩序常常导致大学糟糕的决策、缓慢的变革和教师的低动机水平等，这是科层制的功能障碍在大学中的典型表现。

（三）严格统一的规制体系有违于以多样化和个性化为特质的学术生态

大学教师的教学与研究都是充满个性与创造的过程，需要有一个兼容并包的学术职业环境，教师按照各自所属学科和专业的规律及个体研究方向、研究范式开展学术工作，相互研讨、辩难、合作，促进学术职业能力发展；同时，大学作为一个松散结合体，各基层学术组织按其学科逻辑相对独立地开展学科建设、师资建设、课程建设及教学与科研等。多样化、个性化及以此为基础的多向交互性，反映了大学作为特殊学术组织应有的内部生态。“各部类的联系具有强烈的离心性，因为各单位内部可以以一种相对自足的方式发现知识、储存知识和传递知识。”[②]这是院系学术保持活力并获得持续发展的

① 伯顿·R.克拉克.高等教育系统：学术组织的跨国研究［M］.王承绪，等，译.杭州：杭州大学出版社，1994：12.

② 伯顿·R.克拉克.高等教育系统：学术组织的跨国研究［M］.王承绪，等，译.杭州：杭州大学出版社，1994：46.

根基，因而也是大学作为学术机构的价值来源。但对于科层制组织而言，“稳定”本身就反映了其核心价值，组织成员的行动一致性有利于确保组织的稳定性，因而在运行机制上，科层制模式是以严密而严格的规章制度体系为基础的，统一性、标准化是科层制运行的基本取向和特征。在严格的、统一的规制体系下，大学院系和教师的学科建设、课程与教学改革、学术研究等必须按照统一步调进行，服从标准化的评价指标，个体的自由性和创造性空间受到制度化挤压，失去了允许个性化、鼓励创新、包容颠覆的学术发展环境。从本质上说，这是对学术自由和学术创造的束缚，背离了大学最基本的组织生态规律。因此，如何破除制度主义的迷思，是探索现代大学制度或有效治理过程中必须重点观照之处。

（四）非人格化和工具理性背离大学理想主义与教师自我实现的文化属性

大学是一个文化机构，既是因为大学作为知识组织本身就对真善美有着内在追求，也是因为大学“以文化人”的教育目的和教育手段；从管理的角度而言，“文化本身具有治理性”①，文化本身作为大学治理体系的构成，文化建构是更深刻、更有效的组织管理形式。从文化的构成来看，大学及师生以服务国家和大众诉求为立场的理想与情怀、对真善美价值观的信仰与追求、以追求真理为标志的科学精神等，构成了大学文化的内核，正所谓：“大学之道，在明明德，在亲民，在止于至善。”其中，大学教师以学术为志业，不断以创新的方式寻求知识上的突破，并进而寄望于学术报国，以此彰显学者的理想和价值，这是大学文化最重要的特质。正如习近平总书记所说，“为天地立心，为生民立命，为往圣继绝学，为万世开太平”向来是我国知识分子的传统和志向。②可以说，作为一个文化存在，既是大学的组织特质，也是大学意义的来源。但在科层制框架下，以权力和规制为中心的管理控制系统否定了人的主动性及其对自我实现的要求，缺乏对人的情感与价值的观照，每个人按既定章程和程序履行职责，服务于统一的组织目标和任务，“使人沦为庞大的科层制机器中附属而又不可缺少的零件”③，这种工具理性和非人格化的管

① 张德祥，牛军明．论文化治理性与大学文化治理［J］．现代教育管理，2021（1）：1–9.

② 习近平．在哲学社会科学工作座谈会上的讲话［EB/OL］．（2021–06–08）［2022–12–01］．hhttp：//politics.people.com.cn/n1/2016/0518/c1024–28361421.html.

③ 马廷奇．大学管理的科层化及其实践困境［J］．清华大学教育研究，2006（1）：33–38.

理取向显然不符合大学的文化属性要求。一所“没有文化”的大学很难成就卓越的教育事业，因为文化是大学最重要的价值实现形式，大学文化使大学成为自己。

三、我国大学治理传统强化着科层制的功能性缺陷

上述分析表明，尽管科层制应用广泛，“组织的科层化已经变得如此普遍，以至于我们很难想象科层制的替代形式”①，但其固有属性与大学逻辑之间的显著矛盾，决定了大学的科层制组织运行必然对其知识活动产生负面影响。需要指出的是，在世界范围内，大学的科层化是一个相对普遍的现象，但不同国家和地区大学的发展表现出不同特征，这表明科层制在具体应用过程中总是经由一个本土化过程，从而发生或多或少的变化并释放具有差异性的功能。从这个角度而言，我国大学的科层制建构与运行是和特殊的体制机制、文化传统及高等教育发展历史等因素密切相关的，从而形成了具有我国本土化特质的大学科层制体系，并对我国大学的改革与发展产生着深刻影响。

（一）大学科层化适宜于高等教育集中管理体制

中华人民共和国成立后，我国即建立了由党和中央政府对全国各领域及各项事务进行统一管理的制度体系，适应了巩固新生政权和尽快投入经济社会建设的需要。经过 70 多年的发展，我国经济社会发展取得了举世瞩目的伟大成就，表明了我国社会主义制度体系的正确性和优越性。在高等教育领域，政府在中华人民共和国成立后的十几年时间里，通过大学改造、院系调整等一系列措施，建立了一种专业设置和课程管理高度统一化的学问体制，确立了由国家决定教学计划与大纲、由院校执行的自上而下的知识权力谱系，高深学问的国家治权成为集中的中央化管理。②从管理的角度来说，我国大学的制度体系是一个典型的科层制组织系统，而在大的体制环境下，大学组织的运行和管理也普遍采取科层制模式。尽管从 20 世纪七八十年代开始，扩大大学自主权就已成为我国大学制度改革的重要议题，作为我国现代大学制度直至现代化大学治理体系建设的中心任务，但整个大学管理体系的科层属性

---

① 彼得・布劳，马歇尔・梅耶.现代社会中的科层制［M］.马戎，时宪民，邱泽奇，译.上海：学林出版社，2001：10.

② 鲍嵘.学问与治理：中国大学知识现代性状况报告（1949—1954）［M］.上海：学林出版社，2008：31.

并未发生根本改变（组织的科层性是普遍的、客观的，去科层性是不现实的，也非必需的，真正要改变的是科层性的越界、科层体系中权力的不当配置），权力的规训及统一化、标准化等科层制的基本特性依旧反映在制度体系之中。

宏观政治结构决定微观政治结构，科层化的高等教育管理体制构成了大学科层化运行的适宜条件。诚如所见，我国大学内部管理机构设置与政府管理结构存在高度同构性，在本质上大学内部管理结构或权力格局是国家体制在微观层面上的投射。

（二）大学科层制与宏观高等教育体制相互强化

国家治权主导的集中管理体制表现出了独特的中国特色及其优势[①]，保障我国高等教育在党中央集中统一领导下取得了巨大的发展成就，目前我国一流大学建设取得了显著成就，逐渐由世界高等教育体系的边缘走向了中心，因而有学者认为我国高等教育已经由相对于发达高等教育体系的“跟跑”阶段过渡到“并跑”阶段，并积极迈向“领跑”阶段。[②]但不容否认的是，我国高等教育治理模式还存在某些弊端，在大学制度的具体建构和实践中缺乏创新性改造，与大学的组织要求发生了一系列冲突，尤其是这种治理模式为大学科层制提供了最适宜的宏观环境，容纳了科层制的固有弊端，即强调行政权力的主导地位，强调自上而下的垂直式组织管理而非基于“底部沉重”组织特性实施民主管理和基层参与治理，又强调周密的制度体系和严格的程式化行动模式而轻视学术自由法则和学者追求知识创新之自我实现的理想等。概言之，科层制从高度集中的高等教育管理体制那里获得了存在和生长的支持力量。

从相反的角度而言，大学科层制深度嵌入高等教育管理体系之中，为政府治理大学提供了最便捷有效的工具。前文曾述及我国大学行政本位管理模式的诸多变式，如绩效考核、全域评价、审计问责等，而这一系列管理形式在本质上都有赖于政府或者大学管理者所掌握的权力，而科层制为新型行政管理方式提供了有效的技术或工具系统。因此，国家高等教育管理体制与大学科层制之间存在相互强化的关系。

---

① 邱水平．中国特色现代大学治理的若干重要问题探析［J］．北京大学教育评论，2020，18（1）：120–133.

② 邬大光．努力探索高等教育的“中国经验”［J］．中国高教研究，2019（12）：10–14.

（三）宏观与微观权力结构共同加大了大学治理失灵的风险

集中统一的高等教育管理体制对大学管理模式产生了深刻影响，强化了大学科层制的行政本位逻辑，成为阻碍大学发展的制度性因素。① 行政本位逻辑下，行政管理者主导了大学的组织运行，包括决定着知识活动的形式、管理方式，知识运行规律或学术逻辑服从于行政权力，专业教师等学术群体不仅在规制约束下迎合管理标准，甚至在权力支配与资源或利益分配机制的双重规训下对行政权力产生了依附性，从而接受甚至习惯了行政权力对学术的干预，以至于如学术委员会等学术管理组织不仅在高校内部治理中被边缘化②，其本身也往往以行政管理的方式运行，并服从于学校行政指令③。由此大学组织异化的风险不断加大。无疑，组织的异化是我国大学改革与发展尤其是科学创新面临诸多问题的根源。可见，科层制本身作为一个技术系统，尽管存在某些难以克服的功能缺陷，但在我国特殊的制度环境下，其不再仅仅是一个技术系统，还是一个具有鲜明的价值倾向性的权力系统、一个有力的价值规训系统，深刻影响着人们的大学观、发展观及行为模式。我国大学治理模式体现着其他国家大学模式所不具备的智慧与优势，但科层制在不断强化的条件下损害了大学的生态，也是不可回避的事实。

综上所述，科层制及其与我国高等教育管理传统的相互强化，是解释我国大学发展面临种种困境、大学治理屡屡失灵的重要原因。因而，从现代大学制度建设到大学治理体系与治理能力的现代化，从根本上说在于促使大学回归学术本位，使大学回归大学本身，这也是大学有效治理的旨归。当前我国高等教育已经迈入高质量建设阶段，无论是内涵式发展还是“双一流”建设，都必须通过有效治理来解决科层制传统对大学创新发展的遏制问题。中国特色大学模式及其治理模式的构建，必然是以尊重大学组织特性、遵循学术创新规则、遵从立德树人使命原则为基础的，而这正是一个实现大学有效治理的过程，或者说是探索大学有效治理过程中的核心任务。

---

① 胡建华.略论大学去行政化［J］.中国高教研究，2014（2）：1–4.

② 张端鸿，王倩，蔡三发.学术委员会在高校内部治理中为什么会被边缘化——以A大学为例［J］.江苏高教，2020（10）：29–36.

③ 魏小琳.我国高校学术委员会进行的有效性研究［J］.国内高等教育教学研究动态，2017（9）：7.

第二节　我国大学的依附性及其自主发展能力的匮乏

大学自治是大学治理理念的经典原则，这是大学作为学术组织能够保障学术自由进而实现学术创新的必要条件。正是基于此，在我国大学制度的变革与探索中，政府干预和大学办学自主权之间的矛盾及其纾解才成为一个经久不衰的话题。我们在呼吁政府改变治理方式、给予大学更多自主权的同时，很容易忽略了一个现实，即当政府真正赋予了大学最大限度的自主空间时，是否必然意味着大学能够在掌握充分的自主权的基础上实现办学质量的最优化或持续优化？实质上，这涉及大学的自主发展能力问题。也就是说，无论是高等教育实现内涵式发展，还是“双一流”建设的顺利推进，既需要实现政府的现代化治理，也有赖于大学足够的自主发展能力。事实上，我国大学在自主发展能力上存在明显缺陷，甚至存在根深蒂固的依附于外部力量的传统，这本身成为现行大学管理模式对大学形成束缚，并且制度变革陷入重重困境的重要根源。

一、依附性是我国大学发展模式的一个典型特征

（一）传统的大学管理体制决定了大学依附于政府

从历史发展的角度看，我国现代大学始终缺乏必要的自主发展环境。无论是清末新式学堂还是民国时期的大学，都深受外部力量的钳制。我国历史上传统的教育机构，无论是知识谱系还是组织结构，同现代意义上的大学并无直接、必然的渊源。有学者在探索现代大学制度建设过程中会论及古代书院。[①]但正如王洪才教授所指出的，书院并不具备现代大学精神，其未曾真正以科学方法去探求和发展新的知识，亦未真正有意识地去追求独立知识。[②]一般认为，我国现代意义上的高等教育体系发轫于清末新式学堂，由一批先进的仁人志士在“向西方学习”过程中移植自西方。兴办新式学堂，作为社会改良主义者实施新政的重要形式，其根本目的并非发展知识，而在于维护封建政权，在办学方向、办学内容上受到政府部门的严格控制，在办学经费上亦由政府拨付，因此在体制和财务双重意义上，新式学堂都不具备基本的独

① 欧阳峻翔 . 构建传承书院精神的现代大学制度［D］. 长沙：湖南大学，2010.

② 王洪才 . 论中国古代书院与现代大学精神［J］. 大学教育科学，2013，1（1）：6-10.

立性和独立能力。民国时期，基于实现国家统一，尤其是政治和权力统一的需要，无论是北洋政府还是南京、重庆国民政府，都加强控制大学以钳制进步思想，包括对教师的党化控制、对学生的严格管控及对课程设置的强制性规定等。蔡元培数次请辞北京大学校长，就集中反映了当时政府对大学的过多控制和干预。

中华人民共和国成立后，尽管高等教育管理体制发生了质的变化，在方向上体现了先进性，但大学自主权不足依旧是一个普遍的、久而未决的问题。在中华人民共和国成立后的较短时期内，我国即通过20世纪50年代初的教育改造建立了完全公立的高等教育体系；政府通过制定和实施“教育领域的两个凡是”等一系列规程条例，掌握了大学的几乎全部办学权力，形成了统一的、高度集中的国家教育体制。①这一根本性的权力谱系也奠定了我国大学的基本发展形式和主要治理结构。改革开放后，政府的高等教育管理方式在总体上发生着积极的变化，即越来越赋予大学以独立办学的权力和机会，但严格来说，大学的核心自主权（如财权权、人事权、评价权等）并不充分，政府的高等教育“管办评分离”和“放管服”优化服务机制改革面临着一系列困难。②换言之，政府通过为大学提供财政支持、制定教育政策与法规、建立教育制度体系等方式主导着大学的发展方向，并以具体的规划、督导、评估、问责等手段规定着大学的办学方式。在这样一种政府主导的“管护型”环境下，大学对政府产生了强烈的依附性，即大学主要基于政府的政策导向或制度安排实施办学，而在知识发展规律和社会需求上则常常缺少更加充分的考量。因为大学只有严格按照政策导向来实施办学，适应政府顶层设计和制度体系要求，才能获得必要的资源和支持。这就导致知识发展标准得不到大学的充分尊重，知识不足以构成大学与外部展开平等交往的力量。另外，作为一个智力服务机构，大学缺乏对市场的尊重，难以对市场需求做出有效的反应。

（二）功利化办学强化着大学对资源提供者的依附

政府对大学实施干预，在特定环境下有其必要的合法性基础，对于我国来说还标识着特殊的智慧与优势，历史与实践都表明了这一点。但政府在权

---

① 杨东平.艰难的日出：中国现代教育的20世纪［M］.上海：文汇出版社，2003：121.

② 姚荣.高等教育领域“放管服”改革缘何如此之难——基于组织分析的新制度主义视角［J］.教育发展研究，2020，40（7）：1–7.

力及责任实施的形式上发生偏误时，就会导致府学关系失衡。除了国家赋权外，政府还通过其他手段，依循不同的逻辑对大学实施影响，如财政手段。从教育管理科学的角度而言，财政支持是政府履行教育服务职责的基本形式，但显然在管控型府学关系下，财政手段具有作为政府管理和干预大学的工具的意义。这种资源或经费的导向性、管理性作用以不同于单纯的行政权力的逻辑，对大学实施间接但同样很关键的影响。在大学办学资源消耗越来越大而自身筹措资源能力不足的条件下，无疑大学将倾向于依附资源或经费的供给者。

众所周知，我国高等教育具有两个非常典型的特征，一是规模庞大，目前拥有世界上体量最大的高等教育系统，同时大学单体规模较大，对资源的数量要求较高；二是以公立院校为主，高等院校办学资源主要由国家提供，因而国家的高等教育财政负担极大。与此同时，我国大学自筹经费能力普遍较弱，政府财政支持是大学最主要的经费来源。当前，我国高等教育正处于“双一流”建设和实现内涵式发展的关键阶段，改革和创新的成本不断增加，资源需求空前增大。在此背景下，我国大学对于争取资源有着超乎寻常的热情和投入，相互之间存在着激烈的资源竞争，资源获取能力甚至在很大程度上被等同于发展能力和发展质量，出现了手段与目的的关系倒置。政府一方面基于高等教育财政经费的有限性，另一方面也基于经费本身作为重要的治理手段，将拨款与大学评价机制、重点建设机制等紧密结合起来，以提高办学效率。如此，我国大学对办学资源、办学经费的倚赖和追逐就转化为对政府的依附。对政府财政的过度依赖、追求，进一步束缚了大学的独立性、自主性，部分大学由于习惯了政府提供的“襁褓”式生活，知识创新意识和社会责任意识越来越薄弱。此外，部分大学制定了以资源为中心的发展战略，强化了其对资源与发展的关系倒置，功利化办学思维越来越突出，使资源或经费条件与办学效益之间失衡，即部分院校的办学投入并未有效转化为办学效益。以资源为导向的办学模式和院校竞争，以及相对较低的办学产出，恰恰构成高等教育“内卷化”的典型特征。这反映了资源依附、政府依附对大学自身的伤害，从而也提示政府应重新思考财政投入方式及其与大学评价、大学发展的关系。将经费投入与大学评价挂钩，或将资源服务等同于管理工具，可能不仅会损害大学的独立性，还会强化其功利化思维。①

当然，在国家财政相对有限的条件下，大学还可通过募捐、服务等方式

---

① 周川 . 量化评价的泛滥及其危害［J］. 江苏高教，2021（5）：8-14.

筹措资源和经费。其中，随着市场在高等教育资源配置中发挥重要作用，同时国家推动地方大学积极向应用型院校转型，大学越来越重视通过社会服务来获取市场化收益或社会性投入。在这个过程中，部分地方院校在制定和实施“服务强校”战略的同时，忽视了大学作为以发展知识和立德树人为天职的特殊组织的独立性需求，导致市场或企业的逻辑过多影响到大学的知识发展及其公共价值，在过度追求就业等“质量指标”的同时，违背了立德树人之核心使命和规律性要求。在本质上，这反映了部分大学对产业、对市场具有一定的依赖性。社会选择与知识驱动都是大学发展必不可少的动力机制，但大学需要在两者之间形成相对平衡，当大学过度强调社会选择、追求功利价值而忽视知识内在逻辑要求时，就会造成大学异化。正是在这个意义上，市场化、产业化、企业化等办学思维、办学方式都是大学改革中必须加以警惕的片面化甚至极端化做法。总之，大学无论是对政府还是对市场的依赖乃至依附性，都最终会损害大学独立发展、自主发展的能力，这必将阻碍我国“双一流”建设和内涵式发展的进程。

二、充分的知识发展与理性精神是大学自主办学的基础

大学的独立发展是维护学术自由的需要，是大学治理理应遵循的基本法则。但大学独立发展作为一种权利，既需要具备源自国家体制认可的合法性基础，同时也需要大学自身具备独立发展的专业能力，这是大学实现自主发展的内在条件。进言之，大学的这种专业能力状况还取决于其知识生产体系的支撑作用。例如，大学如何界定知识，持有何种知识功能观或价值观，是严格秉承内生性知识生产传统还是依循外部需求而积极推进知识生产模式转型，是坚持知识功能的精神性指向还是偏重社会生产需求等，对于这一系列基本问题的认识和行动差异，决定着大学的知识生产体系能否为大学独立办学奠定必要基础。大学要独立自主发展，也就是说大学有资质、有能力作为自身的立法者和裁决者，而无须由外部相关主体来界定大学的含义，必须以建构科学完善的知识体系、不断增强知识创新能力为前提。

（一）知识发展是现代大学诞生和发展的根基

大学是知识活动组织化、制度化的产物。考察大学发展的历史发现，“知识的丰富、聚集和储存，知识传播与转化的需要，知识界大师和领军人物的出现，共同探究的知识问题和群体探究风气的形成，直接孕育出大学教育的

组织形式。大学的出现，从某种意义上说，是‘知识制度化过程的结果’”[①]。中世纪大学形成之前，欧洲已经存在数量众多的教会学校、医学校，它们以学科科目、课程与教学等方式为最终中世纪大学的诞生进行了必需的知识积累。12 世纪的欧洲文艺复兴为这一积累过程输送了更多新的知识元素，加速了大学的诞生进程。[②]如美国历史学家哈斯金斯所言：“在 12 世纪，除‘三艺’和‘四艺’外，又增加了新逻辑、新数学和新天文学，与此同时还形成了法律、医学和神学三种职业机构。此前，大学还不曾存在，因为西欧还没有足够的知识积淀以成为其存在的理由，随着这一时期知识的增长，大学自然而然地产生了。”[③]尽管市镇经济的发展和职业专业化的需求是中世纪大学诞生所不可或缺的社会性因素，但“刺激大学出现和成长的根本原因是对学术和科学的兴趣，是学习和了解世界的需求，是‘探索知识的欲望’”[④]。可以说，知识的发展及围绕知识而组织或发生的一系列活动构成了早期大学，当然最重要的是以知识活动为业的学者构成了大学的核心要素。学者通过聚众讲学、著书立说、编纂文献和注释经典等知识活动，客观上为大学的诞生提供了基础。尽管我国封建时代的书院或许称不上现代意义上的大学组织，但其作为当时以知识为中心而组织起来的教育机构，实际上也依赖于知名学者及其知识活动的奠基作用，包括教学及学术活动。

因此，从本源上而言，大学是一个以知识活动为使命的共同体，在知识探索中，知识的累积、发展、创新为现代大学建立学科、专业、课程及相应的学术和教学组织提供了必要基础，正是从这个意义上说，大学是知识组织化和制度化的客观反映。同时，作为知识共同体，大学在同外部主体交往及博弈的过程中，其平等、有效参与这一过程并从中占据主动性的基础，来自大学及学者作为知识权威而生成的话语权及其对社会复杂问题的洞察力和专业的解决能力。正因如此，在中世纪大学诞生和初步发展过程中，其能够以独特的知识生产优势同权力当局展开博弈，并获得包括免于审判和服役权等一系列自主权，开启了大学自治的传统。概言之，大学只有作为知识共同体，能够通过知识的发现和应用来更好地解决人类认识和改造世界中的难题，才

① 周佳．学术权利的政治哲学基础［M］．太原：山西教育出版社，2010：25.

② 雅克・韦尔热．中世纪大学［M］．王晓辉，译．上海：上海人民出版社，2007：8–11.

③ 查尔斯・霍默・哈斯金斯.12世纪文艺复兴［M］.夏继果，译.上海：上海人民出版社，2005：368.

④ 希尔德・德・里德–西蒙斯.欧洲大学史（第1卷）：中世纪大学［M］.张斌贤，等，译.保定：河北大学出版社，2008：11.

能获得独立存在和自主发展的合法性之源。

（二）理性精神是大学独立发展的内源性条件

所谓理性，即主体在深入、客观地认识本质与规律基础上做出特定选择，并坚持其自身的立场和逻辑的一种思维方式和能力。理性精神则是指主体相信理性的价值和力量，并运用理性指导自己行为的信念和取向。大学要实现独立发展，意味着其必须在复杂的外部环境中做出适于实现自身价值和利益诉求的行为选择，包括摆脱外部力量的裹挟，如政府和市场的行政化、功利化束缚等。显然大学要实现这一目的，就必须具备理性精神，以理性的方式实施办学。作为知识的堡垒，大学具备理性选择办学行为的基础，因为知识本身就是对客观世界的如实反映。尤其是在十七、十八世纪，大学开始通过科学实验的方法来发现和发展自然科学知识，在方法论意义上知识生产逐渐走上了科学化道路，科学知识在人类文明和智慧中占据了越来越重要的位置，这为大学获得并坚持理性精神奠定了基础。

在整个知识体系中，自然科学知识是一种独立的知识体系，是在相对的中立或价值无涉原则下对世界本源及规律的发现或揭示，是一种“纯粹理性”，与作为客体的世界之间是二元存在的，因而独立性是现代科学的基本特性。这就构成了现代学术职业劳动者形成独立意识、独立人格和独立自主能力的内在条件，当然也就成为大学独立发展、理性办学的根基。由此，以科学探索为职业的学术人成为一个独立的社会群体，大学逐渐成为知识生产的主要垄断者，即便在信息化越来越成为一种支配性力量的今天，大学作为知识创造者的主要垄断者地位也未曾发生改变，因为信息技术只是加速知识的发现，但普遍知识的发现依旧主要由大学通过组织化、制度化、集群化的方式来实施。大学与大学人以独特的方式参与建构社会，其突出的特征就是建构基于知识尤其是科学知识的理性精神。大学能够自行主导知识生产，且具备足够的知识累积，尤其是自然科学知识的发展，不仅为大学有效参与社会生产和技术改造提供了基础，更重要的是保障大学作为知识生产秩序的立法者，有力量来平衡知识生产与社会干预之间的关系，从而避免大学在参与社会、服务社会过程中迷失于社会的欲望之中。无论是教授治校传统得到较好保护的大学，还是行政权力占据本位的大学，在学术权力与行政权力相互抵牾、博弈的过程中，以知识为基础的理性精神、理性化原则仍旧作为大学内部秩序建构的根本特征。大学内部学术本位的治理与秩序，显然是大学能够独立自主的内源性条件。

三、从知识基础来看我国大学依附性发展的根源

大学的独立发展内在地要求以学术本位取向和理性精神、理性逻辑作为其秩序建构的根本逻辑。我国大学之所以在办学中依附于外部力量，从根本上说正是由于其在知识准备上存在先天的局限性，即知识准备不足，独立探索知识的传统并不牢固。这反映在从事专门学术职业的教师群体身上，就是知识探索的旨趣缺乏原旨精神，并深受传统学术观的束缚而始终难以在知识的原初价值和功利价值之间做出明确的界分，过度追求甚至迷恋于知识作为工具所带来的世俗意义。

（一）我国大学的独立发展存在先天的局限性

在此，先天不足的局限性是指移植而生的模式和学以致用的知识传统导致我国现代大学天生缺乏独立性。相对来说，我国现代大学移植而生，知识累积不足，大学的发展缺乏充分的知识基础；尤其是现代科学知识缺乏必要的积累，且在较长时期内人文知识，甚至是诸如经学等封建性知识体系在大学中占据着重要地位，因而我国大学内部缺乏基于知识独立的文化独立、学术独立和学者人格独立等。从另一个角度，即从知识传统而言，我国传统的知识体系是一套典型的道德伦理体系，即便在《大学》中具有“格物致知”的思想，但此处“知”乃德性之知，是一种“实践理性”精神，在“天人合一”的世界观下，人作为主体与世界万物作为客体呈现出一体化的关系。即知识来源是与主体相联系和统一在一起的不分主观与客观的“天人合一”的本体，知识的性质是主体的体验，很难用简单的主观性或客观性来界定它。① 这种知识传统体现在知识应用上，一方面用于个体精神修为，另一方面则服务于“天地”和“人事”。如孔子所说的，“知者利仁”“学而优则仕”“学也，禄在其中矣”等，都体现了“学用”思想。在这个过程中，知识及知识生产者走向了对于权力甚至是世俗的依附。正如苗力田先生所说，中国哲学与中国文化的特点是“重现世、尚事功，学以致用”，明显区别于西方“重超越、尚思辨，学以致知”的知识和文化传统。② 而崇尚纯粹思辨，为知识而知识，而非在乎功用，这也是西方学术、学者和大学具备更大的自主性，能够相对

---

① 陈理宣，林海亮 . 中西知识观的差异及其对教育的启示［J］. 学术探索，2011（4）：130–135.

② 赵林 . 西方哲学史讲演录［M］. 北京：高等教育出版社，2009：26.

脱离世俗控制的一个内源性因素。反过来说，追求知识之用的传统则使知识、知识制度化的大学，以及从事学术职业的知识分子依附于知识的使用者或服务者，这是我国大学产生依附性的内在原因。总之，大学的移植性和学以致用的知识传统决定了我国现代大学从一开始就缺乏独立发展的意识和能力。或许正是基于此，我国大学在重大基础科学或学科及关键核心技术方面，面临着难以实现从“零”到“一”取得突破的窘境。显然，过于追求现实、现世效应，不能根据科学原则进行学术研究，不仅科学创新无法实现，大学更是无法挺直腰杆、独立办学，如此就陷入了某个“怪圈”。当然，以辩证的、发展的思维来看，我国传统的知识观和思维方式在当前时代背景下，也正表现出自身独特的价值，包括对人内在精神的关注、对人与自然及客观世界间统一性关系的关注等，都有助于启发当代大学加强育人的本质使命和以人为本、以协同共生为导向的新治理，从而成为同世界建立平等对话关系的重要凭据。

（二）功利性学术取向决定着我国大学的依附性

归根结底，大学主要是教师组建而成的共同体，教师的学术职业行为是大学内涵、角色、功能与价值的最终表现。反过来说，教师的思维、行为和精神气质等又塑造着大学。因此，大学对权力、利益的依附，对知识之现世价值的追逐，最终表现在教师的教学与研究上。大学能否摆脱依附性办学的窠臼，从根本上说，也有赖于教师的独立意识和独立能力。从理想的角度而言，大学教师作为社会主要的知识分子群体，应具有独特的群体性格，即“独立之精神、自由之思想”，这是从事学术研究所必须恪守的原则，唯有如此，才能确保大学学术摆脱狭隘的价值观的控制，大学教师也才能以中立的、客观的、科学的态度与方法不断推进学术创新，并以学术和真理为公器，履行国家和人民赋予的使命与职责。

但在当下，大学教师普遍缺乏真正的理想型知识分子特质，在独立性与依附性之间表现出明显的摇摆性。一方面，相当部分的大学教师积极呼吁学术自由、学术自主及参与大学治理的权利，尤其是学界就我国大学治理中的“行政化”问题历来表现出普遍而强烈的批判精神，表现出对学术自由和自治及学者独立人格的吁求和珍视；[①] 对大学在走向社会的过程中出现的市场化、产业化、企业化办学模式及功利化倾向，很多学者也历来着墨甚多，表现出

---

① 王长乐. 我们应该怎么对待大学行政化［J］. 大学教育科学，2005（6）：28–31.

深深的忧思；[①]即使是在应用型高校明确成为多元化高等教育体系的重要构成的背景下，学界仍对于学术资本转化存疑，认为要警惕学术资本主义对大学精神和学术独立、学术创新的侵害。[②]但另一方面，大学教师在具体的学术生活中又表现出了对功利的热衷。例如，“学而优则仕”现象在我国大学十分普遍，教师作为学者热衷于权力；同时，部分大学教师投入学术创业，“知识创收”成为大学教师群体的新文化样态，甚至出现知名科学家兴办企业而陷入经济纠纷的极端事件。当然，大学教师对功利的热衷与追逐背后，存在复杂的历史性、现实性、制度性和文化性原因，如“学而优则仕”作为一种根深蒂固的文化传统、经济社会整体改革中市场化成为人的思维与行动方式、创新创业和学术资本转化越来越成为新的大学办学模式、项目或经费等成为大学评价体系中的重要量化指标等问题，都会在不同层面形塑着大学教师的价值观与行为。此外，在这个消费主义社会，大学教师薪酬和福利水平显然直接关系到教师的生活质量乃至世俗中的尊严，因而不同形式的学术创收也就成为部分教师的选择。总之，无论是现实使然，还是历史的后遗症，都在不同程度上影响着我国大学教师的价值取向，学术职业的依附偏向必然会影响到教师应有的大众立场、科学精神等，这又会成为大学世俗化甚至庸俗化的根本原因。

学生是大学核心主体，是大学文化建构的主要力量，广泛而深刻地影响着大学的学术发展。尤其是研究生，其学习和研究取向构成了大学学术生态的重要组成部分。研究发现，研究生的入学动机、学习目标，以及专业选择、就业期望等在较大程度上是偏离知识取向的，实用性、功利性特征反映了普遍的大学生学业生态。当然，在大众化和普及化阶段，生源的多样化及政府对毕业生就业指标的高度重视共同决定了大学教学及学生学业生态不可能保持纯粹的学术取向，但同样不可否认的是，学生对功利标准的追求反映着大学办学的依附性。

结语

综上所述，我国大学在组织发展赖以为基的知识积淀上的匮乏，和学以致用而缺乏穷理尽性精神的知识传统，在内源上导致了大学独立发展能力相

---

① 赵婷婷．大学市场化趋势与大学精神的传承［J］．高等教育研究（武昌），2001（5）：1-6.

② 潘发勤．全球知识经济背景下的学术资本主义——《学术资本主义》读后［J］．北京大学教育评论，2009（4）：180-186.

对不足。大学走向依附性办学，是我国大学知识创新能力与高质量智力服务能力较弱、治理体系产生诸多弊端的主要原因之一。外部制度环境如以权力为基础的规制体系、以利益为手段的激励制约机制等都是造成大学办学依附性的重要缘由，同时，大学自身对功利标准的主动迎合也是一个较为普遍的现象，可以说，依附性在一定程度上成为当前部分大学的“群体镜像”。显然，相对于外部因素，大学的依附性格更是阻碍大学独立创新发展的关键因素，因而也是大学走向有效治理所必须面对的关键问题。因此，我国要实现大学有效治理，既需要改善政府等外部治理主体的治理模式，为大学独立、创新发展创设适宜的环境，同时也需要改进大学内部治理结构，增强大学的独立意识和自主发展能力，以使其能够更好地运用办学自主权，成为知识创新和服务经济社会发展的堡垒，这又是大学能够与外部力量进行博弈从而维护自身独立性及相关权利的根本基础。强化我国大学独立意识和自主发展能力的当务之急，依旧是改善府学关系，而其关键在于改变与已有资源或利益配置一体化的大学评价模式。我国大学的依附性从根本上说是依附于权力和资源，而长期以来政府实施的评价太过追求其激励的约束作用，通过评价的导向机制将高校引入了完全绩效竞争和工具主义思维的办学模式之中，归根结底这是一种依附于外力的发展方式，大学因此失去了自我；其次是大学文化的建构，即重建大学以智识和人文为基底的价值与生活系统，因为大学及大学人唯有回到智识生活之中，以学术创造为天职，其专业及职业价值才能彰显，才能为自身立法，也才能在与外部主体的交往中获得基于知识或专业的平等对话权；同时，大学只有回到以育人为鹄的教育世界，这一独特价值才能为大学独立奠定合法性根基。毋庸置疑，要改变大学的依附性，需要各利益相关主体在共同的反思中实现理性的自觉，而这必然是一个长期的、艰难的进程。

第三节　负向文化样态制约大学学术发展与制度革新

任何一个组织，既是一个机体意义上的存在，也是一个文化意义上的存在。文化既是组织存在、演化和发展的产物，同时也是塑造组织、促使组织发生变化的重要机制。组织的发展离不开文化建构，组织治理同样要以文化建构为主要基础。大学作为学术组织，从普遍意义上而言，需要经由文化的建构、提升和改进来实现大学组织进化；从大学作为具有重要文化功能的学术组织的特殊性而言，尤其需要重视以建构科学化、理性化、专业化、人文化的大学文化为基础，为大学学术创新提供适宜的文化环境和动力机制；从社会学新制度主义理论中关于文化与制度的关系而言，现代大学制度建设或大学治理现代化本身就是一个构建适宜大学文化的过程。从我国大学文化生态来看，尽管随着现代大学制度的持续探索，我国大学普遍建立了以知识与育人为中心的文化认知体系，但不容否认的是，某些负向文化样态的存在作为一种深层影响因素，阻碍着我国大学制度改革，束缚着大学发展和创新活力。因此，我国大学有效治理必须强化文化治理，通过建构良好的文化生态，推动高水平大学建设，而这要求把握大学里的负向文化样态及其本质和作业机理。

一、官僚制组织文化侵害大学学术本位之根本逻辑

大学文化是一种以尊重知识发展规律为基础的独特组织文化。大学之所以强调大学自治和学术自由、学术中立及教授治校，根本上是由于大学知识生产和创新需要与之相适应的文化环境。因此，大学的理想文化是一种自由的、独立的、包容的、民主的文化，反映在大学教师群体性格上，就是“独立之精神，自由之思想”，就是以学术为志业的理想、信念、价值观和相应的行为方式，大学以此为根据来优化组织结构、建立制度体系等，建构以促进教师学术创新及价值实现为特质的物质文化、制度文化等。我国大学是一个典型的科层组织，权力与规制构成了我国大学组织的核心要素和职能，规训化、依附化则构成了大学基本的文化性格，尤其是在特定的制度和文化传统环境下，呈现出典型的官僚制文化特征。

我国社会历来就有着深厚的官本位传统，并深刻体现在教育上。西汉贾谊有云：“教者，政之本也……有教，然后政治也。”这种“重教”思想表露了强烈的官本位诉求。如果说为政而教（学）在科举时代之前还仅属于少数精英群体的追求，那么，科举制则将“学而优则仕”的官本位观念推向普罗大众。官本位思想至今在我国仍大行其道。中国人重教求学，其目的往往是“金榜题名”“光宗耀祖”，即所谓“学而优则仕”。官本位意识产生于等级森严的封建社会，但并没有随着封建制度的灭亡而寿终正寝，而是深植于老百姓的思想观念之中。[①]大学是知识分子云集的场所，教师怀有以学术为手段服务于国家、服务于政治，以及以学术为基础转而从政，即“学而优则仕”的

① 张继明，邓岳敏.功利主义大众教育思想及其对中国高等教育大众化的影响［J］.中国地质大学学报（社会科学版），2006，6（3）：62-65.

传统思想[①]，而学生通过接受高等教育进入政府、事业单位及国有企业工作的观念也十分普遍，这在一定程度上表明我国大学本身就具有深厚的官本位土壤。这不仅为科层制模式下行政化问题的滋生和蔓延提供了条件，还与大学科层体系中的行政本位和规训主义相互强化，导致并不断加剧大学的官僚化趋向。

大学官僚制强调以权力为基础构建大学管理体系；权力支配者在从事管理过程中，具有强烈的长官意志，个人的价值立场、管理经验甚至利益关切都被置于优先地位，民主参与管理的空间相对较小，基层组织的意志常常得不到应有的尊重，科学管理常常要让位于个人的经验管理；但权力运行过程中，管理者又强调等级和身份，缺乏深入基层和进行充分调查研究的主动性、专业性，并通过权力督促、下属管理职能部门执行指令等方式推进顶层设计，从而形成了脱离基层、案牍主义及痕迹主义等问题。大学官僚主义的主要弊端有三：其一是违背了学术发展规律和学术治理的基本准则，阻碍了学术创新；其二是组织管理效率低下，行政运行成本较高；其三是造成了大学内部行政管理群体与广大师生之间、校级管理机构与基层教学科研机构之间的分离与对立，损害了大学的民主文化、共同体文化。总之，大学官僚制组织文化是一种等级性、控制性文化，与学术本位的大学发展与治理逻辑是相左的，成为大学创新发展的根本阻碍。因此，大学有效治理的实现必须以“去行政化”为切入点和着力点，破除大学官僚制文化的基础，重建学术本位的大学组织结构和权力秩序，呵护学术主体的尊严和权利，从而建构现代化大学文化。

二、功利主义文化消解大学的学术责任和家国情怀

在日常话语中，“功利主义”一般作为一个贬义词，是指片面追求物质上的满足而忽视、放弃道义标准和精神成长，并且为实现物质化目标而在方法上缺乏科学、负责、公平的态度和应有的责任感。但功利主义还是一个道德和政治哲学概念，其基本立场是：任何行为、立法和公共政策的最终判定标准，是其实行之后可能达到的功利水平。换言之，凡是能够最大限度地促进

① 在很多时候，知识分子从政的目的在于推行其治国理念，这与学而优则仕是相反的逻辑，但二者殊途同归，都是追求知识在国家治理、社会治理中的应用价值，一方面，这在很大程度上反映了我国知识分子的国家意识和社会责任，但另一方面，政治或权力最终可能也会沦为一部分人包括知识分子谋取私利的工具。后者正是本书要批判的大学官僚主义的重要特征。

最大功利之发生的行为，就是一个善的行为；反之，则是失当的行为。功利主义注重结果，而不是一味依赖形而上学命题，在很大程度上可以回避规范性理论所面临的难题；同时，作为一种务实的理论，功利主义较少受习俗和教条的束缚，表现出乐于社会改革和进步的倾向。[①] 可以说，“功利”具有一定的进取之义。但功利主义也面临着批评，例如，过度强调利益导向而缺乏对人的尊重，将人当成手段而非目的，同时试图对幸福或福利进行量化计算而忽视其个性化和多样化。显然，在哲学意义上功利主义遭到批评的理论特征与日常话语中的功利主义有着一致之处。本书所批判的大学功利主义是指大学过度追求物化的指标，如各类资源、项目的获得及经费投入等，而与此同时却忽视其追求真理、教书育人、引领和塑造社会先进文化之天职。

大学功利主义文化的滋生和发展同样与所处环境有着深刻联系。其一，基于资源依赖的资源竞争导致大学将资源获得作为办学目标。如前文所述，大学是典型的资源依赖型组织，但我国大学的资源供给者相对单一，政府无法充分满足所有大学的资源需求，因而在“重点建设”模式下大学展开了激烈的资源竞争。在竞争中，资源的战略地位不断被强化，而大学的资源数量逐渐被赋予了等同于办学质量的含义，强化了大学获取资源的竞争意识并导致出现零和博弈或非理性竞争，甚至发生市场性“囚徒困境”，即市场主体为追求利益最大化而向外转嫁成本或损失。[②] 其二，以绩效评价、审计问责为中心的大学评价与治理模式强化了大学办学的绩效导向而忽视了办学过程，忽视了内涵和过程性质量。作为大学资源的主要供给者，政府为提高资源利用效率和大学办学水平，通过评估和问责来激励大学增加产出。大学为了达到政府评价标准并获得评价排位优势，普遍采取成果导向的管理方式，以提高产出水平，而这就导致部分大学忽视办学过程中的组织创新、结构优化和治理能力现代化建设等，而采取量化评价、利益驱动、问责激励等方式，引导院系采取加大时间和资源投入、扩大生产规模、增强工作强度等发展和管理手段，显然这与质量导向的内涵式发展相去甚远。当然，在严苛的绩效导向之下，教师个人要实现升职、晋升等，也必然要服从于绩效量化考核，从而出现唯论文、唯项目、唯经费等职业行为。其三，消费主义价值观导致大学教职员工追求物质富足而淡化精神丰盈，并为达到物质目的而采取有违于教

① 刘雪梅，顾肃.功利主义的理论优势及其在当代的新发展［J］.学术月刊，2007，39（8）：45–50.

② 朱富强.逐利行为、市场外部性与社会困局：市场主体的有限理性及其问题［J］.当代经济管理，2019，41（1）：1–10.

书育人使命的手段，甚至是违法违规违章，使大学内部竞争异化为利益之争，大学斯文尽失。

功利主义者不仅对物化指标具有极大热情而忽视精神追求，还讲求利益的实在性、即时性，忽视长远目标及科学规划的价值，是急功近利的。在这种实利主义观影响下，大学与师生少了“为天地立心，为生民立命，为往圣继绝学，为万世开太平”的情怀、高度和使命感，而凸显“理性人”“经济人”之角色。狭隘的功利主义者，其“狭隘”之处还体现在鲜明的个人主义、利己主义思想上，把所从事的教育事业、学术职业或学习仅仅视作谋生之计，沉迷于当下的欲望，缺乏面向未来、面向世界的视野和可持续发展的智慧。这种狭隘的功利主义导致大学充斥着市井化甚至市侩化的氛围，腐蚀着大学超拔、濯然的精神气质。文化本身是大学组织进化和功能发挥的动力机制，但在功利主义文化影响下，大学发展和知识创新的使命感式微，服务于国家建设和大众福祉的责任感淡化，作为“国之重器”应具备的家国情怀日渐稀薄。同时，革新制度与传统而追求治理体系，也会导致治理能力现代化的主动性尽失。显然，狭隘乃至极端的功利主义必将束缚大学的学术创新和智力服务的能力与质量。

三、熟人社会文化有违于大学治理现代化的向度与精神

大学既具有引领和塑造社会文化的职能，又不可避免地深受社会文化影响，表现出与所处社会一致的文化特质。例如，在美国，实用主义文化精神给大众教育思想打上了深刻的实用主义烙印。在实用主义大众教育思想的主导下，大学的培养目标指向社会所需的技术性专门人才，大学被看作多功能的社会服务站。美国社区学院的发展，正是其实用主义文化和实用性课程改革相结合的产物。在美国高等教育发展史上，“威斯康星思想”、艾略特哈佛课程改革的发生等无一不受到实用主义文化传统的推动。在英国，绅士文化集中体现了社会文化价值观和民族精神的特征。受此影响，从国家意志的体现者到普通民众，绅士教育思想在英国具有普遍的群众基础。[①] 阿什比曾明确指出：“英国人对课程的改革不像美国人那么感兴趣。原因很多，最突出的是：我们对科学的崇拜，从来不及对纽曼、乔义特和柏蒂森等 19 世纪牛津大

① 张继明，邓岳敏.功利主义大众教育思想及其对中国高等教育大众化的影响［J］.中国地质大学学报（社会科学版），2006，6（3）：62-65.

学人文主义者影响的崇拜。”[①]这就决定了英国大学尤其是老牌大学的导师制、书院制及课程与教学等都具有根深蒂固的人文教育特征。

我国是一个典型的熟人社会或人情社会，其典型特征表现为社会的组织与管理以血缘或亲情关系为依据，以宗法礼教和传统权威为手段。熟人社会组织既通过各种规章要求来维系等级化的秩序，同时隐性的规范规则又在实际上主导着组织运行，并形成了不同的利益团体。[②]在具体运行上，熟人社会强调人情厚薄、关系近疏在权力、资源和利益分配中的调节作用，从而导致圈子利益和圈子文化及不同圈子之间的权力或利益之争，派系化和人治化成为熟人社会的重要特征。在此过程中，大量“潜规则”被制造出来并得以广泛运用，正所谓“熟人好办事”，而公共目标、集体利益和民主议事规则常常得不到尊重。现代社会组织则强调正式化、制度化、规范化，直至民主化、科学化及法治化，要求建立完善的体制机制，借以明确组织内部各利益相关主体的权、责、利及其相互关系，以此为依据实施组织管理。显然，熟人社会不符合现代组织科学、管理科学及其在实践上的现代化要求。尽管在现代化进程中，我国社会的熟人文化特征渐趋稀薄，但在诸多领域依旧能看到这种文化传统的影子，甚至依旧深刻影响着社会的运行。

现代化是我国教育治理的重要方向，但不可否认的是，我国大学在专业化、科学化、民主化及法治化等不同维度上尚存有诸多问题。例如，大学法人地位并不牢固，经验管理仍十分盛行，学术权力和民主权利相对式微，教育法规的软法性质依旧阻碍着依法治教。在此背景下，熟人社会文化势必会对大学治理带来侵扰。具体来说，“面子”“人情”阻碍章程实施，“潜规则”损害程序正义；人治传统与行政化、官僚化相互强化，压制学术创新。“‘科层—熟人’混合管理模式的实质是行政不正义，导致大学学术生态承受沉重的行政负载。”[③]个人主义、实利主义伤害大学公共精神。此外，熟人文化总体上是一种内向型、保守型文化，这与现代大学的开放性要求不相适应，不利于大学的社会化和国际化发展。无疑，大学的熟人社会文化与大学的组织属性及其逻辑要求是背道而驰的，与大学治理现代化的基本向度和精神是相互冲突的，严重阻碍了我国大学的现代化转向和大学办学能力的提升。因

---

① 张应强．文化视野中的高等教育［M］．南京：南京师范大学出版社，1999：96.

② 王尚银，康志亮．中国熟人社会的“类社会资本”：关于中国传统社会社会资本储量的考究［J］．社会科学战线，2012（1）：165-170.

③ 李思思，李莎莎．治理视野下大学“科层—熟人”混合管理模式的透视及制度应对［J］．高教探索，2021（4）：41-47.

此，我国大学在治理模式改革中，要重视熟人社会文化作为大学文化中的普遍存在及其负面影响，在探清其作用机理的基础上进行有针对性的治理，促使我国大学发展及其治理体现民主化、科学化、法治化和人本化等现代治理精神。

四、单位制下的“工作生活共同体”文化遮蔽大学的专业性

大学是一个专业组织，即大学在正确认识和把握人才成长规律、知识发展规律、社会发展规律及高等教育内外部关系规律的基础上，开展专门的人才培养、科学研究和社会服务等活动；以教师为核心的大学相关主体都经过了严格的、专门的知识与技能训练，作为专业技术人员能够准确地把握上述复杂规律，据此采取有效的生产和管理方式，从而确保大学有效发挥功能，最终实现大学的组织目标。大学知识活动的高度复杂性和大学人的高度专业性，决定了大学在以知识生产为载体的一系列专门活动中具有一定的垄断性。大学从事专业活动是以自身的专业性为基础的，因而大学必须保持这种专业能力，并主动维持和提升从事专业活动的投入与质量。大学的专业性及由此获得的国家与社会投入，共同要求大学以专业化的生产与服务来实现知识进步和社会发展的双重价值。从这个角度来说，专业性、专业精神及基于专业性的责任构成了大学文化的基本要素，但大学的这种文化特质在我国特殊的文化背景下，面临着一定的打击。

在我国，大学被定义为具有特殊职责的“单位”。当然，从本义上讲，单位是指机关、团体或其所属的部门，但在政治学或社会学意义上，此处之“单位”是社会的基层组织形式，是一个兼具组织生产、利益分配和进行公共生活的功能统一体。在单位制下，党和国家权力借助单位来向社会基层延伸，通过单位开展组织生活、动员与教育、决策与规范等实现全面的社会治理。单位中执行国家意志的行政组织对以专业分工为组织基础的基层生产机构实施管理，政治性原则和行政权力在单位中占有举足轻重的地位。正如有学者所指出，在单位体制下，“一切微观社会组织都是单位，控制和调节整个社会运转的中枢系统由与党的组织系统密切结合的行政组织构成”。[①] 单位制不仅适应了科层化的管理秩序，还为权力实施提供了更大空间，进一步强化了科层化。同时在单位制的管理机制上，人际关系、伦理义务等“关系性交换原则”发挥着重要作用，甚至在局部范围内取代了科层管理所依赖的规范体系，

---

① 路风. 单位：一种特殊的社会组织形式［J］. 中国社会科学，1989（1）：71–88.

这实际上进一步强化了单位的熟人文化。在其他具体职能上，单位还负责职工的生活事项，如住房、子女教育、保险、退休养老甚至婚嫁等，成为一个“具有正式社会功能的工作生活共同体”①。在市场体制下，尽管严格意义上的“单位”制正走向瓦解，单位员工的非专业性事项逐渐走向社会化、市场化，但根深蒂固的单位制文化仍深刻影响着现代组织的运行与管理；单位对员工的生产生活提供着全面服务，单位的这种自给性决定了其具有一定的封闭性，缺乏充分的开放性和创新性需求，而且在相对固定的圈子里，熟人化、关系化原则发挥着较大作用。目前我国大学作为传统体制下的事业单位，仍有着显著的单位制特征。

在大学运行与管理的单位制模式或单位制文化下，大学的官僚制文化、熟人社会文化得到进一步强化，侵蚀着大学学术本位的内在逻辑和以法治化和程序公正为重要标志的现代化取向。而且，“工作生活共同体”运行管理模式背离了社会分工和市场原则，不仅不利于大学组织及现代大学制度的开放性要求，更消解了大学基于社会分工的劳动或专业组织的性质和功能，即大学和教师基于人与知识二元价值观的角色与使命观、专业与教育理想也被消解或扭曲。从本质上讲，非专业角色遮蔽了大学作为学术组织的属性，使其成为一个“去专业化”的“泛功能体”。当大学的专业性被遏制，作为专业组织的专业活动就会被赋予过多专业之外的职能或期望，大学的专业能力和专业价值则失去了可能的基础，单位制的运行实践造成高校组织的职能泛化、形象损伤、专业性职能削弱、师生关系撕裂等不良后果。②

结语

大学是一个典型的价值共同体，尊重和遵循价值理性既是大学的重要个性表现，同时也是确保大学主动践行知识与社会使命的文化基础。但由于官僚制、功利主义、熟人社会规则的盛行及单位制下大学的“泛功能体化”，价值理性在大学里不具备充足空间，甚至大学里充溢着工具理性主义：大学管理者过度追求物化指标，以此作为校内资源配置和管理决策的依据，使得大学人格培育、追求真理和传承创新文化的责任持续弱化；教师在迎合物化评

---

① 赵炬明.精英主义与单位制度——对中国大学组织与管理的案例研究［J］.北京大学教育评论，2006（1）：173-191.

② 戚务念.就业率统计制度执行与高校单位制延续［J］.四川师范大学学报（社会科学版），2015，42（3）：87-93.

价制度中，价值取向呈现显著的实利性特征，学生将求学视作职业准备，沉迷于追求各种谋生技能。在工具理性文化影响下，大学和大学人愈发失去了对教育和学术使命的信仰、对人生命和生活幸福的关怀及对精神与道德高尚的关切，这使大学逐渐失去了作为学术堡垒及文化灯塔的丰裕、高远和超越。批判理论指出，工具理性使人陷入了一个自我奴役的世界，成为发达工业文明中“以一种物而存在的纯粹形式的奴隶”。[①] 从社会学新制度主义的角度来看，异化的大学文化实际上造成大学制度的危机，并导致制度改革举步维艰，去行政化之难、教授治校之难、权力分界之难、教学创新之难、办学模式转型之难等一系列困境，其背后都有着文化阻遏的渊源。所以，我国大学的有效治理必然要求加强文化治理、建构大学新文化。

第四节　大学主要治理主体专业化治理能力的匮乏

实质上，大学有效治理就是大学治理体系与治理能力的现代化，只不过前者更加侧重治理的成效，即从我国大学改革发展及其治理过程中的问题出发，进行有针对性的设计。大学有效治理的设计需要从治理体系和治理能力两个基本维度出发，但在当前的高等教育管理体制环境下，大学治理体系已经相对稳定，或者说，大幅度的结构调整可能性较小，因而大学有效治理的主要着力点在于增强治理能力。从当下我国大学治理的实践来看，大学治理能力即各利益相关主体的治理能力所显出的不足，不仅限制了治理体系的功能发挥，致使体制优势难以充分体现，更直接限制了大学的深化改革和创新发展。

一、大学治理能力的含义阐释

大学的发展直接受制于大学治理能力。所谓大学治理能力，就是指大学各治理主体在理性认识大学组织属性、运行逻辑及其管理要求，进而作出管理决策并采取有效管理行动的过程中所表现出来的能力。大学治理能力建设即各主体不断学习和提高参与办学治校、实施管理及提供服务的能力。治理的本义之一就是利益相关主体共同参与组织决策与管理，打破传统的单一性

---

① 赫伯特·马尔库塞.单向度的人：发达工业社会意识形态研究［M］.刘继，译.上海：上海译文出版社，1989：32.

权力结构。大学是典型的利益相关者组织，大学的决策必须权衡和兼顾各方利益相关者的利益诉求。[①]尤其是对于当代大学而言，组织的社会化与开放性特征空前凸显，其利益相关主体更加趋于多样化和复杂化，大学因而背负着更加多元、繁重的职责和使命。大学治理能力就是大学各利益相关主体或大学治理主体对大学运行规律的认识和把握能力，是对各自在大学治理中的代理机构、所处职位或岗位要求的理解和执行能力，是关于参与治理方式的选择能力和决策与管理能力本身，大学运行过程的科学性与结果的高效性是大学治理能力的最终反映。

具体来说，其一，大学作为一个特殊的社会机构，无论是内部运行还是其与外部环境间的交通互联，无论是知识创新与管理，还是依据社会或市场需求开展智力服务，都有着独特而复杂的逻辑，在尊重这个逻辑的基础上实施办学和管理，是大学有效治理的根本前提。从根本上说，大学在发展中面临诸多困境，以及发生治理失灵现象，都是由于行动本身不符合大学的组织逻辑。其二，大学作为一个复杂系统，由不同的内部机构、岗位、职位及相应主体构成，各要素间存在相互交错的责权利关系；各主体在各自履行权责的基础上，通过协同来完成共同的组织任务，但无论是每个主体能否正确认识和把握自身的行动逻辑，还是主体间能否实现有效协作，避免关系错乱，都取决于理性认识能力和行动执行效力，都是复杂的专业化过程，而并非简单的程式化活动。例如，基层教学与科研机构的管理者，既要深谙专业发展规律，包括学术规律和教学规律，还要精通治理要义，将学术治理规范与组织管理科学、具体的组织文化结合起来；学校规划部门则不仅要准确理解学校发展定位和未来愿景，还要全面把握学校学科基础、人才队伍状况等，综合考量各项因素，进而做出专业化的发展方案；大学总体目标的实现，需要包括学校规划部门等在内的各管理机构和基层学术组织之间搁置争议，形成合作关系，达成共识。其三，大学各治理主体之间只有建立了对话协商机制，各自诉求得以相互理解，共识才可能达成，但这不是一个自然而然的生发过程，而是一个充满博弈的过程，正因如此，善治才成为治理的目标。善治就是以利益相互让渡为条件，即谋求公共利益最大化[②]，避免在以私利为取向的过度竞争中反而造成利益损失，并陷入囚徒困境和集体非理性之中。可见，大学在走向社会中心的过程中，相关利益主体的日益多元化既是大学不断增

① 李福华 . 利益相关者理论与大学管理体制创新［J］. 教育研究，2007（7）：36–39.

② 于伟，李天博 . 公民社会之与善治［J］. 前沿，2008（7）：67–69.

值的表现，也是大学治理越来越复杂、治理难度越来越大的主要原因，而多元治理的实施和各主体间的矛盾及其协调本身又构成大学不断演化和创新发展的根本动力。因此，大学各主体在博弈中握手言和、扩大利益公约数，是一个专业化的考量与选择过程，是一个能力的现代化建设过程，是达成大学有效治理的关键。

总之，大学治理能力即各主体的治理能力及其总和。当然，此能力的相加是一个有机的“耦合化”过程，而非无序堆砌和简单累积。正是从这个意义上说，大学治理体系是各治理主体、治理环节、治理过程的复杂要素的有机融合。高质量的大学治理体系又成为大学形成治理能力并不断增强和发展治理能力的基础，本书强调大学治理能力建设，是建立在大学治理结构、治理体系的相对优化基础之上的，治理体系和治理能力是高等教育治理的两个主要构成要素，具有各自不同的内涵，但二者高度相关、相辅相成。[①]换言之，我国大学治理要以中国特色治理体系为基础，将治理特色切实转化为治理能力，提高治理效能。

二、大学的主要治理主体及其职责

（一）大学治理主体呈现显著的多元化特征

当代大学已经进化为一个复杂的社会机构。德里克·博克指出，大学不再是一块无声无息的土地，不对外部世界产生多少直接影响，而是凭其庞大的学生数、众多的教职工和拥有大量资源，已经成为国家的重要机构。[②]就大学内部而言，阿特巴赫指出：“大学不是一个整齐划一的机构，而是一个拥有一定自治权的各种团体组成的社会。”[③]可见，大学已经成为一个典型的多元利益相关者组织。各利益相关者在大学中的地位和职责是不同的，哈佛大学亨利·罗索夫斯基将大学利益相关者分为四个层级，其中教师、学生和行政主管作为第一层，是大学最核心的利益相关者，董事、校友和捐赠者为第二层，政府和议会为第三层，第四层为边缘层，包括群众和媒体等，为次要利

---

① 别敦荣.治理体系和治理能力现代化与高等教育现代化的关系［J］.中国高教研究，2015（1）：29-33.

② 德里克·博克.走出象牙塔：现代大学的社会责任［M］.徐小洲，陈军，译.杭州：浙江教育出版社，2001：7.

③ 菲利普·G.阿特巴赫.比较高等教育：知识、大学与发展［M］.人民教育出版社教育室，译.北京：人民教育出版社，2001：5.

益相关者。[①] 罗索夫斯基的分层是与美国大学制度特征相一致的。在我国体制环境下，有学者认为，政府、大学高级行政管理人员、教师和学生是权威的利益相关者，而校友、捐赠者和立法机构是潜在的利益相关者，市民、媒体、企业界、银行等是第三层利益相关者。[②] 以上分析表明，大学管理模式改革的方向之一在于多元利益相关者共同参与管理过程。只是在今天，或许大学的利益相关者层级需要重新划定，随着大学组织的持续演变及其与经济社会间关系的显著变化，校友、媒体、产业界等对大学的影响正变得愈来愈大。当然，受根本体制因素影响，政府在治理中的主导者角色依旧是不言而喻的。

（二）现实中我国大学治理主体的三个基本层级

基于我国特殊的大学管理体制及当前高等教育政策、发展规划等，政府及其教育主管部门、大学高级行政管理团队（主要包括大学书记和校长等校级领导、核心管理部门负责人）、基层学术组织如二级院系及重要科研平台的负责人，在事实上扮演着大学核心利益相关者角色，影响着大学发展质量。大学学术委员会、大学教授群体、学生群体虽然目前尚未发挥出实质性作用，但将随着大学内部治理结构的优化而逐渐承担重要治理职责，尤其是在学术治理等领域发挥主导者作用。值得强调的是，在知识生产由“模式 1”向“模式 2”“模式 3”演进过程中，我国大学与经济社会发展之间建立了日益密切的联系，服务经济社会发展成为大学的重要职责，诸如产教融合、校企合作、产学研一体化等政策或战略的全面实施，行业组织、企业及第三方组织以不同方式参与大学办学及其管理过程，其治理主体的角色与职责因此而不断凸显。综上，大学利益相关者在大学治理过程中扮演着不同角色，治理权及其治理空间有所不同，治理范畴和治理方式当然也有所差异，总体来说，我国大学治理主体分为三个层类：其一，当下大学管理模式中的“管理者”仍将在未来大学治理中处于核心地位，拥有更大、更直接的治理权，甚至起到主导性作用；其二，学术群体或学术管理组织是应然状态下的治理结构中心，但目前缺乏充分的权力空间，是潜在的核心治理主体；其三，行业、企事业和第三部门等社会主体则是在特定层类高校或特定办学领域发挥重要作用的

① 亨利·罗索夫斯基.美国校园文化：学生、教授、管理［M］.谢宗仙，周灵芝，马宝兰，译.济南：山东人民出版社，1996：5-6.

② 胡赤弟.高等教育中的利益相关者分析［J］.教育研究，2005（3）：38-46.

治理主体，但其要发挥实质作用，需要通过内部治理主体的主动性合作和有效转化，尤其是要受到传统管理主体的约束。

（三）大学治理主体在治理过程中的基本权责

在当下之现实中，三类大学治理主体的权能实际上存在差异，职责当然亦有所不同。具体来说：

第一，作为传统管理者的治理主体之权责。在高度集中的大学管理体制下，传统的管理者拥有最大、最直接的大学治理权。其中，政府及其教育行政部门通过资源分配、院校评估、政策制定等方式在宏观上决定着大学发展的方向，以及改革的方式，乃至变革和创新的空间。从某种意义上说，我国高等教育发展质量取决于政府的投入与治理能力。在大学内部，大学校级领导负有执行国家政策的责任，但对于宏观的政策、规划和制度，大学往往有着不同理解，也就意味着大学具备一定的自主空间。研究表明，随着政府主动改变大学治理方式，如持续下放行政审批权等，大学拥有了越来越多的自主权。[①] 因此，在大学内部，校级管理者居于“金字塔”式权力结构的顶端，拥有最大的决策权，通过内部资源配置、顶层设计、院系评估等全面影响大学的办学过程，决定着大学的内部文化。可以说，一所大学如何在改革创新中培植核心竞争力，在激烈的院校竞争中占据优势，往往取决于学校主要管理者队伍的治校能力。校内职能部门一方面向校级权力负责，另一方面面向基层执行学校决策，在各自负责的领域有着一定的规划权和自主权，也意味着对基层具有一定的支配权，是故中层治理能力在大学治理能力体系中不可忽视。院系等基层教学科研组织是大学实际的生产与功能单位，院系负责人如院长、系主任等是否具备足够的治理能力，在最终意义上决定着大学办学质量；而在大学组织及其内外部环境越来越复杂的条件下，在“学院办大学”的改革趋势下，院系负责人治理能力的意义就更加凸显。

第二，学术群体及其相关组织的治理权责。严格来说，大学的学术属性决定了大学内部学术群体及学术管理组织应在内部治理中发挥重要作用，并依据学术自治原则主导学术治理，决定学术发展。大学所有的角色与职能都是其学术功能的呈现和转化，大学的学科建设、科研发展、师资提升、学生

① 李国强．“管办评分离”进程中的高校外部质量保障体系建设［J］．中国高教研究，2016（1）：12-20.

管理、课程开发、教学改革、资源配置、学术评价等各环节，其运行和管理都应重视保障教师的参与权、建议权甚至主导权、决定权。在当代之语境下，那些表面上并非学术事务的领域，或者说现代大学管理模式下，职业化的行政运作如研制发展规划、制定预算方案、规划校园建设等，教师亦应以适当方式参与其中，即大学不仅要“教授治学”，还应“教授治校”。同时，作为大学最大群体和核心利益相关者的学生，也应该通过课程选择权、教学建构权、教师评价权等，在参与治校的同时，争取自身的合法权益。在“以学生为中心”之语境及改革中，学生参与治理越来越重要。从组织的角度来说，以学术委员会为代表的校院两级正式化、专门化学术管理机构，以及部分高校组织成立的教授委员会等，应各自以不同的方式实施学术治理，包括制定学术发展规划、评审学术项目、认定教师学术成果等。从理想的角度来说，大学的学术管理机构决定着学术发展的方向，建构着大学教学与科研文化，直接影响着大学学术创新水平，事关大学办学质量的根基。世界一流大学的一个普遍特征就是“学者治学”乃至治校的权力设计和制度建构十分周密，学术权力得到有效保障。

第三，相关社会机构的大学治理职责。大学面向社会或市场需求开展办学，为经济社会发展提供专业化服务，既是大学提升办学效益的必要策略，也是大学的社会责任，以回应政府及纳税人的投入与问责，当然也包括履行校地或校企合作协议的法定职责。在此过程中，行业机构及企事业组织的利益诉求必然要反映到大学的办学实践中，例如，产业发展变化及其对劳动力素养结构的要求必须反映到大学人才培养方案之中，包括人才培养的目标与定位、专业建设和课程开发及教学改革等，只有如此，才能培养出新产业、新科技所需要的新型劳动者。所以，在大学的专业认证、课程标准、教师发展、教学实训等环节，产业部门应参与其中，并依据协作需要承担必要的监督和管理职责，而政府和大学应建立相关制度和规范，为之提供正式和可行化的渠道。此外，诸如大学排行榜等社会化及商业化组织、第三部门等，对大学进行认定、评估、监督等，也是大学外部治理的重要内容。尤其是专业化的第三方评价，对大学的影响日益加大，甚至具有左右大学发展方向和战略重点的趋势，在大学治理中必须给予更多重视，以确保大学在办学中更加关注社会化的逻辑或诉求。而对于社会治理主体的治理能力，即有效协调自身利益诉求与大学组织要求间的矛盾，并在此基础上促进双方共同发展，需要进行理性的设计。

三、大学主要治理主体在治理实践中的局限性

我国大学治理的基本目标就是协调各利益相关者之间的利益和权力冲突，建立有效协作的权责和利益关系。如前文所述，在大学治理中，三个层级的治理主体各有其权责，各主体若能够各安其位、各司其职，则将促成治理目标的达成。但三个层级治理主体的权责能否在合理范畴内得到有效践行，考验着各主体的治理能力。从某种意义上说，各治理主体间权责范畴缺乏明确分界，尤其是权力的越位，是我国大学治理中长期存在的问题，也是现实中我国大学治理失灵的直接原因。这种权责的模糊化和权力的越位，反映的正是治理能力的不足。

（一）传统管理者治理能力的局限

传统的管理者仍在大学治理中扮演决策者和主导者角色，甚至其治理能力决定着整个大学治理的成败。首先，政府作为宏观治理结构的设计者，由于对高等教育及大学的组织属性、内在逻辑等常常存在基于特定立场的认知偏误，其管理和决策有时并不符合大学发展规律，政策和制度供给能力存在缺陷，包括在投入方面，或者由于本身的财政支出能力限制，或者由于对高等教育的特殊性及其社会价值缺乏清醒认识而财政投入有限，导致具有典型资源消耗性和依赖性特征的高等教育或大学缺乏充足的物质基础。其次，在大学内部，大学书记、校长等位居科层体系的顶端，负有顶层设计之责。但我国大学校级领导的任命权由政府掌握，政治素养作为遴选和任命的第一标准，强调政治素养当然是必须的，但相对来说，部分校级领导缺乏必要的教育家素养和学术素养。这就导致，一方面，其在向政府负责的工作模式中，更加强调政府意志在学校发展规划中的指导地位，甚至导致行政逻辑凌驾于教育规律和大学组织规律之上；另一方面，其在主持学校发展过程中又难以在充分观照教育逻辑、大学逻辑的基础上拿出更加专业化的治校方略。同样，作为执行者的中层管理部门，也习惯于以科层化的操作系统来发挥其职能，而专业化的管理服务能力不足。最后，与以上管理者不同，大学院系行政负责人虽同属传统的大学管理者群体，但往往是“专家出身”，且直接负责所在单位的学术发展与治理。如果说专门的行政管理主体对教育、学术发展规律缺乏科学认识和准确把握，那么院系负责人所存在的问题则体现在行政管理或服务能力上的不足，如在院系发展规划能力、复杂事务统筹能力、资源或经费筹措能力、教师职称评聘及资源分配中复杂关系的协调能力、社会化公共关系管

理能力等维度上的欠缺，使其无法适应院系发展对负责人的综合素养要求。

（二）学术群体及其相关组织治理能力的不足

理论上，以大学教师为中心的学术群体应在大学治理中发挥重要作用。但现实中，该群体并未真正和充分发挥其应有作用，一方面是由于在特殊的管理体制下，学术权力在大学治理结构中处于边缘位置，不具备主导学术治理和参与学校治理的空间，这是客观条件限制所造成的。但另一方面，不容否认的是，学术群体本身并不具备充分的治理能力。绝大部分教师是特定学科、专业及研究领域的专业技术人员，熟练掌握专业知识和技术，乃至占据着各自专业领域的前沿位置，但关于学科与专业建设、人才培养方案的制定、面向社会的专业服务、一所大学的整体学术规划等，大部分教师并未经过专门的管理素养训练；至于学校发展规划、预算方案制定、财务状况审查、相关公共关系处理等事务，绝大部分教师更是不具备基本的胜任能力。作为专门的学术管理组织，学术委员会、学位委员会和教学委员会等既由于在行政化管理模式下缺乏独立开展学术治理的空间，也由于本身缺乏严格有效的组织建设而不具备独立行使职权的能力，一般在大学治理中处于边缘化地位，或者依附于行政权力。例如，研究表明，当前大学学术委员会尽管受到空前重视，但实际上与传统的由行政部门牵头管理学术的职能区别不大。[①]学生群体是大学最直接、最核心的利益相关者之一，作为理所当然的大学治理主体，学生在课程、教学与教师的评价中发挥着越来越大的作用，但由于其自身成长阶段的局限性，并不能在教学治理、学校治理中发挥应有作用，甚至由于这种局限性导致了治理权的不当使用，如学生评教制度被越来越多地认为损害了教师教学自主权和教学文化，表明大学生不具备理想的治理能力。[②]总之，我们往往呼吁赋予学术群体及其相关组织以学术自治权，但实际上其并不具备充分的自治能力。

（三）社会化利益相关主体治理能力的匮乏

当代大学要高质量地履行社会服务职责，并充分吸纳社会化资源和智慧，

---

① 蔡国春.论高校学术委员会制度的建构与重构——基于学术权力独立性与统整性的考量［J］.高等教育研究，2019（1）：22–27.

② 李盼道，孟庆瑞.高校学生评教结果缘何失效——影响因素、逆向选择机制及其治理路径研究［J］.教育学报，2020，16（2）：85–96.

就必须尊重和兼顾社会逻辑，包括产业结构及其优化升级、劳动力素质结构及劳动力市场需求变化、新科技革命对知识生产模式变化的要求等，而这就需要社会各相关领域的组织或部门以适当方式介入大学治理。此外，有学者指出，引入社会参与治理机制还有利于突破行政中心主义桎梏。[①]还有学者也曾指出，大学治理体系和治理能力的现代化本质是指大学治理达至善治之状态，在这个过程中必须建立有效的社会参与体系，以市场或社会权力协调政府与大学权力的关系。[②]然而，社会化利益相关主体在参与大学办学与治理实践中，能否在大学逻辑与自身逻辑之间找寻到恰当的平衡点，决定着社会参与治理的效能状况。现实是，社会化主体的运行逻辑与大学逻辑之间存在着复杂的矛盾关系，而社会化主体往往难以在其间做出理性的选择，而且经常是以自身逻辑而否定大学的学术发展和教育教学规律。例如，一般来说，我们很难期望企业优先选择大学公共价值而放弃自身对经济利益的追逐，这既是产业化或市场化逻辑的必然展现，同时也反映了产业主体介入大学治理时的能力局限。再如，大学排行榜正越来越多地影响到大学办学导向，而大学排行机构在难以更加充分地收集大学发展信息且信息统计技术、教育评价技术存在诸多不足的情况下，尤其是当市场逻辑左右了大学排行，大学排行会对大学造成不正确的引导，使大学陷入非理性的指标化竞争中。事实上，这也正是评估主义时代我国大学治理中面临的一个亟待解决的现实问题。总之，社会参与大学治理反映了大学治理现代化的理想，但实际上社会化治理主体在治理取向和治理能力上存在天然的缺陷，需要通过理性的设计，如通过政策、法规与制度的规范，在克服社会治理缺陷的基础上发挥其正向作用。

结语

高等教育治理或大学治理存在着治理失灵现象，治理失灵是因为缺乏必要的治理环境，如府学关系中政府治权过大而大学自主权式微、大学内部行政权力一支独大而导致治理结构失衡等，都在客观上导致大学治理失灵。甚至可以说，治理体系的缺陷是导致大学治理效能不足的主要原因。但与此同时，我们不应否认，大学治理主体在治理能力上的欠缺亦导致大学治理发生

① 王洪才．教育治理体系与治理能力现代化论略［J］．复旦教育论坛，2020，18（1）：12–18.

② 张继明，王希普．大学权力秩序重构与大学治理的现代化——基于社会参与大学治理的视角［J］．高校教育管理，2017，11（1）：27–32.

失灵。从大学利益相关者或大学治理主体的角度分析，传统的大学管理者、以教师为中心的学术群体及相关组织、社会化治理主体都应在大学治理中发挥不可或缺的作用，是大学有效治理体系的有机组成部分，但分析发现，以上三个层级的大学治理主体都不具备全面而充分的治理能力，并在实际上导致了大学在改革发展中失去了必要的治理基础，治理能力的不足已经构成束缚我国大学高质量发展的重要因素，因而我国“双一流”建设和高等教育内涵式发展的实现呼吁大学有效治理，大学有效治理呼吁卓越的大学治理能力。

本章小结

大学治理现代化是大学高质量发展不可或缺的保障性条件。从历史发展的角度而言，我国大学治理体系与治理能力不断优化，为大学的改革和创新发展提供了保障；但从现实来看，我国大学治理体系和治理能力仍存在诸多不足，限制着“双一流”建设和高等教育内涵式发展，质量提升战略的深入实施遭遇着来自制度、传统和文化等诸多因素的掣肘。那么，这些限制性、掣肘性因素源自哪里、何以解决，如何重塑一个与当代大学逻辑相适应、与我国基本制度体系相适应、与我国大学发展的目标与基础相适应、与构建中国特色大学模式和治理模式的要求相适应的有效大学治理体系，就构成了当前我国大学治理研究的重要课题。正是基于此，本书必然要在准确把握当前我国大学治理存在的问题的基础上，深入探析导致这些问题发生的根源性因素。研究发现：其一，作为共识，官僚化、行政化的大学管理模式仍是导致我国大学治理失灵的制度性因素。不过本书认为，科层制本身的局限性与我国特殊的体制与文化传统间的相互强化进一步放大了制度性问题的负面效应。其二，文化因素作为比制度性问题更为深刻的因素，影响着大学的制度与组织创新，诸如官僚主义、功利主义、熟人社会化的人情关系、单位制下大学的“去专业化”等负向大学文化样态，不仅直接导致大学相关主体在思想观念、价值取向、行为方式上背离大学逻辑，还束缚着治理体系、治理能力现代化建设，导致组织和制度变革陷入路径依赖或制度锁定的困境。其三，我们在批判外部环境对大学的束缚的同时，尤其是在批判政府过度干预大学的同时，忽视了大学自身独立意识、独立发展能力的不足及其对办学质量的阻碍作用，也就是说，大学在府学关系相对得到改善的条件下，无法更好地应用办学自主权、专业发展权，在于自身发展能力的欠缺。其四，大学治理效能的提升，需要相宜的外部环境，但最终要转化和落实到各治理主体的治理能力上。分析表明，大学的各层级治理主体在治理能力上均存在不同程度的缺陷，直接导致大学治理失灵和大学发展质量问题。因此，大学有效治理的实现，需要针对以上造成大学治理失灵的原因，进行系统性的优化甚至重塑。

第六章

大学有效治理的核心向度与建构路径

无疑，“治理”作为新的理念和技术系统，是我国高等教育及大学管理制度改革与优化的重要工具，“治理现代化”是我国高等教育实现内涵式发展和“双一流”建设目标的重要改革向度。但就目前来看，我国大学治理在很大程度上还只是一个理念系统，或者在实践上尚处于起步阶段。换言之，大学治理如果不能转化为切实的制度实践，不能转化为大学的高质量办学实践和产出，治理就是低效甚至无效的，就是没有意义的。因此，大学有效治理就是要能够促使大学治理理念、理论、理想转化为大学制度实践、办学实践，直至转化为高质量的办学成果。对于我国而言，大学治理处于十分复杂的内外部环境中，受到各种复杂因素的掣肘，要实现有效治理，不仅要遵从大学治理的内在逻辑，即大学运行规律和治理科学的基本原则，还要从实际出发，在充分认识掣肘我国大学发展和大学治理的复杂现实因素的基础上，制定有针对性的改革优化策略。基于较长期以来我国大学改革发展及其治理中存在的诸种问题，坚持和复归学术本位的基本逻辑、基本原则，以此来重建学术权力的中心地位，必然是我国实施大学有效治理的当务之急和重中之重。在此前提下，学术权力本身作何调整以便适应新的大学组织和外部环境变化？如何提高各治理主体的治理水平，尤其是增强党委的领导治理能力？如何建构新的大学文化，以充分发挥文化的治理功能和优势，以及如何适应现代化进程中集约和协同的趋势，强化大学间的竞合关系？这些都是当前乃至未来较长时期内我国大学治理改革与优化中的重要问题。

第一节　大学治理结构的差序格局与学术权力革新

无论现代大学如何发生组织与结构及管理体系的变化，都不可改变其作为一个学术组织的本性，这就决定了大学必须尊重学术权力的中心地位，遵从学术权力的基本逻辑与规则，以确保学术权益的实现，为大学的多样化功能和价值奠定根基。[①] 与此同时，由于大学组织在不断调适内外部关系的过程中，学术权力也要随之做出相应的变化，去适应现代科技与产业升级的变化及其对大学在角色与功能、组织结构与治理等方面的调整，其中关键的一个向度就是要适应大学学术资本转化过程中大学治理整体性变革对学术及学术治理的新要求，因为学术资本转化已经在很大程度上构成了当代大学的基本生存状态。学术资本转化表现在大学组织或发展范式的嬗变上，就是创业型大学的创建。创业型大学作为一种新的发展范式，适应了大学内外部变化。从经济社会转型发展的实践出发，教学型、研究型大学向创新创业型大学的转变将是高等教育变革的大方向。[②]

一、明确基于学术本位的大学组织结构与权力秩序

（一）大学以知识生产系统为重心的“两级三列”组织结构

学术创造是大学存在的合法性根基与价值的源泉。大学的学术属性反映在组织结构上，就是学科构成了大学组织的基础。学科是知识的领域，也是知识生产、知识应用的组织与管理形式。学科在社会建制上具体表现为大学的基层学术组织，即学院、科系及其他学术机构。大学已经成为社会轴心机构，成为当今最富有影响力的社会组织之一，大学的基本职能从根本上来说是学科价值的释放，要归根于基层学术组织的功能发挥。也即，大学的职能在本质上是一个知识的生产、传播与应用的过程，而这一知识链条的基部或主体部分发生在基层学术组织，因为没有知识的生产，大学就无从服务社会，就不能以学科或学院的联合体身份同外界实施各种交换。基于学科或学术发展的需要，大学内产生了诸如学术委员会、教授委员会等官方或非官方性质的学术管理组织。在现代大学诞生后的一段时间，这些组织作为学术利益的

---

① 张继明．学术本位视域中的大学章程研究［M］．济南：山东人民出版社，2015：1.

② 王建华．大学的范式危机与转变：创新创业的视角［J］．中国高教研究，2020（1）：70-77.

代表，主导着学术管理甚至学院的管理。随着科学知识的应用范围不断拓展，大学与外界的关系日渐复杂，并且这种关系的处理对专业化的要求也越来越高，相较于学院而言，大学的资源整合和社会交往作用日渐突出，学院知识价值的实现在很大程度上需要依赖于大学的系统规划和社会交往，因而行政管理系统的功能和价值在大学的发展中不断彰显。在教育民主化和大众化、普及化进程中，大学规模与职能不断扩张，作为大学意志的代表，大学行政管理系统最终取得了独立地位，并掌握了越来越大的内部控制权。与此同时，随着大学逐步走向开放办学，社会力量尤其是市场力量开始参与大学办学，直至大学的知识生产模式因之发生了变化。2014 年，教育部印发《普通高等学校理事会规程（试行）》，要求高校设置理事会，其初衷正是增强大学面向社会需求办学的能力。

这样，在不同层列上，大学就形成了由校院两级和行政管理组织、学术管理组织与社会代言组织三列组成的“两级三列”结构。在这个网格状结构中，学院与学术管理组织是重心。这意味着在大学组织结构中，不同要素之间并非平等关系，而是具有差序性的。无论是行政管理系统还是社会参与及其代言组织，虽然是现代大学系统不可或缺的重要构成，但应始终居于服务者位置，尊重学术发展及其治理规则，服务于院系与学术管理组织的正常运行。

（二）大学以学术权力为中心的差序性权力结构

当代大学的权力系统正变得越来越复杂。加拿大学者约翰·范德格拉夫等认为，大学权力包含了国家的高等教育治权、大学各管理机构及管理人员的管理权、大学教师的管理权等宏观、微观多种权力形式。美国学者伯顿·克拉克更进一步指出，大学权力包含了行会权力、专业权力、院校权力、政治权力、学术寡头权力等十大权力类型。[①] 我国学界一般认为，大学内部主要存在着行政权力、学术权力和市场权力三大主体性权力。不同权力不仅有着不同的运行逻辑，还代表着各自的立场或利益，因而各权力主体之间存在着责权利的矛盾、纠葛与博弈。大学治理实际上就是要科学界定各主体间的权责边限，促使各权力主体各安其位、各司其职、各负其责。大学以知识生产系统为重心的组织结构决定了学术权力必然是整个权力系统的中心，其

---

① 伯顿·克拉克.高等教育系统——学术组织的跨国研究［M］.王承绪，等，译.杭州：杭州大学出版社，1994：159.

他权力则以支撑者和服务者角色居于学术权力外围，形成一种“众星拱月”式的权力秩序。在关乎权力实施次序时，一般应遵循学术权力优先原则。也就是说，学院权力、学术管理组织权力必须成为大学权力结构调整的逻辑起点。显然，大学的权力秩序是一个差序格局，“非制衡”“不平衡”才是大学权力的本然性秩序，反映着大学组织的生态规律，才是真正意义上的“平衡”，这种由不平衡产生的权力“势能”为大学组织的有序运行提供了持续动力。

因此，在大学治理语境下，相关学者提出的权力“制衡”或“平衡”观点，[①]是对大学学术功用的消解和对学术权力的遏制，并不符合大学组织的本来逻辑。也有学者认为，以学术为中心的“古典大学观”忽视了大学治理中大学作为一个整体组织所具有的基础性地位和价值。[②]但这种观点也忽视了本研究所强调的，学院等基层学术组织的学术功能是大学功用的价值基础。对于我国而言，大学有效治理的目的就是构建一个知识共同体，反映在权力调整上，就是要凸显学术权力的核心地位[③]，建立基于学术本位的、具有差序性结构的大学治理体系。

二、以学术本位为导向建构我国大学权力的差序格局

（一）重塑基于学术本位的大学观

大学是一个学术机构，因此优化大学治理结构必须以学术本位为基本原则。我国行政化大学模式的形成，根源之一在于曾经过多强调大学的行政主体性质而弱化了其学术本性。如今，大学牢牢占据社会的中心，表现出强烈的进取精神和服务意识，成为国家经济社会进步重要的原动力。但在学生走出象牙塔步入社会的过程中，技术化、功利化等又成为我国大学所必须面临的新问题，即这一过程所隐含的对大学本真的销蚀。针对科学理性、技术理性及功利哲学的扩张，美国学者爱德华·希尔斯指出，传统是对社会行为具有规范作用和道德感召力的文化力量，是人类在历史长河中的创造性想象的沉淀，传统确保了文明的延传、创新，而一味反对传统恰恰是对现代化进程

---

① 秦惠民.我国大学内部治理中的权力制衡与协调——对我国大学权力现象的解析［J］.中国高教研究，2009（8）：26–29.

② 李立国.大学治理的转型与现代化［J］.高等教育，2016（5）：24–40.

③ 王洪才.大学治理：理想·现实·未来［J］.高等教育研究，2016，37（9）：1–7.

的严重阻碍。因此，希尔斯在批判“多元巨型大学”的同时，强调古典大学传统的时代价值，认为大学应成为学问共同体，这个共同体并非大学的全部，但必须是大学的内在中心，其首要使命就是发现真理。[①]美国施特劳斯学派主要代表人物艾伦·布鲁姆在揭露美国的现代性危机时，将其根源归结为大学对工具理性的放纵，即大学因过于追求知识的工具性作用而淡化了知识的永恒价值。故艾伦·布鲁姆认为，文明的进步依赖大学不计利益地追求纯粹知识，大学应“求真理甚于求生存、求怜悯，有能力抗拒强硬的要求和种种诱惑，能够免受势利熏陶而坚持它自己的标准”。[②]亚伯拉罕·弗莱克斯纳亦持有一致的大学观，认为大学必须坚持学术的使命，在满足社会需要的同时不应沉迷于社会的欲望。总之，在强调大学全面服务经济社会的同时，必须认识到以知识为基业的大学传统及其价值，一是作为大学功用之源，二是作为规范大学行为的理性价值。正如阿什比所说，大学必须善于运用历史文化的精华、真理的全面性和发展性，对当前社会做出贡献。[③]对于当前我国大学治理而言，过度强调大学的现世效应、功利效应，片面地将应用性学科和技术转化作为工作重心，而忽略人文学科及长线性学科、专业的价值，是对大学本源的损害。因此，在未来改革中必须尊重大学的学术组织本性，重塑学术本位的大学观，以此为导向来调整大学权力关系，优化大学的知识供给侧结构。

（二）深入推进校院两级管理机制改革

在大学的“两级三列”组织结构模式下，从横向而言，作为知识生产者的学院基层学术组织是这一结构的重心，因而以学术本位为导向进行权力调整，就要深入推进校院两级管理机制改革。校院两级管理机制改革的本质在于协调校、院间的权力冲突，目的在于赋予学院以自主权，形成“底部沉重”的两级权力格局，这是学院维系其知识生产者地位、不断增强知识生产能力的内在要求，故校院两级管理反映了大学组织结构的逻辑要求。深化两级管理，第一，扩大学院的自主权，就要改变学校与学院间的关系模式。具体来说，也就是要由当前学校全面干预学院办学过程，转向加强对其办学绩效的

① 爱德华·希尔斯.学术的秩序：当代大学论文集［M］.李家永，译.北京：商务印书馆，2007：54.

② 艾伦·布鲁姆.走向封闭的美国精神［M］.缪青，等，译.北京：中国社会科学出版社，1994：272.

③ 滕大春.外国教育史和外国教育［M］.保定：河北大学出版社，1998：260.

目标达成评价式管理，即学校强化对学院的目标管理，双方协商制定绩效评价项目与指标清单，在规定时限内学院自行制定发展规划和实施办法，学校按双方协定的绩效预期实施经费总额拨付，并在协定的时间内进行绩效考核和评价，评价结果作为下一轮拨款的主要依据。第二，以学科发展为目标，发挥学科的统合作用。在学院自主办学过程中，学科应作为学院组织教学、科研和服务的主要功能单位，即学院的战略规划既要以促进学科发展为目标，也要以学科为平台，在师资建设、学术项目实施、专业与课程设置、校地合作及资源配置等各领域、各环节加强学科的统整聚合作用，以确保学院在学术本位导向下的自主办学，提高办学成效的同时也强化学科在办学中的地位与效能。第三，加强学院的学术管理组织建设。应加强和创新学院学术委员会、学位委员会、教学指导委员会三个基本的学术管理组织的建设，强化其在学术管理与决策中的主导权；还可以探索整合三大委员会职权，组建新的"大学术"委员会，这将有利于学术权力的统一调度，形成合力，从而扩大学术权力的影响力。第四，加强教授委员会建设。与学术委员会相比，教授委员会应定位于民主性学术治理组织，它为广大普通教师参与学院、学校治理提供了机会，调动了最基层广大教师治学治校的主动性和创造性，同时也有利于改变当前学术委员会不同程度的"行政化"问题。当然，加强学术管理组织建设，需要合理界定和划分其与党政联席会议间的权责关系，为此有学者提出建立学院"党政学联席会议"制度。[①]本书认为这并不符合学术本位原则，坚持党政与学术二分、党政为学术发展提供支持是处理两者关系的主要理路。

（三）强化学术管理组织的实质性权力

从纵向而言，大学"两级三列"的组织结构应以学术管理组织为中心，在此主要是指学术委员会。故重建大学权力秩序，必须强化学术管理组织建设，确保其学术自治权和学校治理参与权。2014 年，教育部印发《高等学校学术委员会规程》，对学术委员会的法律地位和权限做出了明确规定：以学术委员会作为校内最高学术机构，统筹行使学术事务的决策、审议、评定和咨询等职权。但客观而言，我国大学学术委员会的权力在很大程度上只具有象征性意义，缺乏实质性权力的效力，因而难以真正主导学术自治，在校务管

---

① 严蔚刚 . 教授委员会在高校二级学院治理结构中的地位［J］. 复旦教育论坛，2013，11（4）：49–52.

理中更鲜有充分的参与权，甚至其本身就出现了行政化取向。学术委员会权力缺乏实质性意义，一方面源于其权力属于社会权力之范畴，不具备国家权力的强制性①；另一方面源自大学行政权力的强势及其对大学各项事务实施统一支配的定势。同样，学院学术委员会的权力也因规制效力不足而难有作为。这就提出了改变学术委员会等学术管理组织的象征力权力的特征，强化其实质性权力的要求，使其成为学术委员会在对相关活动进行决策时有实际能力行使的可执行权力。为此，第一，应在《中华人民共和国高等教育法》（以下简称《高等教育法》）中对高校学术委员会作为学术治理主导者的角色及其主导学术治理的职权进行更加明晰化的规定。第二，在《高等学校学术委员会规程》（以下简称《规程》）中就各相关主体违反《规程》后的法律责任及纠纷解决机制做出明确规定，要求针对学术委员会决议提出不同意见或不执行甚至否决的权力主体，必须做出充分解释并实施公开。第三，在大学章程里，须将《高等教育法》和《规程》的基本精神做出更加具体明晰的规定，从而具备操作性；章程尤其须就问责、申诉、救济等方面做出明确的程序性规定，作为必要记载事项，以程序公正来保障学术委员会实质性权力的行使。当然，在这一过程中，对于学校行政权力的规范，一方面要依靠法治工具，另一方面还需要在学术本位导向下建构大学文化，实施文化治理，使维护学术自治和学术自由成为一种自觉的价值取向，从长远来看，这是突出学术管理组织价值的长效性、根本性治理机制。

总之，权力制衡、权力平衡的构想反映了当前大学改革中打破一元权力结构的理想，契合了大学“去行政化”的现实需要。但大学作为一个学术机构，权力制衡不符合其组织结构及其权力运行规律的要求，因为在本真意义上大学权力秩序是“非制衡”的，大学治理必须突出学术权力的中心地位，建构大学权力秩序的差序格局，才能提升大学的知识生产能力及其社会功用。从根本上说，这是由学术活动的规律所决定的，因为学术权力在大学治理结构中的中心地位是确保教授治学和学术自由的必要条件，而这两点正是学术生产得以顺利开展的根基。当然，强调以学术权力为中心的格局，并不意味着弱化其他权力的意义，只是说无论是政府权力还是市场权力，应以确保大学学术发展为导向，采取合适的干预方式来服务于学术权力。

---

① 管华，陈鹏．高校学术委员会权力的性质、来源与界限——兼评《高等学校学术委员会规程》［J］．陕西师范大学学报（哲学社会科学版），2015，44（6）：148-154.

三、以知识生产模式转变为依据革新大学学术权力

如前所述，大学作为学术组织的自然属性决定了大学的权力结构必然是以学术权力为中心的差序格局，但随着大学在组织进化中表现出愈来愈显著的开放性，其社会属性也不断强化。大学社会化的背后有着多重致因，但知识生产模式的变化，即由模式 1 向模式 2、模式 3 的演变是决定大学组织进化的主要内在力量。作为大学组织的核心，大学权力结构必然要随之发生某些变化。这意味着，学术权力亦需要以知识生产模式的要求为依据，适应大学组织及其权力结构的变化并进行相应的调整。我国大学知识生产模式在很大程度上尚停留于模式 1 时代，无论是大学服务社会能力的不足，还是地方本科高校向应用型大学转型的诸多困境，都表明了我国大学知识生产模式亟须改变的现状。这就决定了我国大学的学术权力仍深深地打着传统的烙印。

（一）我国大学学术权力的传统意象

大学的学术权力附着于学术，学术的属性、功能、运行及作用机理等决定着学术权力的内涵与内在规定性。作为知识组织，知识驱动是大学变化的根本推动力量。在较长历史时期内，大学的知识活动沿袭着纯粹知识观，或曰古希腊的知识传统，即人们往往基于充盈闲暇的旨趣来追求知识，像毕达哥拉斯、柏拉图、亚里士多德等都曾从事纯理论研究。对他们来说，研究学术是一种内在需求，与世俗的利益无关，“研究自然本身就是一种回报”[①]。中世纪在国家主义形成之前的较长一段历史时期内，学者行会及早期大学也常常投身于纯粹知识的探讨，学术是“神圣”的。[②]施莱尔马赫、洪堡等人在创建柏林大学后，拒绝实用性、职业性学科进入大学，在本质上仍是受到了传统知识哲学的影响。这一时期，大学学术权力属性与学术本身一样，具有显著的封闭性。

具体来说，在权力结构相对简单的大学环境里，学术权力在较长时期内构成了大学权力的唯一类型，即便是行政权力产生并逐渐获得了独立性，学术权力依旧占据着主导地位，而社会力量真正介入大学则要更迟一些。学术权力在大学权力秩序中的主导地位使其有充足的空间主导学术发展及治理，从而充分地表现出守护传统知识观及古典知识生产的倾向。在学术权力的佑

---

① G.E.R. 劳埃德 . 早期希腊科学［M］. 孙小淳，译 . 上海：上海科技教育出版社，2004：138.

② 查尔斯・霍默・哈斯金斯 . 大学的兴起［M］. 梅义征，译 . 上海：三联出版社，2007：16.

护之下，学者享有按个人兴趣自由探索未知世界的权利，而不必过多受到政治性及商业性力量的影响，而后者是在漫长的大学发展史中学校本身及教师越来越难以摆脱的困扰。因此可以说，学术自由、学术自治及学者治校在本质上是学术权力的表现形式。随着行政权力的崛起和外部力量的介入，大学学术权力成为复杂权力结构的一个组成部分，并与其他类型的权力之间展开了旷日持久的博弈。从某种程度上说，这种博弈所反映的正是学术权力对纯粹知识观或传统知识生产模式及学术群体利益的守护。正因如此，大学的学术权力被视作一种传统甚至守旧的力量，每当大学主动或被动地进行改革，学者常常会扮演反对者的角色，至少他们对变化表现得更加谨慎。就我国大学而言，学术权力表现出了传统大学学术权力的普遍特征，表现为内向性、纯粹知识导向及相对封闭性。同时还表现出独有的特征，如独立性匮乏而依附性强等，这在前文中已有所阐述。

（二）我国大学学术权力的内涵审思与革新

社会生产方式的不断进步从根本上对人类智力活动提出了新的要求，其表现之一就是大学知识生产模式的变化，适应社会选择、服务社会需求是当代大学的重要特质。正是基于此，应用型高校成为我国高校分类框架下的重要类型，引导地方本科院校向应用型大学转变亦成为我国大学治理的重要任务。此外，学界越来越认识到，创建创业型大学是我国大学转变发展范式和提高知识生产能力、服务能力的重要方向。① 当创业型大学成为界定大学这一古老知识组织的新标准，就需要人们重新认识大学学术权力的内涵。显然，基于新的范式逻辑，大学学术权力随着学术的内涵嬗变而产生了新的意涵，即它不再仅仅是组织内部的权力类型，而是一种社会权力，其逻辑依据不再仅仅是知识，还包括大学面向国家和社会发展需求的责任与职能，因而其权力运行的效果不再仅仅是理论创造和理论体系的构建，还直接表现为社会进步所需要的技术、方法及工具等，而权力主体不仅仅是具有学者身份的大学教师等，而是一个以大学及教师为中心的学术职业联盟，包含了直接的知识生产者和知识生产的服务者。总之，大学学术权力不再是孤立甚至封闭的，而是具备了鲜明的社会性、开放性、协同性特征。

大学学术权力内涵的变化需要大学革新其运作方式，以确保其有效运行和实现组织目标。

---

① 王建华．创新创业与大学范式革命［J］．高等教育研究，2020，41（2）：9-16.

第一，依循当前知识生产模式的演变规律来运行学术权力。学术权力主体应摆脱纯粹知识取向的传统立场，以更加宽广和开放的视野、思维与方法认识学术、开展学术活动，尤其是要以社会生产生活实践为依据，主动开展问题导向研究，为此需要积极介入生产或创业实践，从中获取开展学术所必需的要素及条件；在此基础上，应积极通过校内外的专门化服务体系推动知识成果转化，为产业界提供直接的智力服务。换言之，学术资本转化应该成为新型大学的基本职能，成为大学教师从事学术职业的基本形式、主要职责和核心使命。

第二，以系统论的观点视之，学术权力是整个大学权力结构中的组成部分，并因该结构的系统性而获得意义。必须放弃传统的“二元论”权力观，认识到无论是大学内部政治权力、行政权力还是来自社会的政府权力、市场权力，都是当代大学权力系统中的有机构成，都在创业型大学发展中扮演着无可替代的重要角色，因此学术权力同其他类型权力之间是相互尊重、相互支持、相互促进的耦合关系；在学科与专业建设、科研与技术开发、人才培养的过程中，学术权力主体应主动回应大学各利益相关主体的合法性、合理性权益诉求，从利益的零和博弈走向利益的共造、共享。建构“共建共治共享”的大学治理格局，是大学有效治理的核心要义。

第三，学术自由和学术自治是大学治理的核心价值，但知识创造应与大学的组织目标建立更加密切的联系，并以国家、民族和社会进步的使命为重要取向，因而学术发展和学术治理应积极地寻求与大学的内部规划、制度体系，以及国家关于高等教育或大学的政策与法规间的共通，即寻求相互的最大公约数。也可以说，学术权力与行政权力等其他权力类型之间应探索建立和谐共生的关系，如此，学术权力的运行才可能体现大学积极走向社会中心、通过创新创业等强化服务社会能力的逻辑，而其他权力类型也才能够借助学术发展产生的根本动能而实现其发展愿景。有学者研究发现，由于美国大学社会中心地位不断加强，与社会部门联系日益增多，联邦政府正越来越多地介入大学治理，大学的自治传统也发生了积极变革，迈向新的合规时代①，即体现了大学学术权力的转变。总之，各权力类型或权力主体只有通过协同，才能提高各自的权力效能，并转化为现代化的大学治理能力。因此，大学权力结构调整，根本在于确保学术权力在大学权力结构中居于中心地位，但并

① 姚荣.告别自治：合规时代的美国大学治理［J］.华东师范大学学报（教育科学版），2021，39（2）：75-88.

非以其单一的逻辑来取代大学权力体系的系统逻辑。从这个意义上说，大学的学术自由和学术自治必须适应学术资本转化要求，因而需要适当兼容社会逻辑及其要求。

第四，大学学术权力的转变及其运行模式的变革，要求在更高位阶上的权力主体发挥元治理作用，尤其是需要政府及大学领导者探索建立有效的权力整合机制。例如，有学者指出，在我国完善共建共治共享社会治理制度的改革过程中，党建引领已经成为推动多方主体协同共治和提升基层治理体系整体治理能力的重要制度安排。[①] 这意味着，在党委领导的大学管理体制下，大学学术权力的转变及其运行环境的优化，尤其是其与行政权力等之间的关系协调，可以置于党建过程之中，即通过设置党建联席会等方式，以政治智慧和政治力量来协调不同权力主体在目标、运行机制、利益需求及各自运行中的技术主义逻辑间的矛盾。当然，这需要强化提高党的现代化尤其是专业化的大学治理能力，这将在后文中专门进行论述。

结语

综上所述，以知识生产系统为重心的“两级三列”组织结构、以学术权力为中心的差序性权力结构是大学作为学术组织的内在秩序，决定着我国大学治理必须坚持以保障学术权力的中心地位为导向，这是大学有效治理的旨归所在。但由于大学知识生产模式的社会化取向既作为一种客观规律对大学组织演变提出了内在要求，同时也作为一种国家和大学的发展战略对大学面向社会办学、服务社会提出了客观要求，这就决定了大学必须进行发展范式的转变，即走向以应用型大学、创业型大学为代表的新发展范式。在此条件下，需要观照大学学术权力的社会性、开放性、协同性特征，为学术权力的运行方式进行新的设计，以促成其实现权力运行预期。大学也只有实现学术权力的转化，才能适应大学内外部关系变化的要求，更好地保障学术权利和学术发展。如果大学学术权力仍旧固守传统，学术人不能改变“独尊”的执念，就无法真正确立学术权力在大学权力谱系中的中心地位，因为传统不能推动大学立足当下进行有效的变革和适应，更无可能面向未来超越现实的局限。此即大学组织及大学治理的具有社会面向性的学术本位逻辑。

---

① 黄晓春.党建引领下的当代中国社会治理创新［J］.中国社会科学，2021（6）：116-135，206-207.

第二节 “贡献—质量”逻辑视角下的创业型大学治理

大学只有不断实现组织进化，才能适应永恒变化的外部环境。大学也只有积极变革治理体系，才能适应组织进化的要求。如前文所述，构建创业型大学是我国大学适应知识生产模式演化、发挥在知识经济社会大学中的重要功用、夯实大学合法性基础的战略选择，换言之，构建创业型大学是推进和实现高等教育内涵式、高质量发展的必要举措。当代大学在知识创新基础上不断提升智力服务能力，为满足人类精神与经济社会需求贡献独特价值，是大学乃至高等教育质量的根本标志。因此，大学有效治理的基本要义之一就是根据创业组织要求，建立创业型大学治理体系，通过治理促使大学由传统模式转变为创业型大学模式。无论是创业型大学模式还是基于此的创业型大学治理体系，其起点都在于建立基于“贡献—质量”逻辑的质量评价标准。

一、“贡献—质量”逻辑反映创业型大学治理的根本依据

创业型大学的基本特质在于实现了知识链与产业链的链接，生成了新的价值链，扩大了知识价值，而新的价值导向又引导大学知识生产走向问题导向、需求导向和服务导向。这是创业型大学扩大办学贡献、提高办学质量的内在逻辑，因而也是解读新型大学办学质量与贡献的重要视角、探索建立创业型大学治理体系的客观依据。

（一）大学贡献与质量释义及其治理要求

在大学走出象牙塔、走向社会中心的进程中，大学逐渐成为一个典型的利益相关者组织，承载着各相关主体的价值预期。大学能够成为一个有意义的存在，越来越源自其特殊的外部性功利价值，即大学能够为各主体（如政府、市场组织等）带来切实的利益，如帮助政府为国民提供有质量的高等教育资源，为行业和企业提供升级所需的技术支持等，而这也成为大学运行与治理的重要目标。当然，大学拥有独立的利益诉求，即对知识发展的永恒追求，并且不断实现知识创新也是大学满足各主体需求的根基。简言之，大学需要为所处的时代和社会做出特殊的贡献，并以此作为重要的质量评价标准。对于大学治理而言，就是以大学的贡献及其质量为导向对大学办学进行引导、规范及服务等。

当前，人类正经历着新一轮的科技革命与产业革命，其重要特征就是科

技进步和产业升级空前地建立了融合关系。[①]就我国而言，科技强国建设要求将科技创新与产业结构升级结合起来，建立面向国家和地方战略需求的研究与开发系统。同时，新时代经济社会的全面发展要求加快新旧动能转换，充分利用大数据、区块链、物联网、量子科技等前沿技术优化供给侧结构。在当前国际形势下，尤其需要以科技为动力推进“双循环”战略，建立国内统一大市场，构建新的发展格局，以保障我国经济社会各领域走上独立发展、创新发展、高质量发展的新道路。大学作为我国研究与开发系统的主要构成，应主动参与因国际关系变化而带来的全球分工产业链调整和为夯实强国基业而推动的国内生产供应链完善，发挥自己的创新和人才优势，面向国内国际两个大局助力实现双循环。[②]从国际上看，加大对一流大学发展的投入和治理改革力度，发挥大学在推进国家战略中的重点基础作用，是世界各国的普遍做法。对于大学来说，这既是一个知识创新过程，也是一个立足知识创新、为经济社会发展提供高质量智力服务的过程。这也就意味着大学的“贡献”及其办学的质量。创业型大学正是一个以贡献为质量，在高质量的贡献中追求价值实现的新大学范式。因此，加快发展范式转型、建立创业型大学是我国大学适应内外部关系规律、将知识创新价值与社会服务价值有机地统一起来的必然选择，是大学发展的重要战略构成，因而也是大学有效治理的重要依据。

（二）“贡献—质量”作为我国大学治理优化的逻辑依据

创业型大学的构建和发展并非某一阶段、某一局部的调整，不是以创业为具体形式进行功能扩张，而是包括哲学基础、办学理念、知识生产模式、治理体系及校园文化等各要素在内的系统性变革。“创新创业”构成大学的内在逻辑，创业型大学及其创新创业质量构成高等教育内涵式发展的组织与功能基础，因而是我国现代大学体系的整体战略选择。在此背景下，要推进大学向创业组织转型，强化大学科技开发与智力服务能力建设，就必须建立与创业型大学相适应的治理体系。

从现实来看，应用型大学是我国高等教育分类框架下的重要构成，推动地方普通本科院校向应用型大学转型也是我国重要的发展战略。对此，有两

① 易信.新一轮科技革命和产业变革对经济增长的影响研究：基于多部门熊彼特内生增长理论的定量分析［J］.宏观经济研究，2018（11）：79-93.

② 马陆亭.高等教育要面向两个大局助力双循环［N］.中国教育报，2020-06-15（5）.

点值得审视和反思：一是地方普通高校的转型过程及分类管理框架下的应用型院校发展面临着诸多问题，许多大学难以真正根据社会服务需求来有效调整知识生产模式。二是研究型大学虽然在目前分类标准下属于“学术型”大学，但并不意味着其不需要向创业型大学转变，研究型大学同样需要主动融入国家战略。而且在当前国际形势下，研究型大学在“双循环”战略中应担负起更大的责任，发挥更大作用。“我国今天的经济发展越来越依赖于高等教育，亟须大学解决一系列‘卡脖子’问题”，“在西方国家不断打压背景下，作为人类文化、社会良知和创新引擎的大学，必须在时代变革中主动转型，必须承担起这份唯我能做的使命”。[①] 但显然，研究型大学的创新创业意识有待增强，尤其是需要主动革新组织结构，以适应融入社会、服务社会的需要。现实中大学转型困难或者转型意识不强，难以适应客观形势变化要求，就其影响因素来说，主要是由于“五唯”评价与资源分配模式导致大学陷入封闭办学的窠臼，与强调开放与服务的创业型大学相悖。换言之，大学沉迷于一连串数字表现出的繁荣之中，本质上却是毫无意义或意义不大的“泡沫”而已。从某种意义上说，这种虚假、虚空的知识生产或办学模式正标识着我国部分大学的现状。因此，创业型大学建设的重要任务就是建立以大学在经济社会发展中的实质性贡献为质量评价标准的新治理体系。正如《深化新时代教育评价改革总体方案》所指出的，高校评价要突出“贡献”和“质量”，“双一流”建设成效评价要突出主动服务国家需求。在很大程度上，新的大学治理体系的构建意味着重塑以“贡献—质量”为内在逻辑的治理体系。

二、创业型大学内部治理体系的要素调整和优化

建立创业型大学是一个促使传统大学模式进行转型的过程，从大学内部角度来说，大学发展理念、学科结构、校院两级管理机制、作为知识直接生产者的教师的权力等，都需要在“贡献—质量”逻辑的导向之下进行积极的变革、优化和创新，以适应新大学模式的要求。这个适应过程，实质上也是大学追求贡献和质量的生产与服务过程。

（一）重塑公共价值观，引导大学以实质性贡献为办学方向

有什么样的治理理念，就有什么样的治理体系，革新治理理念是大学治

---

① 邬大光 . 大学转型发展的时代呼唤［J］. 中国高教研究，2021（8）：4–9.

理体系优化或重塑的先导。在大学发展史上，古典大学曾一度深耕于象牙塔内，钩沉稽古，发微抉隐；19世纪初柏林大学创建后，洪堡等人以探求纯粹学问作为大学使命，强调大学的“自由”与“寂寞”。但大学是遗传与环境综合作用的产物，大学在参与社会生活中逐渐走向了开放，社会服务越来越彰显出大学的独特价值，主动参与国家建设、增强社会服务能力成为现代大学的逻辑和现实战略。直至今天，大学所具有的“敏锐把握新趋势、自觉担当新使命、恰当回应新需求”的精神品格仍被视作一流大学建设的决定因素。① 在教育的社会责任不断凸显、国家逐步介入大学体系的进程中，人们越来越倾向于将教育界定为负载公共价值的公共事业，即便是私立高校，其存在的合法性也主要源自公共价值。因此，无论是基于大学的逻辑要求还是基于大学的公共价值与公共使命，大学都需要重塑基于智力服务的思想和价值取向，实现个体价值与社会价值的统一。

从现实来看，我国高校长期封闭办学，并受功利主义思潮影响，教师公共精神严重弱化，学术被矮化为学者的个体化游戏或“为稻粱谋”的工具，高校则成为脱离社会的孤岛，并产生了明显的本位主义和私利主义特征。“五唯”导向大大强化了高校、教师及学术的工具性、个体性、私利性，进一步导致高校参与社会的主动意识匮乏，融入市场、服务市场、利用市场的专业能力不足。正因如此，即使在强大的政策、市场等外部力量驱动下，高校依然难以同产业建立有效的协作关系，知识生产模式难以依据科技、产业等社会环境变化进行及时调整，而且这种滞后性、保守性又反过来束缚高校智力生产及其服务能力的提升。因此，高校亟须建立正确的学术观和使命观，认识到社会服务是承担国家使命和践行社会责任的基本方式和必要战略，从而主动建立自身与社会、市场间的交往机制，积极谋求智力成果向生产转化。也唯有如此，高校才能不断依据社会进步的需求来组织新的知识生产，实现学术创新。创业型大学的基本特性就是自觉寻求并创造社会需求空间，提供有针对性的高品质智力服务，在实现自身价值中创造新的、更大的价值。所以，建立基于公共价值的社会服务价值观，为大学范式转型提供价值引领，是推动高校向创业型组织转变的内生动力，因而以创业型组织为导向，以服务型办学价值为取向，革新治理理念，是构建创业型大学治理体系的重要步骤。

---

① 龚放.知识生产模式2方兴未艾：建设一流大学切勿错失良机［J］.江苏高教，2018（9）：1–8.

（二）调整学科结构，为大学服务社会奠定组织与功能基础

学科是高校进行知识生产和组织管理的基本单位，师资建设、科研开发和人才培养等俱以学科为主要载体，因而学科结构在根本上决定着大学发展方向的定位与质量。在很大程度上，大学范式的转型必须立足于学科结构的调整。因此，创业型大学治理体系的构建必须以学科治理为重心，并以建立开放的学科结构、强化学科社会化逻辑、增强学科的智力供给与输出能力为学科治理之要务。简言之，要通过学科治理，增强大学学术资本转化能力。

学术资本是指大学通过其所占有的稀缺性资源，即高深知识，逐步形成学术成就和学术声望，以符合学术内在规律的道德标准为约束，通过商品的形式与外界进行交换，进而实现价值增值的资源总和。①学术资本转化则是指大学的学术成就实现了与外界的交换，从而转化为双方各自所需的条件，如作为大学发展所必需的经费投入、产业升级优化所必需的技术等。要实现学术资本转化，学科作为大学高深知识的生产场域，必须能够生产出外部利益相关主体所需要的产品和服务，因此创业型大学的学科不应是一个封闭的、孤立的单位或系统。但从现实来看，我国大学学科的运行一直脱离于社会生产实践，其知识产品无法充分转化为生产力要素。因此，大学学科治理需要着力于两个重要维度，一是强化学科的社会对接能力，二是优化学科与环境间的边界。首先，打破纯知识导向、远离社会需求，并且强调学科分化、学科间相互区隔的学科建设传统，转而进行新工科、新文科、新医科及新农科建设，面向新经济社会发展与技术创新要求，面向复合型、创新型人才需求，推动学科交叉融合和跨界整合，深化产教融合和校企合作，打造“新学科”体系。“新学科”的基本意蕴包含了学科的社会功用价值及其创造。在当前，大学尤其要适应国家学科战略调整方向，大力发展交叉学科。在此，将交叉学科设置为相对独立的学科门类，并非普遍意义上的多学科、跨学科合作，而是要打破按纵向知识分类进行学科划分的传统，依据社会发展重大问题为出发点进行学科调整，遵循的是社会需求逻辑。②显然，交叉学科下设的“集成电路科学与工程”“国家安全学”一级学科，均针对于解决制约我国科技发展的“卡脖子”阻梗问题。是故，创业型大学应主动整合力量，参与交叉学

① 胡钦晓 . 何谓学术资本：一个多视角的分析［J］. 教育研究，2017，38（3）：67–74.

② 李立国，李登 . 设置交叉学科：打破科学割据，作彻底联合的努力［N］. 光明日报，2021–02–27（11）.

科新门类建设，在新学科门类下开辟新的学科和专业培育方向，增强对接国家重大需求的服务能力。其次，大学学科要转化知识生产模式、形成与国家需求或社会生产对接的能力，打破局限于学校内部范畴的闭环知识生产，建立“学科—产业”互为条件、边界充分开放而在总体上呈螺旋上升趋势的知识链和价值链，强化其向社会生产力转化的能力。伯顿·克拉克指出，创业型大学的典型特征就是“发展性外围的拓展”，即发展出易于跨越传统大学边界并与外界联结起来的校外办事处等机构。[①] 亨利·埃茨科威兹亦提出，创业型大学的一个新特征就是在办学中生成了孵化器等“混成组织”，促进高校与产业之间的联结。[②] 这意味着，当代大学的学科应该是生产与管理一体化的组织，是由院系、科研组织、平台或团队及知识转化管理服务机构组成的生态系统，这一系统打破了传统的学科及学校边界，与校外相关主体建立了制度化交互关系，以实现学科生产与服务的互相支持。通过学科治理，有针对性地进行学科布局优化，为创业型大学奠定组织基础，是大学得以转型发展的核心。

（三）强化基层组织及其教师的治理权力，积极践行创业责任

大学的转型发展需要生产模式与治理模式的整体变革和优化。院系是大学真正意义上的生产或功能单位，院系转型为创业型组织，在本质上标识着大学生产方式的变革，这是大学实现整体转型的根本前提；同时，院系生产方式的变革离不开校院两级管理模式的改革，主要是指学校改变传统的院系支配模式，在“学院办大学”的理念指导下强化院系自治，包括基层教师群体获得必需的参与治理权力。概言之，促使治理主体下沉，强化大学基层组织及教师的治理能力，是构建创业型大学治理体系的中心任务，而只有基层具备了充分的自治空间，基层及教师群体的创业责任才能得以激发，成为大学融入创新创业实践的根本性推动力量。

促使大学治理主体下沉，最重要的就是实现校院两级管理机制的科学设计和有效落实。第一，院系需进行相应的组织优化，主要是构建知识创新与社会选择“双驱动”的学科建设模式，以知识创新来适应甚至引领社会发展，

---

① 伯顿·克拉克.建立创业型大学：组织上转型的途径［M］.王承绪，译.北京：人民教育出版社，2003.

② 亨利·埃茨科威兹.三螺旋：大学·产业·政府三元一体的创新战略［M］.周春彦，译.北京：东方出版社，2005：40.

以社会发展推动知识生产模式变革和知识创新，使学科建设成为兼顾知识与社会双重逻辑的开放系统；要适应学科发展新模式，需在院系治理上培育具有学科和专业领导力、社会对话能力和协调能力的治理队伍，并建立敏锐的社会联动与应对机制，以实现内、外部权益的平衡。第二，学校应在优化顶层设计和完善质量保障体系的前提下，充分赋权于院系，在探索建立权力清单制度的同时，与院系建立责任契约，强化院系的创新创业责任，以此引导院系主动向创业型组织转变，积极创新人才培养与科学研究范式，并自主实施学术资本转化。为此，高校应优化内部治理结构，改变科层制组织的“金字塔”式权力结构，探索扁平化管理方式，包括强化学校顶层设计职能，精简中层管理体系，并促使其向服务型行政转变，积极探索当前的行政管理权向专业技术权转变，加强行政权力实施的专业化建设，确保高质量的行政服务；扩大院系在学科专业建设、课程与教学改革、人才队伍建设、财务管理等方面的主动权，在院系行动与顶层设计之间建立直接联系，减少决策信息传递中的权力阻隔。第三，院系要提高自主发展和自治能力，不仅需要提高主要负责人和党政机构的引领、治理能力，还需要为广大教师参与治理提供必要空间，一方面要切实发挥教授委员会等正式组织的实质性作用，另一方面要为教师个体赋权赋能，引导教师个体意识到学术资本转化既是一种责任，也是一种发展方式。这需要校院两级管理者进行关于权责界定、利益分配、产权保护、绩效评价等维度的科学设计，以为教师主动参与创新创业实践提供规范和保障。只有教师成长为创业型个体，唤醒教师内在的责任意识、进取精神和创新能力，从而富有创造性地投入教学、科研和服务，并通过终身学习来不断增强自身的专业发展能力，以提升工作质量，即教师转变为学习型和创业型个体，院系的活力才能够得以充分激发，大学的创新办学才能获得更大的动力和更广泛、更厚实的基础。

三、基于创业型大学发展逻辑的府学关系调整

大学内部发展与治理要素的优化在根本上受制于宏观结构，在构建创业型大学治理体系过程中，调整政府与大学的关系是核心要务。创业型大学要以实质性贡献和服务为导向来落实新的质量观，一个根本性前提是具备面向社会需求的独立发展、自主发展能力，而现实中导致大学依附发展的关键在于政府的治理方式，因此通过法治化治理来保障政府管办评分离、优化服务的改革方向，通过评价机制改革引导大学调整生产和服务体系，是创业型大

学时代调整府学关系的核心向度。

（一）法治化治理：深化管办评分离，强化大学的独立发展能力

创业型大学的组织特质在于能够依据变化的外部需求及时调整组织结构和运行方式，以精准提供智力服务。这种灵活的运行管理模式要求大学能够充分地独立办学，而这则是以其高度的办学自主权为基础的。很难想象，在一切服从于单一的行政意志、受制于等级化的权力格局中，大学能够主动地、富有创造性地实施办学。长期以来，令大学深陷其中的科层制或行政化管理模式，严重束缚着大学自主发展能力。因此，必须赋予高校主体性及办学自主权，使其成为面向社会自主办学的法人实体，这样，大学才具备转型发展、增强服务能力的战略主动性、能动性。

在我国现代大学制度建设过程中，尤其在“管办评分离”改革中，大学获得了一定的自主办学空间，但大学要更好地适应日益复杂的内外部环境，不断增强知识生产能力，还需要在资源与经费使用、学科和专业调整、人事任命和职称评定、科研与教学等核心领域具备更多自主权。[①]然而，传统大学管理体制的路径依赖及行政权力的扩张本性，导致大学只具备形式上的法人地位，而无实质性法人权益。有学者指出，政策驱动始终是我国教育治理的基本特点，教育治理政策化在治理方案上具有模糊性、变动性特征，在管理相对人权利保障和救济方面存在缺失，显然这反映的便是行政化管理对学校自主权的束缚和伤害。[②]针对行政化管理的弊端，有效的大学治理要求强化高等教育法治化建设，依法对各级政府的依法治教状况进行督导问责，以法治效力来确保权力调整落到实处，避免政府以行政意志为标准，在放权和收权之间频频切换。同时，也要强化政府为大学提供办学资源、信息服务、中介协调等法定职责，也即，通过法治化建设，保障政府既不越界也不缺位。在法治化治理体系建设中，尤为重要的一点是必须在法律上明确高校与政府是拥有同等法律地位的治理主体，在涉及府学责权纠纷的处理上，应按平等法律主体的原则实施协调，而非因政府作为大学的举办者而置后者于被动、低阶位置，侵害其合法权益，甚至剥夺其申诉和救济权。当然，这需要在《高等教育法》中进行更加系统、明晰、完善的设计，或者专门制定《大学法》

① 秦志伟.一张待定的校院权责清单［N］.中国科学报，2021-08-03（5）.

② 靳澜涛.我国教育治理政策化的成因与出路［J］.苏州大学学报（教育科学版），2021（2）：35-43.

对其进行更加详尽的细化。

在进一步完善高等教育法规、强化高校自主权法定化的同时，要重视大学章程建设。大学章程是大学治理的“根本法”，要推进大学转型发展、独立发展，需要在其中明确记载大学独立发展的法定依据、程序、方式，包括协商确定载入政府等外部主体的权责清单。目前，大学章程建设之要务是破除形式主义痼疾，探寻章程在依法治校中发挥实质作用的有效路径，使其由束之高阁走向大学法治建设实践。例如，经地方立法程序使章程成为地方行政法规，从而具备保障高校办学自主权和解决法律纠纷的足够法律效力，尤其是具备对政府相关部门等学校外相关主体的规制效力；[①]再如，大学是否依法实施按章管理，应作为上级党委巡视、教育督导部门进行督导的重要内容等。总之，将政府的管办评分离政策落到实处，大学自主权得到有力的法律保护，能够自主发展和管理，这是实现发展范式转型的必要条件。

（二）评价体系重建：以贡献和质量为评价标准，引导高校主动转型

教育评价的基本功能之一就是导向功能，在大学缺乏充分的独立性、自主办学权相对匮乏的条件下，大学评价体系在更大意义上影响着大学的办学取向。与此同时，政府作为大学举办者和资源投入者，高度重视以评价为工具强化对大学的介入。在此背景下，大学评价体系是否科学合理，直接决定着大学办学的方向和效益。因此，要促使大学向创业组织转型，增强社会服务能力，就必须打破“五唯”评价模式，重建以共享和质量为核心的评价体系。

在我国，政府是高等教育评价的主导者，尽管政府主动引导大学向应用型院校转变，并面向社会需要办学，但实际上，院校转型和大学的社会贡献力度是不尽如人意的。从本质上说，这是由于政府主导的大学评价无法在根本上摆脱行政权力的控制取向，而行政权力的运行方式及其背后的思维逻辑无法实现与市场的有机融合，大学难以真正摆脱依附于政府办学的惯习。这意味着，必须通过重构政府的大学评价机制，来改变大学的办学模式。政府主导的大学评价模式具有三大特征，即大学绩效评价数量化、评价与利益分配一体化和大学评价统一化。如前所述，量化评价直接导致“五唯”，利益取向则强化“五唯”，统一化评价则导致大学纷纷以研究型大学为标准进行同质

① 张应强，唐宇聪.大学治理的特殊性与我国大学治理体系现代化［J］.清华大学教育研究，2020（3）：6–13.

化办学。近10年来国内外大学排名方兴未艾，排名机构的市场化营销手段使其成为“五唯”的重要推手。当大学机械地按学术性指标和内向型指标实施办学，社会服务必然在大学目标与职能体系中处于边缘，创业型组织转型也难以成为大学的主动选择。要改变这种评价模式，第一，政府要将高校智力服务的质量和贡献作为主要评价标准，引导高校为国家和地方战略需求提供实质性服务。在国家制定的教育评价改革新方案中，特色、贡献和质量已经被明确作为大学评价的新标准，但方案只具备指导作用，难以推动新标准落地，这就需要在高等教育法规中明确记入，或者出台专门的大学评价条例，明确阐释作为大学评价标准的“质量”和“贡献”的含义、范畴、评价程序等，为执行新的大学评价提供明确依据和有力保障，确保大学以科技开发为基础增强智力服务能力、提高服务质量，并为此主动构建创业型大学。第二，政府应尊重市场组织的评价主体地位，为市场组织切实参与大学评价创造条件，促使大学以满足市场需求为基本办学目标，并据此进行人才培养模式、知识生产模式和运行管理模式的改革乃至重塑，以为产业、行业发展提供有实质意义的产品与服务，助力产业升级和经济结构优化，推动“双循环”战略高质量运行。无疑，这是大学作为知识经济社会轴心机构的时代使命，标识着大学的基本社会价值。第三，重视大学自我评价在整个评价体系中的基础性、主体性地位，引导高校在科学定位基础上建立个性化评价机制，强化发展性、增值性评价，将办学的依据由单一政策转向学科规律、社会需要等综合因素，在创业型大学语境下，就是要更多地依据社会所需来变革组织结构、创新生产与管理机制，从而增强社会生产的对接能力、融入能力，提高学术资本转化收益，达到与外部主体的“共赢、共生”。同样，市场组织的评价主体地位、大学自我评价的权力与责任等，均需在专门的法规条款或独立条例中进行明确规定，实现评估法治化、规范化，避免对大学固有内在逻辑造成伤害。

在整个评价改革中，政府作为元治理者，发挥着中枢性、引导性作用，因而必须不断提升自身现代化治理能力，以引导各评价主体建立科学合理的大学治理网络。一是政府对大学评估和排名进行整合、整顿，在鼓励专业化、综合化评估的同时，规范大学评估的市场秩序，避免商业取向侵蚀评估的科学性、公正性，建构健康、绿色的评价环境；二是积极引导大学评价走向法治化轨道，为各评价主体科学、有效参与大学评估提供法治保障。评价机制改革是整个大学体系改革的“抓手”，通过重建评价体系，使社会服务成为必要的战略选择，是大学主动谋求转型发展的必备条件。

结语

综上所述，大学有效治理的最终目标是促成大学的价值实现，而大学价值实现的核心标志是其以知识的力量推进经济社会发展，智力服务则是大学实现价值的实践形式。高水平或一流大学的根本评价标准就在于其相对于社会进步的贡献力，在于其为社会进步所提供服务的质量。需要强调的是，此处大学之智力服务或其推进经济社会发展并未否定大学作为知识机构的天职，即探索知识、促进知识创新仍是大学的核心使命，并作为其功能与价值体系之根基，只不过对于创业型大学而言，参与社会生产、服务社会需求成为大学知识生产体系的源头，其智力服务价值的高低内在地包含着知识创新质量。对于我国大学治理来说，必然要强化创业型大学理念，在治理中建立以贡献和质量为核心的评价新体系，推动大学转型发展，追求自身与社会价值的统一。

第三节　基于协同发展的大学集群治理及其实践

组织的结构决定着组织的运行方式和运行质量，要实现高等教育内涵式发展，就必须优化高等教育结构，实现高等教育“规模、质量、结构与效益”的统一。[①] 从理论研究与实践所普遍关注的领域来看，高等教育结构一般涉及宏观层面上的区域与布局结构、学科与专业结构、投入结构、院校类型结构等，以及微观层面上的生源结构、师资结构、校院关系结构、权力结构等。但本研究认为，目前关于高等教育结构的研究忽视了对大学校际关系的足够关注，而作为高等教育体系或结构的核心要素，大学校际关系直接影响着整个高等教育的生态质量。从现实来看，各高校之间因过度竞争导致的校际关系失衡已经损害了高等教育生态，阻碍着大学的高质量发展。因此，以协同发展重构大学间关系就成为大学治理的重要内容。

一、从过度竞争到协同发展：大学间关系的重构

（一）过度竞争损害高等教育生态和大学高质量发展

在不同的高等教育法系框架下，大学都作为一个具有独立或相对独立法

① 成刚. 内涵式发展视角下我国高等教育规模、结构、质量及效益研究［J］. 教育学报，2021（1）：99.

律地位进而承担相应责任，同时具有自身利益需求的社会组织，不断追求增加办学资源、谋求办学效益最大化是大学的组织特性。在资源相对有限的条件下，大学间形成竞争关系。当市场在高等教育资源配置中发挥基础作用，大学间的竞争关系会更加强化。在竞争条件下，大学生存方式容易趋向于个体化、自利化，而弱化公共责任，即如哈贝马斯所说的，个体利益“入侵公共领域”。我国在由计划经济体制向市场经济体制转变过程中，市场在财政投入分配、高校绩效评估、人才聘用等领域的影响力不断扩大，甚至大学还与金融乃至资本建立了联姻关系，市场作用空前凸显。[①]

市场拓宽了教育资源的来源渠道，提高了资源配置和使用效率，激发了高等教育系统各要素的活力。但由于教育与市场间的内在冲突及高等教育市场理性的不足，市场化条件下高等教育的准公共性甚至是商品属性不断被强化[②]，市场竞争、成本核算、产出评估等越来越成为高等教育资源配置的核心机制，高等教育的公共属性及公共价值受到冲击，大学在计划经济体制下被遮蔽的自我意识开始觉醒和强化，产生了普遍的本位主义、自利主义。从政府角度看，一方面，政府越来越多地通过市场竞争来调节高等教育，不断加大大学绩效在资源分配中的权重，由于大学对资源的依赖性正变得越来越强，大学间的资源竞争愈演愈烈；另一方面，由于大学领导者的任命与评价权归属政府，其对“政绩”的追求进一步加剧了竞争。此外，在大学评价的社会化取向下，某些地方政府将排行榜作为院校评价、资源配置的依据，引发大学“排名焦虑”。在诸多因素促使下，大学间的竞争演变为零和博弈，高等教育市场陷入无序状态。[③]典型的例子就是当前高校间“竞价挖人”导致了高等教育中的马太效应，不同区域、不同层类的院校间质量差距不断拉大，部分院校还因此陷入了财务困境，严重倾斜的人才待遇更是对广大普通教师造成了“负激励”，更甚者是极端功利化的人才战略贬损了高校文化。概言之，大学间的过度竞争，使大学深陷过度竞争的陷阱中，损害了高等教育生态，最终束缚了大学自身的高质量发展。因此，重构大学间关系，建立正常的竞合关系，尤其是强化其协同发展关系，是我国大学治理模式改革的必要选择。

① 阙明坤.混合所有制视角下独立学院办学体制创新研究［J］.复旦教育论坛，2017（3）：46-52.

② 付八军，邬大光.高等教育属性论：教育政策对高等教育属性选择的新视角［J］.高等教育研究（武昌），2006（10）：48.

③ 冒荣，宗晓华.合作博弈与区域集群：后大众化时代我国高等教育发展机制初析［J］.高等教育研究，2010（4）：35-40.

（二）协同发展是建构大学间新型关系的一个重要向度

过度竞争造成大学办学的同质化和质量瓶颈，实质上是高等教育资源的低效甚至无效使用。基于此，从相反的角度即以协同发展为视角来审视、重构大学间的关系，就具有重要的建设性意义。大学间的协同发展关系即两所或多所大学在各自办学目标系统之间寻求并积极建构最大“公约数”，从而确立共同价值、共同利益，进而以此为依据建立战略联盟，在资源和管理上相互借鉴、相互补充、相互强化，以提高各自资源使用效益，并形成协作创新效应。大学间的协同关系有不同类型，也发挥着不同的作用。一是促进大学间资源互补。资源型协同是大学协同的基本形式，如教学和科研设施互补、课程资源相互开放及学分互认、人才互派交流等，这种协同对于成员学校而言常常是短缺资源的补充。1925 年，美国洛杉矶市克莱蒙特等七所大学结成“克莱蒙特大学联盟”，初衷在于利用地缘的便利来加强资源合作。[①] 二是大学合作共建项目，追求协同创新，或通过合作来共同、更好地服务于国家重大战略需求，包括重大基础科学及核心技术的研发项目、重点实验室建设等。这属于大学核心资源的共同开发和深度协同，目标在于通过强强合作实现创新性发展，如 2019 年 7 月 2 日成立的以共同促进深空探索、行星科学、地球科学发展为使命的“中国高校行星科学联盟”即属于此类合作。三是同类大学通过协同来优化行业特色，应对共同的发展诉求。这类协同在理念认同、文化支持及建立共同的行动框架方面发挥重要作用，如地方本科院校基于转型发展需要而建立的应用技术大学联盟等。四是共建共享管理体系。大学管理体系的交流互鉴有利于整体提升各成员高校的管理能力，尤其是引领型大学的先进管理模式分享，有助于各院校有针对性地改进管理模式。我国 CIQA 质量保障设计，以及“博洛尼亚进程”“伊拉斯谟计划”中各国就高等教育质量保障达成共识，都属于管理体系的协同共建。协同发展秉持系统论观点，促进了大学间资源的互补与整合，提高了大学各自资源的使用效益，是重构大学间关系的重要向度。

二、大学协同发展的实践：大学战略联盟

（一）大学战略联盟的含义与实践

大学协同发展关系的建构反映了一个国家或地区高等教育发展的战略性

---

① 李华．构建中国的大学联盟［N］．光明日报，2013-06-12（5）．

思维，有利于优化结构和提升效益，在实践中表现为大学战略联盟的方兴未艾。大学战略联盟是由两个或多个高校基于共同的理念、目标或利益诉求而建立起来的，在办学资源和管理体系等方面实现了共享与合作，从而共同提高办学能力、形成协同效应的松散联合体。以战略联盟形式加强校际合作，实现各成员高校的协同发展，是国际高等教育改革发展的重要战略选择。[①]如美国大学合作委员会（Committee on Institutional Cooperation，CIC）、德国理工大学联盟（German Universities of Technology，TU9）等。欧洲国家启动的“博洛尼亚进程”“伊拉斯谟计划”，旨在整合欧盟高等教育资源，引导成员国共同致力于提高欧洲高等教育质量，在本质上体现了联盟思维。在我国，从20世纪50年代开始即由国家主导建立的“国防13校”、80年代以教育部部属高等工业学校教育研究协作组为代表的高校协作组、自90年代开始各地创建的大学城及高教园等，都在不同程度上体现出大学战略联盟的特征。[②]2009年，北京大学、清华大学、复旦大学等九所国家重点大学组成C9联盟，是迄今组织较为稳定、具有持续影响力的大学联盟。2012年5月，由教育部和财政部联合实施“2011计划”，标志着大学战略联盟上升到了国家战略层面。近些年，大学结成战略联盟的趋势大大增强，联盟使命也更加明确，如以促进大学转型为重要目标的应用技术大学联盟，旨在加强国际化合作的“一带一路”大学战略联盟，增强区域性高等教育竞争力的山东省高等医学教育联盟，强化学科合作的医学“双一流”建设联盟、“双一流”农科联盟、生物学一流学科建设联盟等。2019年6月，厦门大学等高校发起成立全国高校内部质量保障机构联盟，合作推进大学内部质量保障发展，我国大学战略联盟的合作内容扩展到了质量治理领域。大学战略联盟促进了高校资源合作，在一定程度上改变着高等教育结构和生态。

（二）大学战略联盟的协同发展本质及其治理价值

显然，大学战略联盟遵循的是另一种逻辑，即大学间不仅仅是基于经济人假设的竞争关系，而是存在着共同的价值基础，如培育优秀人才、促进科技进步和增加国家福祉等公共服务，而且在战略上具备通过资源整合来扩展

---

① 周光礼，吴越．从竞争到合作：C9联盟组织场域的建构（上）[J]．高等工程教育研究，2011（4）：58–59.

② 韩萌．从“合作”到“共生”：新中国成立70年来大学战略联盟的嬗变与形塑[J]．中国高教研究，2019（9）：35–41.

个体资源边界、扩大资源效能的可能基础。换言之，大学战略联盟在本质上遵循着“协同发展”思维。依此，大学间的一致性与差异性都可作为协同的基础，大学致力于寻求这种一致性及蕴含于差异性中的互补性，从而确立共同价值的引领，在资源、技术、功能等各层面建立耦合关系，形成有机共同体，有效应对组织优化和环境变化的需求。在协同思维引领下，大学之间由片面的竞争关系转化为战略伙伴关系，生态化成为大学制定发展战略的基本原则。

大学协同发展在本质上重塑了高校之间的关系，优化了高等教育治理结构。其一，促进高等教育治理主体的多元化。以大学战略联盟为代表的院校协同体本身具有治理主体的属性，使得在传统的“政府—市场—高校”三角关系框架下，治理主体更加多元化，高等教育治理权进一步分散化，这是高等教育治理现代化的基本特征。其二，为政府改进治理方式提供条件。大学协同强化了院校群体的自组织性，提高了大学的自我管理能力，从某种意义上说是分担了政府的高等教育治理权责，而且也为政府从微观干预大学办学转向宏观指导提供了契机，高校自主权将获得进一步解放。其三，扩大了学术权力的权能空间。在传统的高等教育管理模式下，大学由于个体化、分散化的存在方式而在整个权力格局中处于弱势，大学协同以联盟为基础，在一定程度上改变了大学势单力薄的局面，实质上是扩大了大学的自主空间，增强了大学与外部治理主体的对话能力，拓展了学术权力的效能空间。治理结构优化是治理能力提升的前提，在协同发展框架下，治理主体的进一步多元化、政府权能实施方式及府学关系的改进、高校学术权力权能空间的扩大，为大学有效治理提供了必要条件。

三、我国大学协同发展的治理要求：集群治理新范式

我国高等教育主要采用以市场机制为基础的竞争发展范式，大学协同发展则强调相反的向度——协作共赢。[①] 从现实来看，大学协同发展已成为一个广泛建构中的事实，承载着推进高等教育深化改革和提升质量的价值预期。在当前条件下，大学协同发展并非现行高等教育发展模式的一般性补充，而应作为高等教育发展的新范式，并需要一种与之相适应的治理模式。就此，本研究提出了大学集群治理这一改革新视角。

---

① 张继明，王洪才．由过度竞争到协同发展：高等教育发展的范式转换［J］．国家教育行政学院学报，2018（8）：26-32.

集群治理是基于“产业集群”这一独特产业发展形式的一种治理模式。1990年哈佛大学学者迈克尔·波特在《国家竞争优势》一书中提出，产业集群是在某一特定领域内互相联系、在地理位置上集中的机构的集合。[①]在当下，新科技极大改变了企业的组织和生产方式，信息、知识、技术等要素都参与生产和管理过程，这使得产业集群逐渐突破了空间限制。集群的根本特征在于打破了自由市场在生产、交换、资源配置中的绝对作用，强调以合作为取向的新逻辑。在集群内部，每个机构的个体目标与整体利益相对一致，各机构之间保持稳定而富有成效的协商与合作；在协同创新条件下，成果共享与知识产权保护之间的关系能够得以妥善处理；集群致力于建构一种信任文化，为各机构提供了一个统一的价值与行动框架；产业集群具有开放性，它与外部产业结构保持着良好关系，从而在更大的价值链上占据有利位置。产业集群在畅通人才交流、激发机构创造力、降低生产成本、共同面对全球化压力等方面发挥着传统企业组织难以企及的作用。产业集群是一个网络协作型的复杂有机系统，要协调好其内外部复杂关系，就需要建立有效的治理体系，“集群治理”由此而生。所谓集群治理，就是以整体观审视产业集群，通过正式的与非正式的制度和规范来持续调节集群中所有利益相关者的行动，这些利益相关者既包括集群内部价值链上的所有参与者，也包括与集群相联系的外部市场与机构，通过集群治理促使其在共同目标导向下同步互动、有序协作。[②]

大学战略联盟等协同组织具有明显的集群属性，但与产业集群有着本质区别：其一，产业集群以商品交换和最终的利润诉求为联结，而大学协同则以知识为逻辑起点，其运行和治理遵循的是知识生产规律。其二，大学是典型的公共组织，如果说利润是产业集群建设的根本动力，那么追求公共价值则是大学协同的主要动力来源，前者是一个利益共同体，而后者是一个价值共同体。但在当前高等教育管理模式下，大学的个体价值被无限放大，公共使命和公共价值则有所淡化，因而想要更好地促进大学协同，就需要革新治理方式。基于大学协同组织的集群属性，本书认为大学集群治理是指治理主体通过制度供给、订立协约和文化建构，引导各大学建立共同使命和共同价值观，进而在此导向下以协商与协作、共建与共享为实践机制，持续改进集群及各成员院校的知识生产模式、知识生产能力。通过集群治理，大学集群

---

① 陈剑锋.产业集群的理论与实践研究［D］.武汉：武汉理工大学，2003：16.

② 汪国银，刘芳.产业集群治理：动因、结构与机制［J］.经济问题，2007（6）：24–26.

构成了一个生态系统，该系统既能以自组织的方式有序运行，又能够与外界环境进行有效沟通，成员院校的发展获得了系统的有力支持，个体价值得以充分释放，而结构化的协同又产生了耦合效应，推动大学协同组织产生增力，实现了远远超乎个体的增值。针对我国变革高等教育发展与治理传统的需求，大学集群治理具有较强现实针对性。

四、我国推动实现大学集群治理：价值取向与路径设计

（一）强化公共价值取向，制定和谐共生的发展思路

大学的本位主义、自利主义及绩效导向的制度体系直接导致并强化着大学过度竞争，而包括各大学在内各相关主体的价值观发生异化，即大学将智力资源作为资本而谋求利益最大化，政府和市场则将大学当成实现政治和经济目的的工具，利用政策和资源杠杆不断强化着高校的利己倾向，这就是大学无序竞争的根源。因此，要改善大学之间的关系，各主体必须立足于共同价值追求，构建价值共同体，这是大学实现协同的根本前提。具体来说，大学作为教育机构、学术机构和文化机构，面向的是人类文明进步的共同诉求；就一个国家而言，代言国家和大众意志、践行公共责任是大学的应然使命，是故为国家公器。高校应确立以发展知识、培养优秀人才、促进国家和社会进步为使命的公共价值观，超越狭隘的本位主义、功利主义和自我主义，为协同发展奠定牢固的文化根基。正如布鲁姆在《走向封闭的美国精神》中所强调的，大学必须进行一种高于生活的探索，尤其是那些人类共同面临的哲学问题，人们在探索中共同秉持的使命感是构成大学共同体的基础。[①]在公共价值观的引领下，大学需要进一步制定“和谐共生”的发展思路，即大学超越基于个体利益的发展观，改变以自我为中心的零和博弈发展策略，转而寻求彼此间的共同利益及最大公约数，并为形成和扩大共同利益而积极创造必要条件。为此，各大学间应相互沟通、相互补充、相互支持，在各自追求差异化、特色化发展的基础上形成具有耦合性、生态性特征的关系模式。这种和谐关系框架的建立，有利于大学合作各方整体发展与各大学独立发展之间的统一。明确公共价值导向并制定和谐共生的发展思路，是实施大学集群治理的必要前提。

---

① 艾伦·布鲁姆.走向封闭的美国精神［M］.缪青，宋丽娜，等，译.北京：中国社会科学出版社，1994：407–411.

（二）建立多样化的高校协同组织，采取相应的治理模式

在产业集群治理的探索中，学者依据不同的集群组织形式提出了四种治理模式，包括以行业协会为中心的意大利治理模式，以风险投资者为中心的硅谷治理模式，政府积极干预、以官方或半官方机构为中心的行政治理模式，以核心企业承担主要治理功能的盟主治理模式。①大学协同组织亦可以采取不同的组织方式，例如，以高等教育专业学会等中间组织来发起建立高校协同，采取产业集群治理中的意大利治理模式；由政府来主导组织高校协同，在治理方式上属于行政治理模式；由大学自发组织实施协同，在治理方式上更适于采取盟主治理模式。目前我国大学协同主要是由高校自发组织的，主要采用的治理也属于盟主治理，自发性质的大学协同能够更大限度地激发其创造性，将会成为高等教育协同发展的主要形式。但从长远来看，随着协同发展逐渐成为重要的高等教育发展范式，大学协同的组织形式应走向多样化。尤其是政府，可依据国家发展战略需求来主导建立某些大学协同组织，发挥政府在资源支持、政策保障等方面的独特优势，扶持大学协同发展。与大学自发组织协同相比，政府主导的大学协同更强调特定的国家导向，往往参与国家专项建设，服务重大战略需求。在未来，随着我国第三方机构发展环境的不断优化，相关专业学会可参与主导大学协同的组织与治理，发挥其与大学联系密切、深刻把握行业规范的优势，而且作为非直接利益相关者，专业学会主导大学协同，在一定程度上能减少因复杂的利益关系导致的治理阻滞问题。建立多样化的大学集群治理模式，将推动高等教育协同发展逐渐走向生态化，从而产生更大的协同效应。

（三）高校协同组织加强制度建设，提升自治能力

大学协同组织的发展有赖于组织本身具备良好的治理体系和治理能力，这是推进大学集群治理的重心。其一是完善组织架构。大学协同组织具有典型的松散联合体特征，各成员大学是独立的法人实体，依法享有办学自主权，但当大学主动参与协同组织，就应该履行其作为组织成员的职责，接受相应的领导和协调。为此，大学协同组织需要建立理事会，作为最高决策机构，理事长由各成员大学民主选举产生，负责将重要事项提请理事会关注或召开会议、启动项目，并执行理事会托付的其他任务；理事会需设立秘书处，作

① 黄喜忠，杨建梅．集群治理的一般性研究［J］．科技管理研究，2006（10）：51–54.

为常设机构负责日常管理和服务工作，秘书处应面向社会招聘专职工作人员；根据大学协同组织的职能划分及与外部环境的交流所需，可以在大会以下设置各委员会，负责财务管理、学术审查、外联、法律咨询与仲裁等专项工作。需要强调的是，大学协同组织的部门设置和建设必须以精简、高效为原则，实施专业化的管理与服务。其二是建立健全规章制度。其中最重要的是制定大学协同组织的章程，就组织的性质、愿景、职责，各成员大学的准入与退出、权利与义务，理事会及秘书处的职权及其决策方式，成员大学间的合作途径等作出具体规定，尤其是要明确大学间利益共享办法、知识产权保护、信息公开等关键问题。基于不同性质、领域的协同需要，应在协商基础上制定明确的规范、准则。通过制度建设，在大学协同组织内部形成一种融合民主与集中、自治与统一的治理结构，使其具备充分的组织协调能力，并逐渐形成协同发展的文化，这是大学协同组织实现整体效应的治理基础。

（四）充分发挥政府的元治理功能，优化高校协同发展环境

随着高等教育治理模式愈发多样化，不同治理模式之间也建立了多元交互关系，由此形成了高等教育网络治理，大学协同正是治理网络化过程中的一个治理节点。但政府主导型治理、基于市场机制的治理及新兴网络治理，都存在各自的弊端，而且相互之间也存在冲突，导致治理失灵。在此背景下，政府就需要发挥"元治理"作用。"元治理，是为了克服治理失灵而进行的对自我管理的管理或自我组织的组织，追求科层制、市场和网络三种治理的协调。"[①]在元治理过程中，政府通过制定规则、组织协调及为自治主体提供支持等方式发挥掌舵功能，促进不同治理方式的优化结合。[②]在大学集群治理中，大学自发建立和专业学会主导的大学协同组织，依据高等教育市场及学术共同体的逻辑实施治理，拥有较大的自主权，但要引导大学协同组织发挥更大的正向作用，还需要发挥政府的元治理功能。其一，政府应制定相应规则，依法对大学协同实施宏观引导和监督，在保障大学协同组织的管理自主权的同时，确保其依法实施合作，尤其是避免部分大学以结盟的方式共谋"圈子利益"，而破坏高等教育公平竞争环境；其二，变革以校为单位的高等教育评

① 孙珠峰，胡近."元治理"理论研究：内涵、工具与评价［J］.上海交通大学学报（哲学社会科学版），2016（3）：45-50.

② CAREY D.Metagovernance of urban governance networks in Canada：In pursuit of legitimacy and accountability［J］.Canadian Public Administration，2013，56（4）：584-609.

价机制，加强以协同性、开放性的重大基础研究及核心技术研发项目为载体实施经费、资源配置，引导大学超越个体边界，以科研创新和服务国家战略需求为导向积极实施校间协同；其三，政府要继续探索建立科学的高校分类体系，通过分类管理来引导大学实施分类发展、特色发展，这更有利于大学实现优势互补、协同发展，而避免同质化发展和不良竞争；其四，政府在发展湾区经济、推进区域经济一体化发展中，引导建立“湾区高等教育群落”，依据产业创新需求搭建学科联盟、教学联盟等，实现“区域＋人才培养＋社会服务”的融合创新。[①]在实施元治理过程中，政府应不断提高治理能力，妥善处理与大学协同组织间的关系，避免权力越界，对大学协同性的自主发展造成掣肘。

结语

过度竞争或竞争失序对我国高等教育生态和大学高质量发展造成了重大阻碍，从结构优化的角度重审大学间的关系，并以协同发展为导向在实践中重构大学间的新型关系，可以优化高等教育发展生态。协同发展既反映了当代科技革命及其对大学发展范式的变革要求，也反映了我国高等教育结构优化的现实战略选择，因而是我国大学治理改革的重要方向，是实现大学有效治理的着力点。大学集群治理是与协同发展相适应的治理新模式，它以寻求和扩大院校间共同利益为基础，促成大学之间的共商共享共治，符合我国的体制和文化特色，有利于避免传统的高等教育管理模式下大学非理性竞争而导致的失序和低效，更重要的是通过大学协同而优化了高等教育结构与生态，扩大了有限高等教育资源的整体效能。所以，以促进大学协同发展、优化高等教育结构和生态为目的，推动大学实施集群治理，是我国大学有效治理战略体系的重要组成部分。

第四节　大学治理中关键主体治理能力的专业化建设

大学治理主体的治理能力最终决定着治理现代化水平。尤其是在我国大学管理体制与惯习之下，治理主体的结构及其治理方式对于大学的整体治理

---

① 陈先哲，陈雪芹.多中心之下的融合创新：粤港澳大湾区高等教育集群的挑战与出路［J］.苏州大学学报（教育科学版），2019（2）：13–19.

质量有着决定性作用。因此，加强大学治理主体的治理能力建设是大学实现有效治理的重要步骤。大学治理主体治理能力的现代化包含多重含义，如科学化、法治化、民主化、专业化及人本化等，其中专业化既是现代化的重要构成，同时还是衡量现代化水平的重要标准。如前文所述，从我国大学治理的实践来看，治理主体的专业化治理能力是我国大学治理现代化建设的主要束缚性因素，因而本研究认为，加强大学治理中关键治理主体治理能力的专业化建设是我国大学实现有效治理的关键向度。

一、大学组织及其运行的复杂化要求实施专业化治理

现代化理论是认识人类文明进步或人类社会变迁的一个重要理论工具。现代化既标志着一个先进的社会结构形态，又是社会结构不断优化从而走向更高级社会形态的一个建构过程。[①]现代化在本质上指代着人类的存在方式及其持续变革，而其背后是各种现代性力量的产生及其作用。其中，技术是人类进步的主要现代性力量，从基于经验的简单化技术发展到复杂的现代科学技术，技术的产生、创新和应用的主体开始逐渐走向分化和专门化，即技术越来越走向基于不同产业与行业、不同职业与岗位、不同科学领域与学科的差异化与精细化，专门的社会机构和专业人员群体不断增加，并成为特定技术的主体，其按照所处领域的运行规律与实践法则，运用特定的知识和技术完成工作目标，形成了不同程度的技术垄断。专业化推动了科技发展，现代化的力量日益强大，推动人类社会不断向前演进。由此，专业化构成了现代化的一种方式或工具。

高等教育是在人类现代化进程中逐渐分化出来的社会领域，大学则是建立在社会分化基础上独立的社会机构，这种独立性及其价值源自高等教育作为专门化、技术化存在的属性。换言之，大学的办学活动具有高度专业化特征，大学必须在尊重人的成长规律、知识活动规律的基础上，以培养人的方式、发展知识的方式从事人才培养和科学研究，从而确保高级专门人才的养成和科学创新等目标的达成。但是，认识、尊重规律并以有效的方式去践行，而且避免在不认识甚至忽略规律的情况下采取错误的办学行为，则需要进行相应的制度设计与保障。大学的人才培养与学术研究是高度复杂的专业性活动，而且创新型人才培养和现代科学研究、技术开发的高度复杂化，又空前加剧了大学专业活动的专业性要求。在此条件下，针对大学专业活动及其组

① 张继明．高等教育现代化视域下慕课的批判性分析［J］．电化教育研究，2016（3）：66–71.

织结构的优化要求，需不断变革和创新大学制度体系，以适应大学功能与组织的变化，尤其需要深谙大学活动规律的专业人员，以专业化的管理理念和技术来对大学专业活动进行管理，即专业化管理。但是在总体上，大学的组织嬗变、结构优化、管理模式改进及生产效能提升也正是一个大学现代化及其治理现代化的过程，而且治理现代化不仅是大学组织嬗变的结果和要求，还是促使大学实现现代化升华的重要方式和推动力量。如果说，大学治理现代化是指大学治理主体立足于大学角色、职能与结构的多样化、复杂化现实，以增强大学生产能力并持续提高产出质量为导向，以现代教育与管理科学及技术手段优化大学治理结构及其效能的过程[①]，那么治理的专业化同科学化、民主化、法治化等共同构成了现代化治理体系。因此说，专业化不仅构成大学治理现代化的基本内容，还是大学实施现代化治理的一套技术体系。

二、大学关键治理主体的专业化治理要求

（一）传统的管理者群体是大学治理关键主体

前文专门论述了我国大学治理主体问题，认为我国大学治理主体分为三个层类：其一是当前大学管理模式中的“管理者”；其二是包括学术管理组织在内的学术群体；其三是行业、企业和第三方等社会主体。在大学治理中，三类主体各自发挥作用，协同实现大学治理目标。从理想角度来说，按照学术本位原则，学术群体理应在大学治理结构中位居核心，但基于我国特殊的高等教育管理体制和大学内部治理传统，管理者群体在事实上占据着大学权力布局的中心位置，因而是大学治理中的关键主体。从另一个角度来说，管理者通过职权应用和功能发挥服务于学术发展，本身也是学术本位逻辑的具体表现，故应正确认识和处理“以学术发展为本”或“以学术权力为中心”同“管理者作为关键治理主体及其在大学权力布局中占据中心位置”之间的关系。对于社会主体来说，尽管其在当代大学治理中越来越扮演着不可或缺的角色，但其治理作用的发挥最终须通过其他两类主体的转化，后者的治理观、治理能力直接决定着前者能否有效参与大学的办学与治理。因此，强化关键治理主体即管理者群体的专业化能力，是适应复杂的大学组织及其运行的要求，是由我国特殊的大学治理环境所决定的，应作为我国实现大学有效

---

① 眭依凡.关于一流大学建设与大学治理现代化的理性思考［J］.中国高教研究，2019（5）：1–5.

治理的重中之重。

大学管理者群体是指大学内部行政管理者及政府教育行政部门管理者，其中又分为四个主要层级：一是政府教育行政部门管理者，负责地区高等教育发展顶层设计；二是党的大学基层委员会书记和大学校长，负责大学内部顶层设计；三是大学行政职能部门管理者，负责执行学校决策并在各自分管领域制定发展规划，实施基层管理和服务等；四是大学院系管理者，全面负责院系党务、学术和行政等事务。按照我国制度化的行政层级来说，第三、四层级处于相同层级，但按当下我国大学内部的权力规则，职能部门管理者代表学校权力，并通过审核、评价、资源分配等方式对院系拥有实际上的控制力。随着高校两级管理机制改革的深化，院系的办学自主权将不断扩大，院系管理者权力同中层行政职能部门管理者的权力将不断减少事实上的层级差别，更多地表现为角色与职能上的分别，即后者趋向于作为服务者角色，通过诊断性评价等方式保障和促进院系自主办学，这也是大学实现有效治理的客观要求。

（二）大学关键治理主体的治理能力专业化建设

严格来说，大学治理离不开宏观权力主体的参与，从国家到省级层面，党和中央、地方政府在各自责任范畴内拥有大学治理的最高主导权、最终决定权，并通过政策制定、经费分配、法治引导等方式在宏观上发挥着具体职权。本研究将大学治理关键主体限定在专门的教育治理主体上，包括政府教育行政部门、大学内部从校级到院系层面的传统管理者群体，以上主体以教育治理为专门职责，对教育或大学起着直接性作用。

第一，政府教育行政部门治理能力专业化建设的核心向度。在以政府为主导的治理体系中，教育行政部门顶层设计的科学性、可行性直接影响着地方高等教育发展的方向、布局、结构和质量。教育行政部门管理者要增强其专业化治理能力，首先要建立科学的教育观、大学观和发展观，即充分认识高等教育及大学的属性与功能，尤其是认清在新时代发展社会主义高水平大学的重大意义，从而进一步明确加大高等教育投入和保障力度，为大学自主办学和创新办学提供优质服务的责任，包括不断增强自身治理能力的责任。其次，准确认识和把握高等教育及大学组织的运行规律，以此作为制定地区高等教育规章、政策和制度的首要依据，并协调其与政府机构的以政治原则为指导、以行政权力为基础的运行逻辑之间的矛盾，避免后者凌驾于前者之上。大学“去行政化”改革之所以步履维艰，根本原因在于政府始终未能协调好政治化思维与大学逻辑之间的矛盾，大学无力摆脱行政化管理的桎梏。最后，在教育行政部门管理者队伍建设上，政府应选拔、组建兼具“政治家”“教育家”“学者”素养的管理队伍。从古代“学而优则仕”到如今“学者型官员”的转换，反映了我国重视提升领导干部专业素养、不断完善培养选拔机制的趋势与要求。“学者型官员”具有年轻化、专业化、知识化等特征，“官念”淡薄且事业感强，有从事专业性事业和组织管理的必要特质。[①]但教育或大学管理者必须准确把握高等教育发展规律及其变革趋势，因而教育行政部门管理者应具备教育家素养，能够充分借鉴管理科学与技术进行高等教育和大学管理与决策。在教育管理中，教育行政部门需要同政府其他部门及社会各领域进行复杂的交往，从而面临着不同类型、不同层面的协调乃至博弈，这又需要其具备一定的政治家素养。因此，只有具备优秀的综合素养结构，才能适应我国教育治理、大学治理的复杂要求。

第二，大学党委书记和校长治理能力专业化建设的关键环节。英国教育家埃里克·阿什比强调：“大学的兴旺与否取决于其内部由谁控制。”[②]我国大学的发展包括当下“双一流”建设目标的达成，有赖于一支专业化的大学书记和校长队伍。为此需要在三个环节进行深化改革，首先是以高等教育或大学的逻辑为依据选拔大学领导者，即当代大学领导者应具备优秀的教育家素养。现实中，大学领导者属于政府官员系统，其任命和调整依据的主要是党政系统的规范及标准，这往往导致一部分大学领导者懂政治，但不懂教育、不懂大学，难以治好大学。因此，要以严格的专业标准选拔大学书记和校长，这是大学领导人走向专业化的关键环节。当然，大学党委书记与校长在大学治理中的职责分工有所不同，书记的选拔任命更加强调其作为党在大学基层组织的代表这一角色，应优先保障其在思想、政治和组织领域的领导权，但必须保证其同时具有卓越的教育治理能力，或者需要建立大学党委书记后备人才库，进行有针对性的高等教育理论与实践培训。相对来说，大学校长的第一角色应该是教育家，可积极探索建立面向社会的公开选拔机制，正如学者宣勇所认为的，大学校长遴选应让多元利益主体参与；[③]本研究则认为，大

① 孙应帅．“学者型官员”的特征、价值及能力提升［J］．人民论坛，2020（19）：44–47.

② 埃里克·阿什比.科技发达时代的大学教育［M］.滕大春，滕大生，译.北京：人民教育出版社，1983：59–62.

③ 宣勇，郑莉.大学校长遴选与高等教育治理能力的现代化［J］.中国高教研究，2015（8）：23–26+44.

学校长遴选应由大学组织遴选委员会，负责初选校长，确定人选由政府备案并任命。此外，必须改革大学领导者考核评价机制，除了必要的思想政治素养，应主要考核以提升学校发展质量为标志的治理业绩，从而引导其自觉提升专业化治理能力并致力于学校发展事业，这是强化大学领导者治理能力专业化建设的又一关键环节。当然，大学领导者要适应复杂的大学内外部环境，也需要具备一定的政治家素养，但相对来说，当下我国大学领导者的选拔应进一步强化其教育家素养。

第三，大学行政部门管理者治理能力专业化的重点步骤。大学领导者为学校改革与发展确定了方向和愿景，制定了总体规划，而学校中层职能部门则要负责执行。中层职能部门具有一定的自主性和创造空间，有机会在各自领域内创造性地制定和实施执行方案，其创造力水平和自主权的应用能力在很大程度上影响着整个学校的生产与管理效益，而创造力和自主权应用能力的增强都需要以足够的专业化水平为基础。为此，首先，在大学职能部门管理者队伍建设上，应坚持专业标准，确保每个部门主要负责人都是所处领域的专家，如人事部门负责人应是人力资源开发与管理专家，财务部门负责人应是财政学、财务管理等领域的专家，教务处负责人应是高等教育学专家，尤其深谙课程与教学领域的理论与实务等。同时，所有行政职能部门管理人员都应对大学的属性、逻辑及其基本治理原则有着深刻的理解，因为大学的人事工作、财务工作等都服从于高等教育或大学这一特殊行业和特殊组织的限定。这不仅需要在选拔任命关上坚守专业标准，还需要强化高质量的培训，以促使其持续获得认知与能力的更新。其次，要确保每个部门管理者的专家型能力，必须废止长期存在的“调岗”制度，即在一定期限内不同部门管理者相互调换，这一做法导致管理者难以在特定领域持续探索，无法成长为专门领域的专家。最后，在中层职能部门实施管理中，必须克服“行政化”对专业化的抑制，为此需要实现“两个转变”，一是推动职能部门权力的性质由行政权向专业权转变，强化其职业行为的服务性定位和专业化特质，即通过提供专业化的服务来促进大学知识活动，凭借优质的职业能力获得存在合法性；二是推动职能部门管理人员在身份上由管理者向“职员”转变，实现“因事设岗”“按岗聘任”“能上能下”“岗酬一致”[①]，引导教育职员主动持续学习，不断提高岗位工作能力、专业化服务能力。中层职能部门的转变将大大改变其与院系的关系，是大学“去行政化”改革的必然方向，也是实现“专

① 张伟杰，王玉芝. 关于教育职员制的几点思考［J］. 科技进步与对策，2003（17）：127-129.

家治校”的重要步骤。

第四，院系管理者治理能力专业化建设的有效路径。在传统的大学发展模式下，院系主要是作为基层教学和科研组织，角色与功能相对单一，管理结构亦相对简化，而且其运行和管理具有明显的内向性和封闭性。随着大学走向社会和市场中心，院系的办学任务逐渐出现社会化趋势；同时大学内部绩效管理的实施触发了院系间竞争，而在学科评估、大学评估与排名等新形势下，院系的自主发展和自主管理责任不断加大，这就对院系管理者提出了治理能力专业化的要求。与上述其他管理者不同，院系管理者一般都是各自学科的知名学者，具有较好的学术素养，但往往缺乏优秀的管理素养，因此，要正确处理好院系内部、院系与大学、院系与社会之间日益复杂的关系，必须增强院系管理者的专业化治理能力。院系管理者的选拔应改变单纯以学术造诣为标准的传统做法，在兼顾学术素养和管理素养两个标准的前提下，强化管理素养的要求，以保障其有能力协调复杂的内外部关系；改变长期以来从院系管理者中选拔优秀人才到职能部门任职的做法，因为这会造成具有管理素养的基层人才流失，不利于院系发展，尤其不适应深化校院两级管理改革、扩大院系办学自主权的趋势；减少学校和中层职能部门对院系办学的干预，赋予院系管理者充分的管理自主权，促使其在自主性、创造性的管理实践中锻炼和提升治理能力；扩展学校教师发展中心功能，将管理者培训纳入其中，通过系统性培训学习和有针对性地指导服务，为院系管理者增强管理素养赋能；成立校内“大学治理论坛”，为院系管理者、中层职能部门管理者及高等教育学、管理学等相关学科专家提供研讨与协商的平台，可围绕院系治理中出现的难题开展专门讨论等。大学是一个特殊的“底部沉重”组织，院系负责人的治理专业化水平在很大程度上决定着大学治理的总体现代化水平。

三、提升党的专业化治理能力是大学治理现代化的根本

在不同国家和地区，不同的体制机制、社会文化、高等教育发展的基础及其体系结构等决定了大学治理模式的差异性。大学治理模式只有以大学知识生产规律为根本依据，并反映本土需求，具备本土特质，彰显本土智慧，才能达到治理的目的。要推进中国大学有效治理，必然要发掘和构建具有中国特色的大学治理机制，而坚持党的领导是其中最重要的构成部分。“党的领

导是扎实办好中国特色社会主义大学的根本保证。”[①]如果说政府教育行政部门及大学内部各层级管理者是大学治理的具体实施者，那么在具有根本意义的国家体制层面上，大学的终极治理者为中国共产党，其决定着我国大学治理的根本方向和最终成效。实践表明，坚持党的领导，有利于确保大学办学遵循正确方向，促使大学办学服务于国家战略需求和推动大学教育实现跨越式发展，是我国高等教育从世界高等教育体系边缘逐步走向中心的根本推动力量，体现了我国高等教育创新发展的“中国之治”。[②]客观而言，党在大学基层设置的各级委员会在保障社会主义办学方向、落实党和国家教育方针方面发挥了巨大作用，但在具体的大学治理中还需要进一步完善工作机制，尤其是需要提高党在大学治理中的专业化程度。

（一）以大学组织属性及其内在逻辑为大学治理的出发点

大学的独特功能与价值是以其学术创造为基础的，从这个意义上说，大学治理的本质是学术治理，学术规律和相应的规范、规则将作为党实施领导权、治理权的基本依据。无疑，党的大学组织系统如学校的各级党委或党支部必须依据党章国法履行政治责任，而以习近平总书记关于建设中国特色社会主义大学的重要论述为指导，促进国家教育事业健康发展为目的，包括促进大学的科学与教育发展，实现为党育人和为国育才，这是党的大学组织系统履行政治责任的客观反映。正如《中国共产党普通高等学校基层组织工作条例》（以下简称《条例》）所要求的，大学党委要“支持校长按照《中华人民共和国高等教育法》的规定，积极主动、独立负责地开展工作，保证教学、科研、行政管理等各项任务的完成”。换言之，大学党委的领导与治理反映在高校学术发展领域，即通过依章依法实施组织、政治和思想领导，保障大学拥有从事知识生产所必需的适宜场域及秩序，为满足人才培养和学术发展诉求提供充分的资源和制度基础。在具体治理过程中，党在大学的各级组织应严格遵循习近平新时代中国特色社会主义思想，秉持科学的教育观、大学观和发展观，采取专业的治理举措，避免出现官僚主义、形式主义、行政化等问题，束缚大学创新发展。正如《条例》所强调的，大学党组织工作要坚持

① 胡金焱.加强党对高校的全面领导　牢牢把握立德树人根本任务［N］.光明日报，2018-06-05（5）.

② 张继明.刍议我国大学治理模式的特色、优势与优化：坚持党的领导的视角［J］.北京教育（高教），2021（7）：85-87.

全面从严治党，加强作风与纪律建设，并将党建与大学人才培养、科学研究等深度融合，为高校改革发展稳定提供思想保证、政治保证和组织保证，把立德树人的成效作为检验高校党建工作的根本标准。尊重高等教育和大学发展规律，是党实施专业化治理的重要前提，若脱离大学这一特定情境及发展要求，背离了实事求是的思想路线和工作基础，其本身就是违背了党的正确领导要求。

（二）通过法治化建设不断提高大学“党委领导”水平

党的领导法治化承续了中国共产党改善领导方式的优良传统，坚持和发展了马克思主义政党理论，是新时代深化改革和依法治国实践的根本旨归。① 党对大学的领导同样需要强化法治建设，确保“党委领导”这一核心体制充分发挥优势。在大学治理中，党委全面领导学校工作，是要依据《中国共产党章程》《中国共产党普通高等学校基层组织工作条例》及《高等教育法》等规章履行职责和权力，坚持法治原则是治理专业化的基本前提和重要保障；大学章程是在大学党委领导下建立的关于大学内部治理的“宪法”，体现了包括学校党委在内的各利益相关者依据相关法规、大学组织规律及校情等进行商议从而达成的共识，学校党委应严格遵守章程规定的职权利用方式，引领、指导建构依章治校的制度与文化体系。在我国大学治理实践中，“党委领导”与“校长负责”之间常常存在着治理理念和方法上的分歧，在一定程度上会影响大学治理秩序和治理成效，从党的领导角度而言，要通过建章立制，完善依法治理、依法行为体系，理顺党政关系，处理好政治领导和行政管理、行政服务间的关系，并积极探索党的领导或党委领导在大学治理中的有效路径、具体方法；同时值得特别强调的是，在党委领导这一权力框架下，大学党委书记常常在事实上扮演着大学最高领导人的角色，建立一支政治素养和学术治理素养双高且协调的大学书记队伍，直接影响到我国高等教育事业的大局，这意味着党中央或省委实施高等教育治理的重要任务之一就是加强对各级各类高校党委书记的选拔、任命、培训及监督和考核。

（三）党的大学治理必须遵循科学的思维和方法

在工作实践中运用科学的思维与方法，是实现专业化的基础。当代大学

---

① 张炜达，郭朔宁.论全面依法治国背景下党的领导法治化［J］.西北大学学报（哲学社会科学版），2021（5）：46-55.

体系正变得越来越庞大和复杂，大学治理因而成为具有重大挑战性的工作。我国拥有世界上最大规模的高等教育体系和个体体量巨大的大学，而且高等教育内涵式发展和大学的改革与创新事关国家与民族利益，这就要求不断增强大学治理者的科学治理能力，提高治理效能。强化党的大学治理科学化，首先，要坚持和发扬调查研究的基本工作方法。党的大学治理是思想观念、方针政策、战略规划上的定向与决策，事关大局、全局，必须确保其科学性，为此要不断学习，加深认识高等教育发展的规律与变化趋势，把握在新的国内外形势下我国高等教育发展面临的机遇与挑战，确定大学组织变革与制度创新的方向和路径；尤其是在探索中国特色大学模式过程中，需要立足于我国特殊国情要求，实施“中国探索”，突出“中国之治”，彰显“中国优势”①，构建中国特色社会主义大学模式。其次，要坚持“从群众中来，到群众中去”的群众路线，即深入大学发展与治理一线，充分认识和掌握大学在人才培养、科学研究和社会服务等各领域的真实状况，尤其是充分收集大学在学科评估、人才队伍建设、资源与利益分配、评价改革、党建与廉政等核心环节的关键信息，在充分研讨、科学论证的基础上明晰广大基层组织和师生员工的诉求，进而科学决策、科学施策，真正解决一线生产、管理与服务中存在的重点、难点和痛点问题。在调研、评价和决策中充分利用信息技术、大数据技术、云技术等现代科学手段，提高信息收集与数据分析的精确性、充分性和效率性，进而提升决策的科学化水平。加强党的领导，必然要以提高党的科学工作能力为前提，强化党的专业化大学治理，确保遵循科学的思维与方法进行大学治理。

结语

大学有效治理要求建立现代化的治理体系，各治理主体具备现代化的治理能力。治理主体及其治理能力在最终意义上决定着大学治理的有效性，决定着高水平大学建设的质量。在由一元化管理走向多元化治理的过程中，在向各主体合理赋权赋能的前提下，重点关注关键治理主体的治理能力建设，是优化治理结构的必要选择，而提升关键治理主体的专业化治理水平又是推进这一过程的重要举措。这既是由当代大学治理的复杂性及我国大学治理的特殊性所决定的，也是在我国高等教育基本管理体制下强化党对大学的正确领导的客观要求，因此本研究将提升党的专业化大学治理能力作为重中之重。从我国大学治理的现实来看，脱离高等教育运行规律和大学发展的内在逻辑

---

① 宣勇，伍宸．论高等教育发展的“中国之治”［J］．高等教育研究，2021（2）：1–13.

要求，导致大学治理中盛行经验管理、人治管理、科层制管理等，不符合专业化的根本要求，束缚着大学创新发展和治理现代化，是我国“双一流”建设进程中的主要障碍。因此，要深刻理解专业化与大学发展和大学治理之间的关系，把握专业化作为一套理论和技术体系的内涵，以此来提高我国大学关键治理主体的治理能力，这是我国实现大学有效治理的重要向度。

第五节　大学文化的治理性与大学治理中的文化建构

新制度主义理论认为，文化认知因素本质上就是制度体系的组成部分，制度建设内在地包含着文化的建构和治理，甚至文化因素的作用要甚于日常语境下的制度因素。[①]从现实来看，人们在组织管理中普遍重视文化建设，借以统一思想、建立共同愿景、规范成员的行为并激励其投入积极性等。在我国现代大学制度建设中，文化建构是一个重要向度，其作用在于对内维护大学的精神与传统，对外协调大学与社会间的价值冲突。[②]在大学治理中，人们发现大学文化具有“治理性”，即大学文化与大学治理在相互作用的过程中彰显出了独特的治理属性和治理功能。[③]这意味着，我国大学要实现有效治理，必然不能忽视大学文化的建构及其治理价值。换言之，针对行政化、功利化等大学中的负向文化样态，建构与当代大学组织与使命相适应的新文化，是我国实施大学有效治理的必要举措。

一、大学组织与文化的相互关系与文化的治理性

（一）大学组织的属性、结构与功能决定着大学文化样态

组织文化是组织系统的有机组成部分，文化附着于组织，组织的属性与功能决定着文化的性质或类型。大学文化同样是由大学组织所决定的。其一，大学的学术组织属性和人才培养、科学研究、社会服务等核心功能决定了大学文化必然要反映知识发展规律或学术规则，包括追求知识发展的价值观，

① 张继明，余敏.论现代大学制度建设中的大学文化治理：基于社会学新制度主义的视角［J］.中国地质大学学报（社会科学版），2017（5）：149–157.

② 张应强，高桂娟.论现代大学制度建设的文化取向［J］.高等教育研究，2002（6）：28–33.

③ 张德祥，牛军明.论文化治理性与大学文化治理［J］.现代教育管理，2021（1）：1–9.

守护知识创新所必需的学术自由、学术独立与学者治校的环境及准则，践行以人为本的教育观和立德树人的使命感等。这种关于大学观、知识观、教育观的信念、精神、理想及其坚守就是大学文化的内核。其二，由于大学的角色、属性和功能是一系列主观范畴内的概念，因而有着不同的认识和践行方式，其所反映的大学文化也就有所差异。例如，在较长时期内，我国关于大学的界定深受政治化思维影响，即便是现在，我国大学仍深深打着行政化的烙印，这就决定了权力的逻辑支配着大学，而非知识生产的规律及培养人成才的使命，控制、服从、保守会更多地标志着大学的文化特征。在市场化程度高的教育环境下，受制于利益、市场交换等逻辑，大学会表现出显著的功利主义、个人主义、绩效主义等文化取向，大学教育的公共价值必然会受到遮蔽。其三，无论是基于知识驱动、社会选择，还是治理者的大学改革活动，大学的组织及其功能不断进行着调适，大学文化也随之发生变化。例如，从纽曼大学理念中的“僧侣的村庄”，到弗莱克斯纳大学论中的“知识分子垄断的市镇”，再到克拉克·科尔眼中的“五光十色的城市”[①]，在漫长的历史进化中，大学的组织结构、功能及其与社会的关系不断发生变化，而显然三个关于大学的隐喻分别标志着不同时期大学的文化特质，即偏安于寂静乡村的象牙塔、以纯粹知识为追求但逐步走向世俗的学术机构、大学的触角遍布城市的社会服务器，分别反映着大学从中世纪发轫到 19 世纪 60 年代在教学、科研和服务三个主要功能上的衍生和递进。在这个过程中，大学逐渐由封闭、保守走向开放、多元、功利，同时也不断祛魅，由神秘化走向大众化，由神圣化走向世俗化，相应地，大学文化也发生着相同趋势的变化，而且在多元文化取向或样态之间存在着复杂的矛盾冲突。

（二）大学文化反过来影响着大学组织的结构及其功能发挥

组织的属性、结构与功能决定着组织文化的生成，但组织文化具有一定的能动性，对组织结构具有形塑作用，而且会影响到组织的结构、运行方式、功能发挥，因而有时候通过有目的的文化建构可以实现组织优化，这体现为组织文化的治理性。同样，大学文化对于大学的组织调整、制度建构等起着反作用。大学文化符合大学的逻辑，即促进大学的生产，反之则阻碍大学生产。在大学治理中，通过文化建构保护大学的逻辑，保障制度建设的价值立场，规范治理主体的价值观与行为，以确保大学实现其知识的生产与应用目

① ［美］克拉克·科尔 . 大学的功用［M］. 南昌：江西教育出版社，1993：1–6.

标，即大学文化的治理性或治理功能。

我国当代大学是在移植欧日大学、学习苏联和美国等国家大学模式的基础上，经由复杂的本土化适应和创造而建立起来的大学模式，反映在大学文化上，既体现了在本质上作为学术组织对学术自由等经典大学理念与精神的追求，也体现了在现代民主社会发展中大学对于民主化、法治化的跟进，同时还深刻体现着中国文化中的“天人合一”，体现着在国家体制下党作为领导核心的政治原则、逻辑及在具体方式上强调的党建引领等。当然，也体现着我国大学制度与文化体系中行政化思维与学术本位之间、市场与权力联姻下功利化取向与大学的超越性文化之间的矛盾。就目前来看，我国大学正处在范式转型期间，即由传统大学模式向创业型大学转变，大学的组织结构和治理方式都面临着转型的要求，需要更加开放，更加富有服务意识，更加富有进取心和社会责任感，积极面向社会和市场参与创业实践及与此相适应的变革与创新精神尤其标识着大学的文化气质。同样，在转型过程中，研究高深学问的办学传统与以创新创业为中心的办学价值导向之间、纯学术传统与学术资本转化新职能之间的矛盾，也制约着新的大学范式的建构。

在我国大学发展进程中，始终存在着不同文化样态之间的博弈，反映出文化的治理性。例如，针对科层制模式下的官僚主义、行政中心主义等，以大学自治、学术自由和教授治校为标志的经典大学理念和原初意义上的大学精神，始终发挥着对抗、抵御作用，以捍卫大学的逻辑；民主化与法治化作为现代化的基本维度，也作为我国当代大学的重要文化样态，对长期存在的人治传统、官僚化及“关系文化”具有针对性的诊治功能；以“和合”为中心的传统文化在大学治理中则有助于实现制度实施的“软着陆”和缓解制度刚性带来的价值冲突，同时也有利于打破不同群体和组织间的壁垒，重构大学共同体；在以创业组织为导向的大学转型过程中，大学及大学人的社会责任感、社会服务意识和创新精神、创业热情为保守的、具有中国特色典型事业单位特质的大学传统带来冲击，抑或是一种促其改变的力量。这一系列文化现象既反映了我国大学不断调适与改变的客观要求，又反作用于大学的变革，制约着大学的组织结构与功能状况。未来我国大学有效治理的基本方向就是充分尊重大学的本质属性与逻辑要求，并促使其逐渐适应新大学范式的要求。

二、当前我国建构大学新文化的核心维度

大学文化建设的基本逻辑是依据大学组织的本质及其要求建构与之相适

应的文化，以及基于普遍存在的负向文化样态进行有针对性地改造，使之回归至应有的文化范畴，当然改造的根本依据还在于大学的内在逻辑。对于我国大学而言，当务之急是在有效的文化改造基础上，建构大学改革与转型发展、高质量发展的新文化体系，以此来推动现代大学制度和现代化大学治理的进程。

（一）树立学术本位大学观，确立其在大学文化建构中的基底地位

学术创造是大学存在和发展的动力之源，学术本位反映了大学的内在逻辑，相应地，学术本位主义应是大学新文化建构的基本取向，是大学新文化的基底。所谓学术本位，就是大学职能的发挥和拓展，以其学术能力为基础，以大学制度为建构，以促进学术创造为导向，资源配置、绩效评估、决策管理、行政服务等各环节俱以学术生产规律为依据，在大学里形成崇尚学术、尊重教授、服务教学、关怀学生的文化氛围。[①] 当大学以研究“高深学问”为安身立命之本，我们才能够真正做到尊重大学的传统、大学的逻辑，大学才能建构以学术自由、大学自治、教授治校为核心的制度规范，学术委员会才能获得学术主导权和自主权，教授才能因此而获得充分的治校参与权，行政管理也才能转化为服务型行政，进而大学“去行政化”才不至于沦为空话，如此才能建构一个符合大学组织要求的治理结构。尤为重要的是，学术本位主义文化将促使教师重新获得“大学主人”的地位，这符合大学从诞生伊始就作为一个学术共同体的属性要求。从根本上说，学术本位主义大学观是大学自治、学术自由和教授治校等经典大学理念的集中表达。只有尊重学术在大学里的本源性价值，才能促成学术与行政间关系的本真回归，大学文化才能走出官僚主义的泥淖。对真理的热情、崇尚与追求，亦有利于摒弃极端功利主义和工具理性主义的大学观、教师观和职业观。当然，如前文所述，在大学转型过程中，或者在创业型大学语境之下，大学需要重审其知识观和价值观，主动调整知识生产模式以适应创业实践的要求，而这就意味着学术本位本身具备了显著的外向性特征，从而要求学术权力革新，也即在维护传统学术价值的同时兼顾社会选择的逻辑，而避免陷入象牙塔的围墙之内。开放的学术本位，正是当前和未来我国大学文化建构的基底性逻辑。

---

① 张继明．学术本位视域中的大学章程研究［M］．济南：山东人民出版社，2015：10.

（二）复兴家国同构的文化传统，强化大学的服务功能和转型发展意向

中国社会以家庭为中心的文化衍生出家国同构的社会传统。《大学》有云："古之欲明明德于天下者，先治其国；欲治其国者，先齐其家；欲齐其家者，先修其身。"这奠定了国人修身、齐家、治国、平天下的道德理想和行为准则，成为个人奉献于国家大业和人民福祉的理想追求，对国家和民族的认同与责任感，即家国情怀。大学为国之大器，其道"在明明德，在亲民，在止于至善"，中国知识分子亦素有"先天下之忧而忧"的胸怀，大学教师作为知识分子亦应追求"为天地立心，为生民立命，为往圣继绝学，为万世开太平"。也即，大学及大学人不仅仅是有着自身需求的个体，还有着服务于国家和人民的使命，这种家国情怀是一种"更深层次的爱的情感"。[①] 今日之大学文化建构，以阐扬传统优秀文化为其途径，而在大学成为国家和民族复兴、经济和社会进步的助推器，大学教师以推动科技创新和培养创新人才为己任的背景下，这种家国情怀显然对于大学更好践行其历史使命具有重要价值，这就提出了在建构大学新文化中复兴家国同构之文化传统、弘扬家国情怀的要求。阐扬家国情怀、确保大学坚守国家公器的使命观，引导大学人践行民族和社会责任，一方面有利于引导其强化服务意识，参与社会服务，凸显大学和知识的时代价值，另一方面，这在狭隘功利主义思想极盛的条件下，具有重要的价值匡正意义，即促使学术职业由单纯的"为稻粱谋"转变为服务于社会主义建设，改变极端功利化、私利化的大学氛围。从目前大学转型发展的角度来说，大学及大学人建立家国情怀，也即树立和强化以专业技术投入生产服务、社会服务的使命感和责任感，并积极践行新的大学观、知识观，从而促使大学建立学科和专业建设、人才培养与科学研究同国家、地方的战略需求相融合的治理体系，将推动创业型大学的建立和发展。

（三）强化法治化思维与程序公正意识，推动大学治理的现代化进程

大学的法治化思维，即大学以提升大学管理效益和办学质量为目标，建立完善的法规与制度体系，在大学办学的各个环节，各主体尊重法规章程的规制性角色，相信法治化的价值，自觉依法依章办事。大学是一个"松散耦合"组织，其基层组织如院系、学科、专业和项目，以及不同的教师乃至学生个体，都有着各自的运行规律和模式，但这并不意味着大学是一个完全的

---

① 郑富兴．国家主义与教育借鉴［J］．比较教育研究，2014（2）：30–35.

自由王国甚至毫无秩序的“乌合之众”，大学作为一个正式组织，具有制度化的内在要求，而现代大学作为一个越来越复杂的组织，更要求实施管理。而且，大学作为追求真理之所，在终极意义上担负着为人类立法、审视并反思人类自身的使命，故更需要强化其“法”与“公正”之逻辑。在我国大学治理中，大学规章体系一方面有待于进一步健全和科学化，另一方面则是依法依章管理的执行力十分欠缺。在熟人社会文化的影响下，人情化、潜规则化、官僚化等管理模式、文化氛围都严重背离了现代组织科学与规律。如此，大学也就失去了为人类立法与自我审视的资格，因为真理在狭隘的大学观中可能异化为少数人的选择。因此，强化法治化思维，完善规制体系，增强制度化和规范化管理，祛除熟人化管理传统，就成为大学建构新文化之要务。其中，程序公正作为法治化的基本原则，在我国大学法治化文化构建中，具有特殊意义，其在形式上为践行教育法治思想提供了实践机制，在为大学追求科学与公正价值建立“行动指南”的过程中，对于有针对性地克服人情、关系、潜规则等文化弊端具有重要的现实意义。法治最终要追求实质的公正，但以程序公正为中心的形式公正是基础，目前我国大学法规及制度建设并不完善，且大学制度本身存在一定程度的“公正危机”[①]，通过专业化的程序设计以凸显和落实程序公正，对于维护制度公正具有针对性价值。为此，当前我国大学一是要强化大学章程建设，以推进依法治校，并通过具体、明晰的程序化规定来落实法治精神；二是要加强程序化建设，重点是在尊重大学学术与教学规律的基础上，在行政、管理、服务等领域加强标准化建设，突出程序公正，这是我国法治化制度与法治文化建设的关键内容。

（四）贯彻社会主义核心价值体系，凸显中国大学模式的特色与优势

习近平总书记强调：“我国有独特的历史、独特的文化、独特的国情，决定了我国必须走自己的高等教育发展道路，扎实办好中国特色社会主义高校。”[②]社会主义核心价值观为此提供了价值与行动的方向和标准。社会主义核心价值观不是单纯的政治观和价值观，其不仅反映了中国特色社会主义的内在要求和中国建设文化强国、增强文化软实力、提升国际核心竞争力的客观需要，还反映了自由、民主、文明、公正的普遍大学精神。大学作为一个文化机构，承担着文化传承与创新的重任，在国家文化战略中占有极其重要

① 别敦荣，徐梅．论现代大学制度的公正性［J］．山东社会科学，2012（8）：110–118.

② 常青，李力．扎实办好中国特色社会主义高校［N］．光明日报，2018–02–12（6）.

的位置，因而中国大学的文化建构必须始终贯穿社会主义核心价值观。在文化建构中贯彻社会主义核心价值观，有助于突出我国大学模式的中国特色和社会主义方向，增强道路自信；有利于大学坚持党的领导和创新党的工作方式，增强制度自信；有助于中国特色社会主义理论体系的发展，增强理论自信；有助于大学坚持立德树人的教育使命，培养出具有文化自信并能创新中华文化的社会主义建设者；有助于大学建立独立自主的大学评价体系，摆脱“西化、美化”思维；有助于大学的办学者、治理者坚持群众工作方法，从而改变官僚主义大学文化；有利于重建集体主义义利观，防止“精致利己主义”进一步泛滥。在实施“双循环”战略、构建新发展格局形势下，大学是我国经济和社会实现独立、创新发展的基础，落实社会主义核心价值体系将引导大学构建创业型大学新范式，变革知识生产模式，增强智力服务能力，有效服务国家战略需求，并且在加强中西大学对话与博弈中占据有利位置，因而具有重大的战略意义。总之，无论是从我国特殊国情出发，还是从大学组织文化建设的客观规律出发，贯彻社会主义核心价值观都是必要的，是当前我国建构大学新文化的重中之重，是中国高等教育发展实施“中国探索”、突出“中国之治”、彰显“中国优势”[①]的思想与价值保障。

大学文化是一所大学赖以生存和发展的基础，是一所大学的灵魂。树立学术本位主义大学观，复兴家国同构的文化传统，强化法治化思维与程序公正意识，学习和贯彻社会主义核心价值观，这是当前我国大学文化建设的四个重要维度。明确学术本位主义的大学观，也就是以大学的逻辑为根据来改革大学制度，践行大学的精神与传统；复兴家国同构之传统，也就是要阐扬传统优秀文化，大学立足国家和经济社会进步需要变革体制机制；强化法治化思维与程序公正，适应现代化要求及教育现代化的趋势，依法治教才能落到实处，大学章程作为现代大学制度的实施机制才能发挥效用；贯彻社会主义核心价值观，发挥社会主义理论体系的指导作用，突出大学模式和大学文化的中国特色，将党的领导和社会主义信仰有机融合到大学制度体系之中。只有建构新的大学文化，才会加快我国大学制度创新的速度，为“双一流”建设提供可靠的制度保障。

三、强化制度精神是当前我国大学文化建设的重点

如前文所述，制度主义理论的基本观点认为文化认知是制度体系的内在

---

① 宣勇，伍宸．论高等教育发展的“中国之治”［J］．高等教育研究，2021（2）：1-13.

构成部分，对于制度实施具有促进或制约的作用，其中，制度精神是认识和建构制度文化的重要视角。制度精神既体现着制度作为现象背后的共同理念、价值和追求，同时也体现着以制度为核心的各利益相关方共同促进制度落实并发挥制度功能的努力。在我国强化文化建构在大学有效治理中重要作用的条件下，建构必要的制度精神显然是一个不可绕过的维度。现实是，从改革的制度设计到制度的具体实施，我国大学制度与文化体系都缺少必需的精神力量，既表现为现代大学制度或大学治理缺乏核心价值引领，更表现为制度在权力、利益、观念的相互交错纠结中实施的困难，出现大学治理失灵。为此，我国大学在文化治理中，应加强制度精神的建构。

（一）政府改进治理能力，确保制度建设反映大学内在逻辑

政府是国家和社会公共领域、公共事务的设计者和治理者，其发展观、价值观、治理方式等是社会文化体系的重要组成部分，并在很大程度上决定着文化发展的整体走向。我国高等教育实施集中式管理，政府作为大学体系顶端的权力掌控者，其秉持何种大学理念及是否具有创新大学制度的规划，甚至在重大制度变革上是否具有政治抉择的决心和魄力，在根本上决定了我国大学文化生态及制度体系中的制度精神状况，进而从根本上影响到现代大学制度建设的成效。所以，我国在建设现代大学制度中，要培育制度精神进而发挥其功能，有赖于以政府为核心的大学顶层治理者建立正确的大学观，即尊重高等教育作为一个以人为中心的特殊行业或事业的内在规律，尊重大学作为知识生产者或学术共同体的组织属性；相信大学学术进步与国家利益的根本一致性，给予大学应有的自主和自由空间；正视过度行政化、功利化及绩效主义管理方式对大学组织造成的伤害，认识到创新大学制度的必要性和紧迫性；积极转化职能方式，确立服务者角色，为大学办学、教师学术发展和学生成长提供良好的服务环境；在此基础上，政府就大学制度改革做出科学的顶层设计，并通过政策、法规、制度等国家力量来推动制度实施。

从我国高等教育管理体制变迁的历程来看，我国政府在制度改革的取向上体现了高等教育及大学的逻辑要求，这是大学改革与发展及各利益相关者各安其位、各司其职的心理基础。但由于制度改革在本质上受制于复杂的权力、利益结构等因素的深层羁绊，所以作为一个庞大高等教育体系和浩大的世界一流大学建设工程的设计者和主导者，政府尚需要坚定改革创新的信念

与勇气，承担起作为大学权力与利益结构破冰者的职责，深化制度改革，打破有违教育规律和大学逻辑的权力布局和利益格局，尤其是主动放弃自身某些狭隘的价值立场及管理习惯，构建科学、合理的现代大学制度体系，并集中力量攻破包括行政化在内的制度沉疴，推动现代大学制度向实践转化、落实。

（二）建设专业化的治理者队伍，发挥其价值示范作用

无论是政府作为高等教育治理者革新大学理念并决心推动制度改革，还是大学及其院系建构学术共同体和学术本位的大学文化，都需要具备一个共同的条件，即高素质的领袖人物在大学文化建设及其范式转变中发挥“引领者”作用。[①] 在任何政治体制及组织行为模式下，领袖人物都扮演着至关重要的角色，需要其发挥独特的治理才能。从高等教育史看，大学组织的进化从来都离不开一批卓越的大学领袖的智慧与创造，德国的费希特、施莱尔马赫、洪堡，以及美国的埃利奥特、科尔、范海斯，以及我国的蔡元培、梅贻琦、竺可桢等，都堪称高等教育历史的缔造者。我国的国家和社会治理具有典型的精英治理特征[②]，在大学治理中表现为党政领导掌握大学的主要治理权力，“‘党委领导下的校长负责制’是中国特色现代大学制度之魂”[③]。在宏观层面上，政府要真正尊重大学的逻辑，持续深化大学制度改革，需要顶层治理者具备教育家、政治家、改革家的智慧、胆识和魄力；在微观层面上，大学领导者要更好地协调政府干预与大学自主间的关系，同样需要具备教育的、政治的情怀、智慧和勇气，而院系学术共同体的建立就更需要具有学术号召力和人格魅力的基层领袖发挥引领、凝聚作用，并能够为学术利益代言。

这意味着，政府主管教育的负责人及大学的校长、院长必须经由科学的任命或遴选机制才能产生，唯有打造出一支真正意义上的精英型大学治理者队伍，政府主导的大学制度改革、大学及其院系的共同体构建才能够真正按照大学的逻辑去实施，现代大学制度精神才能成为现实。故高等教育或大学各级领导者的产生机制必须做出改变，这是我国大学治理现代化建设成功的关键，而在顶层设计中，高层决策者、领导者能否打破制度锁定及其

---

① 杨建荣，方泽强．大学文化范式变革目标及实现［J］．现代教育管理，2012（5）：45–49.

② 魏淑艳．中国的精英决策模式及发展趋势［J］．公共管理学报，2006（3）：33–38.

③ 柳友荣．新时代中国特色现代大学制度的学理阐释与实践理路［J］．复旦教育论坛，2018（4）：17–23.

背后的利益格局，这种突破与创新的决心和魄力本身也是制度精神的重要表现。

（三）推进依法治教，以良法善治来呵护大学的精神

制度精神的生成与培育并不是一个自觉、自发的过程，而是时常面临价值、权力与利益关系的掣肘。由于长期以来我国大学主要依靠实施人治化管理，而且大学作为一个涉及多元利益主体的“泛功能体”[①]，大学内外各利益相关者之间存在着错综复杂的权力与利益纠缠关系，制度本身异化为特定群体及其利益的保护者，而非多元诉求的共同体现。尤其是在科层制乃至“行政化”管理模式下，行政权力的过度扩张严重限制了大学的自由与创新，而行政本位的制度体系又成为维系权力的基础，造成了制度锁定。要打破这种制度僵局，就必须强化大学治理的法治化思维，以法治手段建立和强化现代大学制度精神。作为人类现代文明的重要构成部分，法治既是一种社会治理方式、治理技术，还是一种文化，其价值内核体现为公正及对公正价值的守护、追求[②]，因而法治还表现为一种具有明确取向的精神，而其特殊的规制能力是促使以公正为核心的价值观得以实践的重要保障。在我国大学文化或制度精神建构中，迫切需要借助法治来践行公正，在规范各治理主体尤其是权力占有者的行为，促使其依据大学的逻辑来实施管理和决策的同时，呵护学术人和共同体的学术权利，保护各主体革新大学制度、践行大学理想的勇气与情怀。

需要指出的是，依法治教既要突出依法而治，强调治校秩序，更要注重治校规则的实质价值，奉行良法善治[③]，实现形式法治与实质法治的统一，这也就意味着当前我国高等教育法规建设和校内章程建设需要提高“立法”质量，一是必须准确反映高等教育规律和大学的逻辑，这是大学文化和大学制度精神建构的根本要求，二是在文本设计上应强化可操作性，即为各主体的权责边界和实施方式、步骤等做出更加清晰、具体的规定。此外值得注意的是，法与教育各有其逻辑，在强调大学治理的法治化过程中，应谨防大学陷

① 张继明.大学的组织特征、组织异化与制度变革［J］.济南大学学报（社会科学版），2015（2）：70–74

② 冯颜利.公正是法治的生命线［N］.人民日报，2014-12-30（7）.

③ 段斌斌.从形式法治迈向实质法治：高等学校依法治校的战略选择［J］.高等教育研究，2021（6）：38–46.

入“合规恐慌”[①]，造成法对大学逻辑的僭越和伤害。或者说，应充分尊重大学依据自身理性和专业能力就内部学术问题进行独立的价值判断，甚至裁决。从这个意义上说，大学有效治理的实现更多寄希望于大学自治能力的不断增强。

四、重建学术共同体，维护制度建设的学术本位立场

从政治学角度而言，微观政治权力结构对宏观政治权力结构具有能动的反作用。[②]大学及其院系必须在现代大学制度和现代化治理的建设中发挥主动性、创造性作用。大学及其院系作为学术组织，追求学术自由是其本性，因而是自觉的制度变革者、制度精神的天然建构者。但大学相对于以政府为核心的外部主体、院系相对于校院两级行政管理者而言，往往是权力与利益博弈过程中的弱者，且如前文所述，我国大学共同体在复杂的主客观因素影响下走向了分裂，因而要发挥其在制度改革中的主体性作用，就必须使大学及其院系由“松散的联合体”甚至分裂的组织转变为具有内在一致性的学术共同体，不仅是利益的共同体，更是价值的共同体。所谓“内在一致性”，主要是指学术共同体成员以追求学术发展和学术服务为共同的价值观和愿景，并为此展开合作，这使得学术共同体表现出一种整体性的力量，落实在行动上，就是以正式和非正式渠道参与学校规划制定、管理决策等；尤其是要共同维护诸如学术委员会等专门学术管理机构在治理体系中的地位及其主导学术治理的角色、功能；保障在大学章程建设中充分观照学术发展或学术权益的诉求；依据程序同学校及管理职能部门进行对话，直至开展必要的博弈，以争取合法权益；在共同体内部建立信任关系，进行充分磋商，建立健全学术权益保障体系。概言之，通过共同体建设，使其成为具有充分治理空间和治理能力的权力主体，成为促进学校学术发展的重要组织基础、管理基础。在这个过程中，有两个维度尤其值得深入探索，一是审视和改变传统评价激励模式，二是重建大学组织信任。

---

① 姚荣.告别自治：合规时代的美国大学治理［J］.华东师范大学学报（教育科学版），2021（2）：75-88.

② 桑学成，周义程，陈蔚.健全权力运行制约和监督体系研究［J］.江海学刊，2014（5）：211-218.

（一）改变“物化”评价与激励机制，探索建立文化驱动发展新模式

大学共同体之所以出现分化，一个重要原因就是各主体追逐自身利益的过程中忽视了知识发展这一公共利益。个体化利益又恰恰成为大学制度体系的一个关键要素，即管理者在制定制度过程中，将利益作为一种驱动发展的重要力量，通过利益配置机制来对事关各主体核心利益的资源、机会等进行调整，借以调动各基层组织和教师个人的投入与改革的积极性，强化其竞争性，扩大绩效总量。在此，利益主要是指经济学或物质意义上的利益，如给予更多倾斜性的经费投入、职称晋升名额、学位建设优先权、招生名额等，而对于个人而言，无论是经济补贴还是晋升机会等，都是现实中主要的竞争目标。在功利主义和消费主义社会，物质利益是一种十分强大的动力来源。关于大学功利主义的批判，一个主要的基点就是大学及其各主体过度强调个人利益和物质利益。在大学共同体内部，利益的私己化和严重分化使得共同体被撕扯成不同的利益群体。因此，大学治理的关键任务之一就是改变这种功利主义甚至高度物质化的制度与文化环境，即改变以绩效竞争、利益分配为基础的管理传统，尤其是避免过于以物质利益为导向实施考核评价。具体来说：第一，大学是提供公共服务的机构，秉持公共理性和公共精神、承担公共价值是大学的特质，因此要强化各主体在大学发展中的责任意识、使命意识，即将服务学术创新和促进大学进步作为一种义不容辞的责任和使命。显然，这需要一个较长期的文化建构过程，但共同价值的重塑却是大学共同体建设和持续发展的根基所在。第二，建立荣誉评价体系，即对在办学过程中创造更大价值的单位和个人赋以相应的荣誉，促使各主体基于价值感和价值认同而加大投入、增强创新发展的主动性，从根本上说这反映的是知识及知识探索的神圣性，以及大学作为学术和文化堡垒的精神气度。无论是责任感、使命感还是荣誉感、价值感，都要避免大学在贴近现实办学的过程中，湮没于世俗，甚至变得庸俗，导致“利益纷争”破坏大学共同体。显然，管理者如何改变“物化”评价和激励约束机制，而探索文化驱动发展新模式，决定着大学能否在统一的价值观和发展愿景下重建共同体。

（二）强化组织信任，为大学共同体重建提供文化和心理基础

现实中，社会组织内充斥着价值与利益的分化、人与人间的矛盾冲突，其本质是组织信任的匮乏和流失，需要重建组织信任，以促使组织秩序由冲突、分化走向和谐稳定。信任是指主体对交往对象在实施积极的心理评估基

础上建立肯定性的心理预期，进而采取与其心理预期相一致的行为决策。组织信任作为一种文化与整合机制[①]，促使形成一致性的文化认知，建立价值认同，从而实现不同主体之间的耦合与协作。组织信任是促使各主体主动协商、寻求共识的社会资本，是建立稳定而合理的组织秩序的基础。因此，在重塑大学共同体进程中，建构大学各利益相关者间的信任关系是重要基础。就现实来看，消除管理者与被管理者之间的隔阂是重建组织信任的中心工作，主要是在行政与学术之间破除权力阻塞，重点要改变行政管理者主导考核评价、制定战略规划和以权力为手段实施资源配置的做法，在双方之间建构沟通交流机制，就各自的发展理念、愿景、思维和诉求展开民主性商议，乃至通过坦诚而充分的理辩来达成共识。从这个角度来说，完善公共讨论空间是建立组织信任的重要内容，为此需要进行有针对性的治理设计。一是尊重教职工代表大会的法律地位，充分发挥其民主审议、商议职能；二是强化校院两级学术委员会的实体性及其权力与责任的实质性，增强其学术主导权和话语权；三是决策的形成，尤其是在涉及重要事项和事关各主体直接利益、核心利益事项的管理与决策时，须切实履行信息公开原则，保障各主体的知情权和民主管理权；四是各级管理者的规划、改革和决策等应强化科学化、专业化的思维与方法，通过充分的调研、评价和论证，确保决策的科学性与公平性，以保障各主体共享发展收益。总之，要建立和完善公共讨论空间，保障各主体有效参与，充分反映其权益诉求，尤其是为被管理者充分参与民主管理、民主决策提供必要空间，改变管理者、被管理者之间相互隔阂甚至对立的现状，使相互的沟通协调获得法治及制度保障。在共商基础上追求共识，是一个建立信任关系的过程，而组织信任的建构是实现大学共同体重建的必要条件，信任为共同体提供了必要的文化认知和心理基础。

结语

依据我国大学管理模式改革的传统，结构调整与制度建构往往是中心，文化建设则很少得到足够的重视，甚至被排除在正式的管理体系之外。但在组织的运行与管理之中，恰恰是组织成员以参与文化建构的方式发挥着各自的影响力，人的价值观、利益诉求、思维与行动模式等在根本上决定着结构与制度的调整效果。制度理想的落实必须经由人的认同和主动践行。大学治理亦是如此，大学治理是制度与人互动的结果，既要注重制度设计与供给，

---

① 陈彦雄 . 组织文化中的信任问题研究［D］. 西安：西安科技大学，2010.

也要重视人作为行动者的治理主体的价值。[①] 正是基于此，本研究将大学文化建构作为实现大学有效治理的重要举措，并作为大学内外部关系调整和能力优化的根基。唯有从当代大学的组织特性和发展逻辑出发，建构相适应的文化生态，并以制度精神的建构为形式促进大学新文化与新制度体系的融合，大学有效治理才具备必要的基础或条件。

本章小结

大学治理的对象是治理结构，即由大学治理主体及其权力与责任、各主体间的相互关系等构成的复杂结合体。大学有效治理要确保治理主体在各安其位、各司其职的基础上形成协同发展的生态关系。我国大学治理失灵的表现及其原因正集中地体现在治理主体的失位与错位上。因此，本研究在大学有效治理的路径设计上提出了建立以学术权力为中心的差序性权力结构，但必须对学术权力加以开放性地改造，本质上也就是促使各权力主体回归到应有的逻辑轨道上，进而厘清各自的权责边界。其中，学术权力的改造就其本质而言，也是处理学术权力与其他权力主体间的边界问题，在于建立相互间的共生共荣关系。创业型大学及其基于社会化逻辑的治理设计，是学术权力改造的外在表现和要求。集群治理的提出，则是强调大学作为宏观治理体系下的基本治理主体，相互间要建立应有的协同关系，以改变传统管理模式下过度竞争、无序竞争即相互存在利益纠葛、冲突的关系状态。大学关键治理主体治理能力的专业化建设，则直接反映着对传统行政权力主体的权力实施和责任履行方式的引导乃至规制，使之走出以强权为手段对学术等其他事务和利益进行过度干预的惯习。文化建设尤其是制度精神的建构，则主要是为各权力主体的合理运行提供一种有效的形式，并逐步形成一种价值及立场上的规训力量。通过对各权力主体及其权责运行模式的改造，为大学有效治理树立起必需的治理结构，这正是本研究的主要意向和价值。

---

① 李立国，王梦然．制度与人：大学治理的建构与演进［J］．中国高教研究，2021（9）：10–17.

第七章

我国高等教育治理模式建构的现代化审视

中共中央、国务院印发的《中国教育现代化 2035》提出，到 2035 年我国将总体实现教育现代化。教育现代化需要有现代化的教育治理，高等教育现代化作为教育现代化的重要内容，要求建立相应的现代化高等教育治理体系。目前我国高等教育要由管理转向治理，进而实现治理现代化，这是我国“双一流”建设与高等教育内涵式发展的重要保障。基于此，本书以现代化为视角探讨了优化我国高等教育治理模式的基本路径，以期为中国现代化高等教育治理体系的建构带来启示。

第一节　现代化是建构高等教育治理模式的必要视角

一、高等教育治理背后的现代化逻辑

在我国，高等教育治理集中标志着高等教育体制机制改革的基本方向，其背后反映的是我国高等教育体系逐步走向现代化的客观要求。从世界范围来看，现代意义上的高等教育自发轫于中世纪起至今，就始终处于不断演化之中。同样，我国现代高等教育体系自清末新政移植产生至今，尽管几经曲折甚至颠覆、重建，但总体上是一个不断走向成熟的过程，这一过程又突出地表现在大学组织及其功能的嬗变上。就其本质而言，组织与功能的嬗变源自大学知识生产模式的变化，即由单纯的知识生产模式 1 转向知识生产模式 1、模式 2 和模式 3 交替融合参与知识生产。大学的知识生产模式及其组织变化空前地强化了大学的开放性，由此大学利益相关主体越来越走向了多元化，这必然要求改变旧的管理模式，建构新的模式，而这种新模式也就是以多元

利益相关主体协商参与为特征的高等教育治理模式。所谓高等教育治理模式，就是关于各利益相关主体共同参与高等教育改革发展的方式方法、权责分配，以及相应的体制机制等的总和。本书认为，社会生产方式的变革是高等教育发展的根本动力，而现代化是社会生产不断发展的动力机制和表现形式，那么高等教育体系及其管理方式的变化也是一个现代化的过程，这就意味着我们必须在现代化视角下审视和建构高等教育治理模式。

二、现代化的基本内涵及其若干主要特征

现代化是先进的经验、科学、技术等生产生活要素基础上的高级社会结构形态，以及实现社会结构不断优化的过程。正如罗荣渠先生所认为，现代化是以现代工业、科学和技术革命为动力，从传统农业社会向现代工业社会的大转变过程。[①]现代化具有如下特征：其一，民族化。现代化是一种普遍的力量，但对于不同国家来说，现代化的具体方式有所区别，在人类文明史上，并不存在一个普适的现代化模式可以供世界各国各地区所共享。也正基于此，我们才对于“现代化”即“西方化”思潮持批判的态度，同时也越来越意识到诸如国际化与民族化的协同关系等。[②]其二，合规律性。现代化之所以在整体上表现出一种向前的力量，现代性则表现为一种面向未来的态度[③]，从根本上说在于其表现出的合规性。人类文明进化规律、社会生产规律及组织运行规律，都反映了现代化的基本逻辑。其三，专业化。从社会演进及其背后科技等现代性力量来看，现代化是一个越来越走向专业化的过程，具体表现为社会各领域逐渐分化出专业化的机构，来承担特定的社会建构功能。其四，协同化。人类社会在走向现代工业大生产过程中，自然经济社会中的原子化生产方式越来越无法适应规模化机器大工业的要求，生产力、生产方式和生产关系的整体协同成为现代化经济社会的核心特征[④]，在新科技革命和新产业时代，协同更将成为新的人类哲学和生产生活方式。其五，科学性。现代化是一个人类不断发现新知识并利用科技来改造世界的过程，人们不仅利用科技来改造当下，还依此来预测未来，科技使人们的生产生活更加精确、合理和高效。由此现代化为审视和构建高等教育的现代化治理体系提供了一个必

① 钟永平，杜琼．罗荣渠与“现代化范式”［J］．浙江社会科学，2006（5）：165-170.

② 雷洪德，陈志忠．高等教育国际化与民族化的协同共进［J］．高等教育研究，2015（7）：18-20.

③ 福柯．福柯集［M］．上海：上海远东出版社，1998：533.

④ 周绍东，王立胜．现代化经济体系：生产力、生产方式与生产关系的协同整体［J］．中国高校社会科学，2019（1）：94-100.

要的视角。

第二节　现代化视域中高等教育治理模式的建构

一、民族化之向度：建构中国大学模式

从国际高等教育发展的历史来看，世界高等教育研究中心的形成有赖于具有国家或民族特色的大学模式的形成及其支撑，从意大利、法国，到英国、德国，再到美国，其高等教育之所以能在不同时代引领世界高等教育发展的走向，离不开特色大学模式的基础性作用。[①]中国现代高等教育体系移植自西方，迄今仍亦步亦趋于西方大学模式。西方大学模式难以有效解决中国高等教育发展面临的特殊体制、传统和文化等本土因素带来的问题，这是我国大学发展尚处于世界高等教育边缘的根源所在。正因如此，我国高等教育体制机制改革的目标即在于建构中国特色现代大学制度或中国特色大学模式。但无论是从理论探索还是改革实践来看，我国现代大学制度都未能在思想和理论上达成充分共识[②]，且理论创造往往难以有效转化为制度实践。党的十八大以来，习近平总书记多次提出要建设中国特色社会主义大学，这为我国现代大学制度探索提供了方向。本书认为，中国特色社会主义大学即我国现代大学制度和大学模式探索的归宿，唯有建立中国特色社会主义大学模式。这一标志中国大学本质特征的大学模式何以建成？当前我国高等教育体制机制改革的核心内容是什么？

我们认为，建构中国特色社会主义大学模式，当务之急为五个方面。其一，要在大学制度改革范式上由“西化”回归“本土化”。这是关乎中国高等教育发展道路的根本问题，只有从中国国情出发、关切并回应中国问题尤其是高等教育问题的大学模式，才能够最终有效解决中国问题，实现中国高等教育的创新和持续发展；坚持本土化建设范式，是我国现代大学制度建设取得积极成效的最大前提。其二，重塑基于国家与民族大义的大学价值观。这是关乎中国高等教育文化自信的深层问题，高等教育为国家重器，大学只有具备并践行国家和民族大义，国家才能够从大学那里得到持续的智力输出，

① 迟景明．科学中心转移与高等教育中心转移之间的关系［J］．教育科学，2003（6）：35-37.

② 张应强，蒋华林．关于中国特色现代大学制度的理论认识［J］．教育研究，2013（11）：35-43.

实现高等教育强国的目标；因而这种价值观构成了大学制度改革的根本导向。其三，在教育教学中坚持社会主义导向。立德树人是教育的根本使命，高等教育的最终旨归在于培养社会主义事业建设者。大学必须将教学置于核心位置，即以本为本，而资源配置和体制机制建设必须保障教学中心地位，保障大学教育以培养信仰、践行社会主义的人才为追求。其四，坚守并创新党的大学领导机制。坚持党的领导是包括教育在内的社会主义事业取得成功的根本保障，中国高等教育管理制度改革并非对宏观体制的否定或改造，而是要在坚持以党的领导为核心的大体制前提下改革和创新具体实施机制，发挥体制优势。其五，增强中国大学的国际参与能力和国际贡献力。本土化不等于闭关锁国、遗世独立，而是要面向世界，汲取人类共有的文明和智慧，国际化是我国高等教育发展壮大、追求世界一流的重要立足点，还是参与建立和调整国际高等教育秩序的重要战略。

二、合规律性之向度：建构学术本位的大学治理结构

从某种意义上说，我国高等教育发展的乏力，源自高等教育或高等教育机构的异化，大学不能称其为大学。大学运行与管理的行政化、功利化及产业化等学界普遍批判和社会质疑的弊端，都是组织异化的具体表现。组织的异化在本质上反映的是组织运行背离了规律，大学异化则表明大学的运行与管理违背了学术机构、教育机构、文化机构的内在规律。无论是作为学术机构，还是教育机构，抑或是文化机构，大学的组织运行在本质上是以知识为核心的复杂活动，因为大学的学术研究、教育教学、社会服务及文化传创都是以知识为逻辑起点的，从知识的角度来看，大学的运行是知识链的构成及其不断进化的过程，即知识的生产、传播和应用。缺失了高深知识这一载体，大学就失去了作为一个特殊社会机构的存在合法性，在今天看上去越发多元化的大学功能也就成为无源之水。换言之，大学存在的意义之源在于其特殊的知识性价值。这意味着，大学组织的运行与管理依据也就是知识生产、知识传播和知识应用的规律。相应地，大学管理必须以知识规律为根本依据。

知识规律在大学的逻辑上表现为学术本位，具体来说，大学作为一个复杂的社会机构，其资源配置和制度建设必然基于多重目标和多元价值，但又必然以服务学术、促进学术创新为最终目的。在此目的导向下，大学管理必须创设适宜的环境，如学术自由、教授治学和大学自治等，因为这是学术创造的内在要求。从这个意义上说，以学术自由、教授治学和大学自治为核心

标志的大学逻辑或大学精神的理念正是大学的办学规律，学术本位则集中反映了这一规律，因而大学制度改革和模式探索的主要依据就是学术本位。可以说，大学异化在于大学管理违背了学术本位这一组织逻辑，故现代大学制度建设就是要通过制度调整和创新实现大学由学术失位回归到学术本位。目前，现代大学制度建设的中心任务在于优化大学治理结构，也就是要实现大学内外部利益相关者之间权责关系的合理化。①当代大学是一个角色与功能高度多元、组织结构高度复杂的社会机构，各利益相关者之间形成了错综复杂的利益和权责关系，要以学术本位为依据来优化大学治理结构，也就是要打破行政本位的传统治理结构，规范政治和行政权力的运行，赋予学术权力应有的自主性和创造空间，并且要转化行政权力的职能，使之成为学术权力的服务者和促进者。包括其他权力主体或权力形式，从社会参与权或市场权力，到校内民主权利等，都应成为学术发展的促进力量。换言之，大学的学术共同体属性决定了其权力结构是一个凸显学术与学术权力之中心、重心位置的“差序格局”，是一个学术本位的大学治理结构。以学术本位为依据来优化高等教育治理模式和大学治理结构，是我国高等教育实现蜕变的必然要求和当务之急。

三、专业化之向度：扩大第三方参与大学治理的空间

评价是一种重要的管理工具，高等教育管理必须高度重视发挥评价的作用。只有在科学的评价基础上，管理主体才可能依据高等教育发展的现实及大学办学绩效状况来实施有针对性的治理措施。可以说，高等教育评价是高等教育管理实现科学化、专业化所不可或缺的条件，高等教育治理现代化有赖于高等教育评价机制的完善与创新。我国高等教育评价或评估机制具有显著的行政本位传统，即政府是高等教育评估的主要组织者，这是由我国集权制的高等教育管理制度所决定的。但我国政府同时又是公立高等教育的举办者，这就致使政府集办学者和评估者为一身，而这就违背了办学者和评估者相分离的评价科学或管理科学的客观要求，即评价者与举办者相分离有助于避免因立场或利益而影响评价的客观性。同时，高等教育评估或大学评估需要通过专业的评价来获得公正客观的评估结果，政府往往不是教育评估的专业者。②从国际上看，高等教育或高校评估（如学科评估、专业评估、人才评

---

① 张茂聪．大学内部管理制度改革与创新研究［M］．济南：山东人民出版社，2018：14-15.

② 周春晓．我国政府在高等教育质量评估中的角色定位［D］．南京：东南大学，2011.

估等）都实施第三方评估，避免了因利益直接相关造成的不公平、不客观问题；同时第三方评估往往具有独立实施评估的专业资质，能够更加科学合理地实施评估；此外，那些市场化的第三方评估遵循顾客中心理念和服务意识，能够更好地实施评估工作。[①]所以，我国高等教育评估机制必须做出调整，以符合评价科学要求，并符合国际趋势。

一方面，要推动我国高等教育评估实现科学化和专业化；另一方面，从本质上也要适应我国政府转变高等教育管理职能、下放高等教育管理权的要求。近些年我国政府积极推进教育管办评分离，政府对高等教育评估的部分权力实施下放或让渡，从《国家中长期教育改革与发展规划纲要（2010—2020）》到《关于深入推进教育管办评分离促进政府职能转变的若干意见》，都明确了这一改革动向。在此过程中，第三方高等教育评估的意义不断凸显，培育第三方评估机构成为改革的重要内容，引入第三方评估亦成为体制机制创新的重要内容。目前，第三方评价在我国高等教育评估中发挥着愈来愈重要的作用，从教育部学位与研究生教育发展研究中心组织的学科评估，到国内外各商业性或公益性的大学排行榜，都为我国高等教育决策、管理和大学治理改革提供了重要的参考价值。第三方评估的引入，反映的是治理语境下社会参与大学治理的具体形式。我国高等教育正由管理时代走向治理时代，治理的主要内涵即利益相关者共同参与高等教育或大学管理，这是高等教育或大学回应社会需求、服务社会需求并汲取多元智慧、提升决策管理水平的客观选择，而且符合我国打破行政本位的一元化管控的改革要求。从现实来看，目前我国第三方教育评估或社会参与管理的空间仍较为狭窄，在政策和制度上仍存在诸多阻碍高等教育治理现代化建设的因素。因此，我国在高等教育体制机制创新中，摆脱传统思维束缚，教育主管部门主动向治理者、服务者和促进者转变，扩大以第三方评估为代表的社会力量参与高等教育治理的空间，是实现高等教育质量提升的必然选择。

四、协同化之向度：探索高等教育协同发展的新范式

高等教育为国之重器，我国社会主义现代化事业的建设从根本上仰赖高等教育在经济社会发展中发挥基础性、先导性、全局性作用。在此背景下，国家启动“双一流”建设工程，不仅是基于高等教育内涵式发展、提升高等教育质量的需要，还关涉中华民族伟大复兴大业，关涉我国国际核心竞争力

① 郭华侨.构建专业化、科学性的高等教育评估体系研究［J］.中国高教研究，2012（12）：46-50.

和国际地位的提升。这意味着，以“双一流”建设为中心的高等教育改革与发展必须坚持科学的思想与理念引领，需要具备坚实的发展基础与制度保障。换言之，我国高等教育内涵式发展战略的施行迫切要求实现范式的变革与创新，传统范式并不足以保障“双一流”建设充分取得预期目标。本书认为，几十年来我国高等教育改革与发展的范式集中表现为政府统一领导下的竞争模式，也就是张应强等学者所言及的“高等教育双重体制机制”或“类市场化治理”模式。[①]考察我国高等教育体制机制改革的历程可以发现，政府统一领导一方面表现出了体制优势，另一方面则在提高统一领导效益和统一领导的具体实践机制、设计方面表现出某种程度上的迷茫，从而限制了制度优势更充分的发挥。同样，引入市场理念和市场机制，强化高等教育竞争意识和竞争能力，一方面是提高高等教育运行效率的有效手段，但另一方面缺乏理性规范的过度竞争则在一定程度上损坏了高等教育秩序，反而造成资源低效乃至资源浪费。正是基于此，本书认为，在高等教育改革中建立协同发展的新思维，是未来“双一流”建设取得积极成效的范式保障。[②]

协同发展范式博取了体制与市场的双重优势。具体来说，在我国体制下，政府作为高等教育的主要举办者，同时依法拥有高等教育主要治理主体的权力和责任，有利于从全国、全局视角统一调配高等教育的结构和布局，有利于通过顶层规划来科学、有力地调配高等教育资源，尤其是能够通过国家力量来实施“集中投入、重点发展”战略，实现高等教育跨越式发展。从竞争角度来看，我国高等教育市场逐渐形成，市场竞争是提高资源利用效率、激发组织活力的重要机制，我国高等教育体制在由完全计划体制转型至市场机制过程中，市场竞争的意义不断凸显，这也正是我国政府转变职能、不断扩大地方和高校办学自主权的重要缘由。高等教育协同发展范式意味着大学将在坚持和优化市场竞争机制基础上，在政府引导和支持下，以优势互补和利益共享为原则，自主结成战略联盟。大学协同发展范式的提出和建立，适应当前新科技革命和新兴产业发展的客观要求，是大学联合攻关实现学科和科学重大突破的必要举措。我国高等教育规模庞大，但大学之间缺乏有效的资源整合，同质化有余而特色不足，建立协同发展范式将为高等教育结构优化和效益提升提供可能的思想与制度支撑，从而推动高等教育强国建设。

---

① 张应强，张养浩．从类市场化治理到准市场化治理：我国高等教育治理变革的方向［J］．高等教育研究，2018（6）：7–23.

② 张继明，王洪才．由过度竞争到协同发展：高等教育发展的范式转换［J］．国家教育行政学院学报，2018（8）：26–32.

五、科学化之向度：强化大学战略规划管理

现代大学已经演化为庞大的复杂组织，其运行和管理方式也随之发生了深刻变化。从现代大学发轫时期行会式管理，到“学生大学”“先生大学”时代管理者与被管理者间的逐渐分化，从教授治校到行政管理阶层的独立化、专门化、职业化，再到多元利益相关者共同参与大学管理①，这个长期复杂的管理模式变化过程表明，当代大学管理已经成为一个复杂问题，必须由传统经验管理模式走向以科学化、专业化、法治化为标志的现代化模式，唯此才能确保大学按规律运行，从而保障乃至不断提升其办学效率。大学管理模式要实现现代化，就必须采取战略规划管理模式，即从大学组织属性和运行规律出发，为大学的资源配置、知识活动和管理服务制定发展战略规划，从而保障大学办学方向正确、发展路径科学和产出不断增加。从本质上讲，大学发展战略规划是应然状态下大学组织逻辑和运行规律的外在表现，或者说是管理者基于科学理性与价值理性的行动②，它避免大学因脱离应有的逻辑轨道、违背应有的规律而降低或失去效率，甚至发生组织异化，并在此基础上不断提升大学的运行效率和产出品质。

大学办学规律是在长期办学过程中不断摸索而发现的，而且大学办学规律随着时代变迁而发生着变化，在外部表现上更是日趋复杂，因此大学管理者只有具备一定的专业能力才能相对准确地把握大学运行规律，采取科学的管理模式。但在大学管理实现现代化之前，经验管理是大学管理的主要模式。经验管理的基本特征有三，其一是管理者依靠个人经验实施大学管理，其二是管理者主要从办学历史中寻求当下的管理方式，其三是大学的管理往往只强调即时有效性，而缺乏面向未来的智慧。经验管理模式在我国大学管理中，其局限性由于特殊的制度和文化而被进一步放大，即集权式管理导致个人经验管理过于封闭，由于顶层决策不当而造成的危害常常是全局的、久远的；我国现代大学主要由西方移植而来，现代知识体系的建构并不完善，知识分子缺乏独立性和成熟的大学治理经验，因而基于历史的大学管理常常缺乏充分依据；在当下全民功利主义文化影响下，对即时有效性过度强调，致使大学管理体系的设计难以反映当代大学发展趋势，从而也难以适应新时代对大学的新要求。经验管理在很大程度上也是我国大学运行质量相对较低的重要

---

① 韩锦标．大学管理模式的历史嬗变［J］．当代教育科学，2011（11）：38–41.

② 别敦荣．大学发展战略规划的意义与落实：兼议中南财经政法大学“十三五”发展战略规划［J］．高等教育评论，2017（1）：1–13.

缘由之一。要改变我国大学实施经验管理的现状，就必须走向大学战略规划管理，具体来说，就是在大学管理中以调查研究为基础，准确把握大学面临的问题，就是严格依据大学办学规律来采取合理的管理或改革举措，就是要制定大学章程并依此建立、完善各种规章制度从而实现依章办学、依规管理，概言之，就是以管理大学的方式来管理大学，使大学成其为大学。实施战略规划管理，大学的资源配置更加合理化，制度建设将以促进学术进步为导向，保护并激发教师内在的职业热情和学生学习的主动性，从而为提高大学生产效益和服务水平提供根本动力。我国高校发展要实现突破，必须走向战略规划管理，要实现这一点，特别要求加强大学领导者的选拔和配备，打造具有教育情怀、管理智慧和改革魄力的管理者队伍，而这显然需要政府及教育行政部门的组织或主导，以及主动改变传统管得太多、统得太死的僵化做法。

本章小结

高等教育治理模式的建构必须秉持现代化的观点，坚持民族性、合规律性，走向专业化、科学化、协同化。也即，高等教育及其治理的现代化必然具有民族性特征，故我国高等教育的发展和治理现代化建设也是基于我国特殊的体制、文化及传统，扎根中国大地。我国高等教育治理现代化建设必须尊重和遵循高等教育规律、大学组织规律，即从大学的组织属性及其内在逻辑出发建构治理体系，确保大学治理遵循学术本位。在高等教育治理现代化中，评价是重要的治理工具，必须实现评价的科学化、专业化，为此就要积极培育第三方评价。在当代，高校在面对共同的重大科技使命、人才培养使命及越来越沉重的资源压力时，需要建立协同思维，以形成合力共同应对发展中的难题，我国高等教育必须反思传统的以竞争为核心的发展范式，探索由过度竞争走向协同发展，通过富含公共精神的制度设计来实现高等教育的公共价值。[①] 高等教育治理现代化的科学性不仅体现在对教育规律的遵循上，还表现为利用科学的技术手段来增强治理效能，高校实施战略规划管理，是现代化之科学性在技术层面上的反映，也是现代化的客观要求。

---

① 冯永刚．高等教育公共性的制度障碍及其破解［J］．江苏高教，2014（2）：1–4.

参考文献

［1］ 王洪才，中国大学模式探索：中国特色的现代大学制度建构［M］. 北京：教育科学出版社，2013.

［2］ 俞可平 . 治理与善治［M］. 北京：社会科学文献出版社，2000.

［3］ 张磊 . 欧洲中世纪大学［M］. 增订版 . 北京：商务印书馆，2010.

［4］ 林荣日 . 制度变迁中的权力博弈——以转型期中国高等教育制度为研究重点［M］. 上海：复旦大学出版社，2007.

［5］ 鲍嵘，学问与治理：中国大学知识现代性状况报告（1949—1954）［M］. 上海：学林出版社，2008.

［6］ 陈洪捷，施晓光，蒋凯 . 外国高等教育学基本文献讲读［C］. 北京：北京大学出版社，2014.

［7］ 别敦荣 . 现代大学制度：原理与实践［M］. 青岛：中国海洋大学出版社，2018.

［8］ 朱家德，周湖勇 . 大学有效治理研究［M］. 北京：中国社会科学文献出版社，2016.

［9］ 胡金平 . 学术与政治之间的角色困顿：大学教师的社会学研究［M］. 南京：南京师范大学出版社，2005.

［10］ 胡莉芳 . 市场经济条件下的中国大学公共性［M］. 北京：人民日报出版社，2011.

［11］ 贺国庆 . 外国教育专题研究文集［M］. 保定：河北大学出版社，2001.

［12］ 陈洪捷 . 德国古典大学观及其对中国大学的影响［M］. 北京：北京大学出版社，2002.

［13］ 高清海，李家巍，王威海 . 韦伯：摆脱现代社会两难困境［M］. 沈阳：辽海出版社，1999.

［14］ 滕大春 . 外国教育史和外国教育［M］. 保定：河北大学出版社，1998.

[15] 查尔斯·霍默·哈斯金斯.12世纪文艺复兴[M].夏继果，译.上海：上海人民出版社，2005.
[16] 希尔德·德·里德–西蒙斯.欧洲大学史(第1卷)：中世纪大学[M].张斌贤，等，译.保定：河北大学出版社：2008.
[17] 雅克·韦尔热，中世纪大学[M].王晓辉，译.上海：上海人民出版社，2007.
[18] 杰勒德·德兰迪.知识社会中的大学[M].黄建如，译.北京：北京大学出版社，2010.
[19] 德里克·博克.走出象牙塔：现代大学的社会责任[M].徐小洲，陈军，译.杭州：浙江教育出版社，2001.
[20] 约翰·S.布鲁贝克.高等教育哲学[M].王承绪，等，译.杭州：浙江教育出版社，2001.
[21] 大卫·科伯.高等教育市场化的底线[M].晓征，译.北京：北京大学出版社，2008.
[22] 迈克尔·吉本斯，等.知识生产的新模式：当代社会科学与研究的动力学[M].陈洪捷，等，译.北京：北京大学出版社，2011.
[23] 伯顿·克拉克.建立创业型大学：组织上转型的途径[M].王承绪，译.北京：人民教育出版社，2007.
[24] W.理查德·斯科特.制度与组织：思想观念与物质利益[M].北京：中国人大出版社，2010.
[25] 许美德.中国大学(1895—1995)：一个文化冲突的世纪[M].许洁英，译.北京：教育科学出版社，2000.
[26] 希拉·斯劳特，拉里·莱斯利.学术资本主义[M].梁晓，黎丽，译.北京：北京大学出版社，2008.
[27] 爱德华·希尔斯.学术的秩序[M].李家永，译.北京：商务印书馆，2007.
[28] 马克斯·韦伯.经济与社会[M].上海：上海世纪出版集团，2010.
[29] 赫伯特·马尔库塞.单向度的人[M].刘继，译.上海：上海译文出版社，1989.
[30] 德里克·博克.走出象牙塔：现代大学的社会责任[M].徐小洲，陈军，译.杭州：浙江教育出版社，2001.
[31] 菲利普·G.阿特巴赫.比较高等教育：知识、大学与发展[M].人民

教育出版社教育室，译．北京：人民教育出版社，2001.
［32］艾伦·布鲁姆．走向封闭的美国精神［M］．缪青，等，译．北京：中国社会科学出版社，1994.
［33］阿什比．科技发达时代的大学教育［M］．滕大春，滕大生，译．北京：人民教育出版社，1983.
［34］克拉克·科尔．大学的功用［M］．陈雪飞，译．南昌：江西教育出版，1993.
［35］潘懋元．一流大学不能跟着“排名榜”转［J］．清华大学教育研究，2005（3）：50–51.
［36］朱九思．大学生命的真谛［J］．高等教育研究，2000，21（5）：1–4.
［37］柳友荣．英国新大学运动及其对我国应用型本科教育的启示［J］．高等教育研究，2011（8）：94–99.
［38］冯永刚．高等教育公共性的制度障碍及其破解［J］．江苏高教.2014（2）：1–4.
［39］杨明，陈文干．高校扩招对高等教育质量的影响［J］．高等工程教育研究，2002（3）：49–51.
［40］盛冰．高等教育的治理：重构政府、高校、社会之间的关系［J］．高等教育研究，2003，24（2）：47–51.
［41］李立国．大学治理的内涵与体系建设［J］．大学教育科学，2015（1）.
［42］龚怡祖．大学治理结构：建立大学变化中的力量平衡：从理论思考到政策行动［J］．高等教育研究，2010（12）：49–55，60.
［43］李福华．大学治理与大学管理：概念辨析与边界确定［J］．北京师范大学学报（社会科学版），2008（4）：19–25.
［44］董泽芳，岳奎．完善大学治理结构的思考与建议［J］．高等教育研究，2012（1）：44–50.
［45］阎光才．高等教育治理体系与治理能力的现代化［J］．苏州大学学报（教育科学版），2014（3）.
［46］瞿振元．建设中国特色高等教育治理体系 推进治理能力现代化［J］．中国高教研究，2014（1）：1–4.
［47］宣勇，郑莉．大学校长遴选与高等教育治理能力的现代化［J］．中国高教研究，2015（8）：23–26.
［48］王嘉毅，张发旺．省级政府高等教育统筹：核心要义与实践面向［J］.

西北师大学报（社会科学版），2019（5）：5–12.
［49］武学超．模式 3 知识生产的理论阐释：内涵、情境、特质与大学向度［J］．科学学研究，2014（9）：1003–2053.
［50］樊华，陶学禹．大学智力资本集聚及管理研究［J］．科学学与科学技术管理，2005，26（1）：114–117.
［51］冒荣，宗晓华．合作博弈与区域集群：后大众化时代我国高等教育发展机制初析［J］．高等教育研究，2010，31（4）：35–40.
［52］赵曙明，安萍．战略联盟：高校商学院与企业联合办学的新模式［J］．高等教育研究，1998（4）：71–75.
［53］阳荣威．试论高校战略联盟及其构建策略［J］．江苏高教，2005（6）：44–46.
［54］韩萌，张国伟．战略联盟：世界一流大学群体发展的共生机制研究［J］．教育研究，2017，38（6）：132–139.
［55］王占军．美国佛罗里达大学卓越计划研究：州政府支持与大学自主谋划［J］．比较教育研究，2017，39（6）：64–70.
［56］姚荣．德国大学自治公法规制的经典内涵与现代诠释［J］．高等教育研究，2017，38（10）：90–99.
［57］武学超，罗志敏．组织创新与制度优化：英国高等教育治理体制改革新向度及基本逻辑［J］．清华大学教育研究，2019，40（3）：75–83.
［58］王占军．大学何以有效治理：治理结构的视角［J］．教育发展研究，2018，38（19）：36–41.
［59］顾建民，刘爱生．超越大学治理结构：关于大学实现有效治理的思考［J］．高等教育研究，2011（9）：25–29.
［60］李立国，利益相关度：大学学术治理有效实现的基础［J］．中国人民大学教育学刊，2015（1）.
［61］李成恩，常亮．协商共治：我国大学院系有效治理的可行模式［J］．中国高教研究，2017（6）：46–51.
［62］格里·斯托克，华夏风．作为理论的治理：五个论点［J］．国际社会科学杂志（中文版），2019（3）：23–32.
［63］徐娟．社会转型背景下我国大学行政权力演变的二维分析［J］．高等教育研究，2012（1）：27–32.
［64］王洪才．对露茨·海霍“中国大学模式”命题的猜想与反驳［J］．高等

教育研究，2010（5）：6–13.
［65］张小杰．关于柏林大学模式的基本特征的研究［J］．华东师范大学学报（教育科学版），2003（2）：69–77.
［66］邓云清．新大学运动与英国高等教育的近代化［J］．高等教育研究，2008，29（1）：85–91.
［67］戴维·拉伯雷，周勇．复杂结构造就的自主成长：美国高等教育崛起的原因［J］．北京大学教育评论，2010，8（3）：24–39.
［68］王玉衡．试论大学教学学术运动［J］．外国教育研究，2005，32（12）：24–29.
［69］孟明义．高等教育不能产业化［J］．高等教育研究，1999（6）：48–51.
［70］马陆亭，范文曜．我国现代大学制度的建设框架［J］．国家教育行政学院学报，2009（5）.
［71］龚怡祖．大学治理结构是现代大学制度的基石［J］．教育研究，2009（6）：22–26.
［72］瞿振元．推进高等教育治理现代化：目标、价值与制度［J］．中国高教研究，2014（12）：1–4.
［73］李海龙．反思与治理：我国高等教育的治理逻辑［J］．清华大学教育研究，2016，37（5）：78–86.
［74］鲍勃·杰索普，程浩．治理与元治理：必要的反思性、必要的多样性和反讽性［J］．国外理论动态，2014（5）：14–22.
［75］胡海岩．系统科学视角下的中国大学发展［J］．高等教育研究，2012（5）：1–7.
［76］周光礼．回归复杂性：未来大学展望［J］．高等工程教育研究，2015（6）：43–52.
［77］孔垂谦，文辅相．西方现代大学学术与自治的制度环境基础：一种政治社会学分析［J］．北京大学教育评论，2004，2（4）：90–95，107.
［78］王建华．大学的范式危机与转变：创新创业的视角［J］．中国高教研究，2020（1）：70–77.
［79］张惠，刘宝存．法国创建世界一流大学的政策及其特征［J］．高等教育研究，2015，36（4）：89–96.
［80］刘菲，史玉民．后学院时代科学院模式与特征［J］．科技进步与对策，2014（3）：1–6.

［81］李颖．全英文授课模式的动因论：超学科分析的视角［J］．中国外语，2013（1）：47–53.

［82］武学超．模式 3 知识生产的理论阐释：内涵、情境、特质与大学向度［J］．科学学研究，2014（9）：1297–1305.

［83］桑明旭．资本逻辑与科学伦理危机：后学院科学时代的伦理反思［J］．自然辩证法研究，2015，31（6）：54–58.

［84］刘翠霞．专家（主义／知识）的终结——公民科学的兴起及其意义与风险［J］．东南大学学报（哲学社会科学版），2018，20（5）：32–43.

［85］吴彤．都是后学院科学惹的祸吗？［J］．自然辩证法通讯，2014，36（4）：7–11.

［86］胡赤弟，黄志兵．知识形态视角下高校学科—专业—产业链的组织化治理［J］．教育研究，2013，34（1）：76–83.

［87］刘宝存，张伟．国际比较视野下的创建世界一流大学政策研究［J］．比较教育研究，2016（6）：1–8.

［88］颜士梅．创业组织的特征分析［J］．软科学，2006（5）：1–3，24.

［89］王洪才．论现代大学制度的雏形［J］．中国高等教育，2007（C2）：33–35.

［90］罗燕．教育的新制度主义分析——一种教育社会学理论和实践［J］．清华大学教育研究，2003（6）：28–34，72.

［91］戚玉觉，杨东涛，何玉梅．组织中的制度信任：概念、结构维度与测量［J］．经济管理，2018，40（2）：192–208.

［92］杨烁，余凯．组织信任对教师知识共享的影响研究：心理安全感的中介作用及沟通满意度的调节作用［J］．教育研究与实验，2019（2）：39–45.

［93］向东春，陈春萍．大学学术大学人与行政人信任培植的阻力与化解路径：基于工作文化冲突的视角［J］．教育发展研究，2012（1）：56–60.

［94］谈哲敏．师资队伍是双一流建设的核心［J］．中国高等教育，2017（3）：26–28.

［95］吕林海．大学教学学术的机制及其教师发展意蕴［J］．高等教育研究，2009，30（8）：83–88.

［96］别敦荣，徐梅．去行政化改革与回归现代大学本质［J］．中国高教研究，

2011（11）：13–16.
［97］刘少雪．我国近现代大学行政化管理模式的历史探索［J］．清华大学教育研究，2011（23）：7.
［98］彭道林．大学行政化的外在表现及其危害［J］．高等教育研究，2010（10）：19–23.
［99］胡建华．大学与政府关系 70 年（1949—2019）［J］．高等教育研究，2019，40（10）：12–20.
［100］张应强，张浩正．从类市场化治理到准市场化治理：我国高等教育治理变革的方向［J］．高等教育研究，2018，39（6）：3–19.
［101］陈振明．走向一种“新公共管理”的实践模式：当代西方政府改革趋势透视［J］．厦门大学学报（哲学社会科学版），2000（2）：76–84.
［102］王建华．量化评估与大学发展［J］．高等教育研究，2020，41（11）：42–50.
［103］张应强．理性利用大学排行榜　促进高校内涵发展［J］．河北师范大学学报（教育科学版），2020，22（2）：9–13.
［104］林小英，薛颖．大学人事制度改革的宏观逻辑和教师工作的微观行动：审计文化与学术文化的较量［J］．华东师范大学学报（教育科学版），2020，38（4）：40–61.
［105］眭依凡．大学庸俗化批判［J］．北京大学教育评论，2003，1（3）：32–38.
［106］程瑛．高等教育资源竞争失范及其治理［J］．湖南师范大学教育科学学报，2014（4）：58–62.
［107］张继明，王洪才．由过度竞争到协同发展：高等教育发展的范式转换［J］．国家教育行政学院学报，2018（8）：26–32.
［108］付八军．学术资本转化：创业型大学的组织特性［J］．教育研究，2016，37（2）：89–95.
［109］胡潇，缪燚晶．大学教师价值理性的困惑［J］．伦理学研究，2015（5）：117–122.
［110］高德胜．政治冷漠与教育的谋生化［J］．探索与争鸣，2013（5）：84–89.
［111］阎光才．大学组织的管理特征探析［J］．高等教育研究，2000，21（4）：53–57.

[112] 杨晓东，马俊峰．共同体演进的逻辑与自由人联合体的产生［J］．理论界，2012（6）：29–31.

[113] 师曾志．“命运共同体”视阈下的对外传播［J］．人民论坛，2020（18）：130–133.

[114] 张志旻，等．共同体的界定、内涵及其生成：共同体研究综述［J］．科学学与科学技术管理，2010（10）：14–20.

[115] 姜晓磊．马克思恩格斯“真正的共同体”思想及其当代意义：基于人与自然关系的视角［J］．学习与探索，2016（9）：21–25.

[116] 宣勇．外儒内道：大学去行政化的策略［J］．教育研究，2010（6）：62–66，93.

[117] 何玲，魏银霞，黄乃祝．国家级教学成果奖评选政策分析与调适［J］．高教发展与评估，2020，36（1）：104–113.

[118] 冯钢．科层制与“官僚精神”［J］．浙江大学学报（人文社会科学版），1998，12（4）：68–77.

[119] 朱国云．科层制与中国社会组织管理模式［J］．管理世界，1999（5）：207–208.

[120] 李有学．反科层治理：机制、效用及其演变［J］．河南大学学报（社会科学版），2014，54（1）：39–46.

[121] 周雪光．运动型治理机制：中国国家治理的制度逻辑再思考［J］．开放时代，2012（9）：105–125.

[122] 赵婷婷．大学市场化趋势与大学精神的传承［J］．高等教育研究（武昌），2001（5）：1–6.

[123] 潘发勤．全球知识经济背景下的学术资本主义——《学术资本主义》读后［J］．北京大学教育评论，2009（4）.

[124] 刘雪梅，顾肃．功利主义的理论优势及其在当代的新发展［J］．学术月刊，2007，39（8）：45–50.

[125] 王尚银，康志亮．中国熟人社会的“类社会资本”：关于中国传统社会社会资本储量的考究［J］．社会科学战线，2012（1）：165–170.

[126] 路风．单位：一种特殊的社会组织形式［J］．中国社会科学，1989（1）：71–88.

[127] 赵炬明．精英主义与单位制度：对中国大学组织与管理的案例研究［J］．北京大学教育评论，2006（1）：173–191.

［128］戚务念．就业率统计制度执行与高校单位制延续［J］．四川师范大学学报（社会科学版），2015，42（3）：87–93.
［129］于伟，李天博．公民社会之与善治［J］．前沿，2008（7）：67–69.
［130］李国强．“管办评分离”进程中的高校外部质量保障体系建设［J］．中国高教研究，2016（1）：12–20.
［131］蔡国春．论高校学术委员会制度的建构与重构：基于学术权力独立性与通整性的考量［J］．高等教育研究，2019（7）：69–72.
［132］秦惠民．我国大学内部治理中的权力制衡与协调：对我国大学权力现象的解析［J］．中国高教研究，2009（8）：26–29.
［133］严蔚刚．教授委员会在高校二级学院治理结构中的地位［J］．复旦教育论坛，2013，11（4）：49–52.
［134］管华，陈鹏．高校学术委员会权力的性质、来源与界限——兼评《高等学校学术委员会规程》［J］．陕西师范大学学报（哲学社会科学版），2015，44（6）：148–154.
［135］姚荣．告别自治：合规时代的美国大学治理［J］．华东师范大学学报（教育科学版），2021，39（3）：75–88.
［136］黄晓春．党建引领下的当代中国社会治理创新［J］．中国社会科学，2021（6）：116–135.
［137］龚放．知识生产模式Ⅱ方兴未艾：建设一流大学切勿错失良机［J］．江苏高教，2018（9）：1–8.
［138］胡钦晓．何谓学术资本：一个多视角的分析［J］．教育研究，2017，38（3）：67–74.
［139］周光礼，吴越．从竞争到合作：C9 联盟组织场域的建构（上）［J］．高等工程教育研究，2011（4）：58–68.
［140］蒋建华．科学知识霸权与被压迫知识的解放［N］．中国教育报，2002-03-14（8）.
［141］林齐模．关于京师大学堂的办学经费：从两个传说中的存折说起［N］．北京大学校报，2019-09-30（4）.
［142］李立国，李登．设置交叉学科：打破科学割据，作彻底联合的努力［N］．光明日报，2021-02-27（11）.
［143］崔玉娈．制度精神初探：中国政治制度的视角［D］．上海：复旦大学，2011.

［144］JAY M H，ALBET C.Hyde：Classics of Public Adminis-tration［M］.2nd.Chicago：The Dorsey Press，1987.

［145］BIRNBAUM R.How Colleges Work：The Cybernetics of Academic rganization and Leadership［M］.San Francisco：Jossey-Bass，1991.

［146］SINGER B.Pragmatism，Rights and Democracy［M］.New York：Fordham University Press，1998.

后 记

——中国大学有效治理的复杂性与持续建构性

当前，高等教育在整个国家战略体系中的重要地位和意义空前彰显，大学越来越成为一个国家和地区经济社会发展的轴心力量，尤其是在新科技革命、新产业革命背景下，大学已经构成“知识链—产业链—价值链”上的关键一环，重大基础研究、关键核心技术的突破，新旧动能转换和新产业、新业态、新模式的转型，复杂社会文化和价值观的引领及青年人的教化等，无不需要大学更好地发挥其教育和服务功能，并不断优化和提高其服务能力。从很大程度上说，大学是整个经济社会发展系统高质量运转的“枢纽”。不管是在何种体制和文化背景之下，当代大学治理都处于国家发展与治理体系的中心位置，因此，无论是政府、市场，还是大学自身，都在积极变革和创新大学治理模式，以提升大学的生产能力，进而更好地满足各方的利益诉求。我国历经70多年的自主发展，一跃成为世界第二大经济体，目前正处于深化供给侧结构性改革、谋求高质量发展的新阶段，在战略上积极构建以“双循环”为标志的新发展格局。在这个过程中，推进“双一流”建设，实现高等教育内涵式、高质量发展作为基础性重大工程，是实现人力资源强国、科技强国，继而增强国家自主创新发展能力的重要基础和根本保障，这就提出了关于大学治理体系和治理能力现代化建设的要求，并进而要求为这一现代化建设进程寻求适当的理论与实践工具。

我国大学治理现代化建设是一个深度变革和创新的过程，因而需要全面而深刻地审视这几十年来形成的大学发展和治理的传统，厘清关涉其中的权力、利益、惯习及相互之间的复杂关系，在此基础上进行必要的传承和创造性重塑，即一方面要传承蕴含着中国道路、中国体制和中国经验与智慧的“中国特色”，同时又要对那些有违高等教育规律和高等教育治理现代化逻辑的要素进行改造，另一方面更需要结合高等教育或大学组织内外部环境变化而进行创新，而“中国特色”实际上也是一个不断与时俱进的概念。但在此过程中，新的理念和制度设计需要同传统力量进行各种有形无形的博弈，并且不可避免地充满曲折。对于我国而言，将治理作为一种理念、一套技术而引进大学系统并实践，本身就是创新的过程，因为治理本来就是不同于传统管理模式的。但由于面对在长期办学和探索中建立起来的管理系统，甚至要面对以集中管理为核心的宏观高等教育管理体制和有着更加悠久历史的权力中心取向的制度文化及心理习惯，治理的实施无疑会面临诸多阻碍。当然，治理并非一个机械的、刚性的模式，而是随着组织发展目标和环境的变化而进行调适的，例如，治理由政治学、管理学领域引入教育学领域，由政府治理、公司治理引介到学校治理，或者将他国大学治理经验引入我国大学办学之中，都需要进行“本土化”的改造和创新。从某种意义上说，这种调适意味着，中国高等教育治理或大学治理的建构有时是同管理传统在一定范畴内的妥协，完全否定传统的权力和利益格局是不现实的，也是违背实事求是原则的。

但无论是因为面临传统力量的阻碍，还是因为新治理模式同传统管理方式间缺乏适宜的调适，甚至因为新的治理模式在针对性上不足，种种可能的原因导致大学治理常常出现“失灵”，即我们所赋予大学治理的价值并未达到预期，或者说我们所建构的大学治理体系是低效甚至局部失效的。基于大学治理的本来价值和“治理失灵”问题，本书认为当前我国大学治理现代化建设已经由认识和认同阶段走向在实践探索中寻求合理的“本土化”转化阶段，其价值导向在于谋求治理的“有效性”，也即大学有效治理。从某种意义上说，有效治理反映着治理现代化的基本逻辑，但有效治理更加强调通过治理来达到某种预期成效，是基于具体问题、特定环境的治理方式与治理结果的统一。如果说治理现代化是一种理念或理论、一种价值导向，那么有效治理则更倾向于作为一种治理工具、一种治理实践机制。

具体来说，我国大学有效治理是将“治理”这一理论或技术体系引入大学办学过程，遵循治理的基本原则和技术路径，也就是以多元主体共同参与办学来取代单一权力中心，即行政权力主体主导办学全过程的旧模式，各主体通过契约和协商形式形成决策，寻求、扩大和实现共同利益，从而改变以权力控制为基础的科层化决策模式，打破执念于单向度利益的关系壁垒，最终实现各主体共同利益。当然，大学的核心利益是学术发展，即大学治理的追求在于为学术发展提供充分保障。相对来说，当前我国大学有效治理在内涵上强调了三个向度。其一，大学有效治理强调治理对象的具象化，厘清我国大学传统管理模式存在的真实问题，如教师学术职业发展困难、行政化和官僚主义、理性和价值迷失、学术共同体分化等阻碍大学创新发展的诸种因素。只有面对真实问题、具体问题并能够解决问题，才是真正有效的治理，因而找寻准确的问题，以此为实施治理的抓手，是有效治理的起点。其二，我国大学有效治理强调问题的情境性，即问题因何而生、因何而解，这意味着要界定问题的性质和寻求问题解决方式，必须尊重情境的特殊性，因此需要在廓清问题的基础上深入探究问题的影响因素。对于我国大学发展和大学治理而言，科层制本身的局限性及其与宏观制度文化体系间的相互强化、大学的依附发展传统与自主发展能力的匮乏、行政化等负向文化样态的制约、关键治理主体治理能力不足等问题，都是大学创新发展和建构现代化大学治理体系、提高大学内外部治理能力的障碍。其三，我国大学有效治理强调行动的成效，即问题解决。问题解决，一是指问题解决过程或采用策略的科学性和针对性，二是指问题解决的最终效果，即大学是否经由治理回归到应有的学术本位的逻辑轨道上。后者需要在较长期的实践中进行检验，前者则主要考察治理策略或治理机制的合理性。从前者的逻辑出发，建构学术权力为中心的差序性权力格局、以开放办学为取向推动学术权力适应知识生产模式转变、尊重创业组织规律实施基于“贡献—质量”评价标准的创业型大学治理、探索大学协同发展和集群治理、增强大学关键治理主体的专业化治理能力、建构大学文化以发挥其治理性价值等战略或制度设计，是实现和实施大学有效治理的重要向度。这一系列策略的提出，既针对现实中既存的大学管理弊端，也拓展了未来大学发展和治理演进的可能，或者基于某种关于未来大学的改革构想，以兼顾针对性和引领性的双重要求。当然，大学治理的最终目的是维系大学的组织本性，并促使其在不断调适中实现组织进化，以适应内外部环境的不断改变，从而持续增强其知识生产能力和基于知识创造功能的智力服务能力。此一系列设计与构想能否实现大学之治的预期，最终还是需要在未来的实践中进行检验。

理论研究及相应的实践设计或构想在错综复杂、变动不居、充满矛盾与张力的现实面前，其科学性和周延性总是相对的，常常表现出多种偏误和不足。我国现代意义上的大学自产生以来，其组织结构、角色功能、生产方式，甚至属性及价值都发生了不同程度的变化。当然这种变化反映的是组织进化的客观规律，如遗传因素与环境因素的共同作用等。就我国而言，大学的组织进化更多反映的是社会环境的变化，包括：社会生产方式从自然经济到大工业生产再到知识经济和信息化生产、智能制造等的递进性变化，这从生产力的角度对大学变革知识生产模式提出了根本性要求，而生产模式的变化构成了大学在组织结构、机构设置、功能面向等方面进行变革的内在因素；在社会治理方式上的变化，即宏观上从计划经济体制向市场经济体制的转变及在此过程中建立起来的一系列新的社会治理机制，如市场竞争机制、绩效评价机制等，都深刻影响着大学的生态与管理。大学治理的探索必须面对这复杂的内外部变化，从管理到治理本身就是适应这种变化的结果，而变化的永恒性要求治理作为理论、技术或手段，必须不断做出调整。例如，教授治校本是经典的大学理念和治理原则，但随着大学治理越来越成为一种专业甚至职业化行为，教授治校权就必须进行一定形式的让渡，无论是治校权分解给更多主体，还是教授治校权转变为一种民主权利，作为校长治校的协同性力量，都体现了治理本身的变化。也可以说，治理的能动性是大学治理的内在规定性，大学的有效治理必须是能动的、有创造性的。

如何理解大学有效治理的创造性？如果说这种“适应”还相对容易，那么当大学内外部环境及要素的变化越来越复杂、充满了模糊性和矛盾性时，治理需要的就不仅是适应，还需要具有创造性。这种模糊性或矛盾性，主要是源自社会生产与管理方式的变化同大学的逻辑尤其是原初性逻辑、大学的理想与追求之间存在着复杂矛盾，更重要的是，不同方式和逻辑之间并不是绝对的分立抑或是对立，有时候还会出现各种联姻关系，政府、市场与大学之间的边界并非截然清晰，其相互间的越位不仅会带来消极影响，有时候还是一种必要的合作，而这种合作同应有的价值之间又同样有一种说不清的关系，如市场化手段既是大学变革的方式，又对大学附带着某些明显的伤害等。在微观层面上，面临着同样的问题。从某种程度上说，大学内部环境是外部环境的“翻版”，从权力结构的角度来解释，就是宏观权力结构决定着微观权力结构。这意味着，大学内部各主体之间同样面临着相互间的权力越界、利益纠葛、责任模糊等问题。例如，学术委员会在各级规程或章程中明确定位于大学学术管理机构，掌握学术自治权、维护学术群体合法权益，但实际上却可能是大学行政权力的代言者、执行者；基层学术组织的负责人由于“双肩挑”的特殊角色，难以辨清究竟是学术群体的代表还是行政意志的执行者，一个较大的可能是，学院院长或系主任并非以学术发展规律为治理决策依据，而是优先考虑政治的或者行政的逻辑。总之，无论是大学内外部环境的变化，还是大学治理体系中各要素及其相互间的复杂张力，都决定了我国大学要实现有效治理，必须追求治理理论与实践构想相结合的科学性、可行性，同时也决定了这种探索的局限性。

我国大学系统的特殊性决定着其改革方式、治理方式的特殊性，也决定着大学治理对实践方式有着更多的创造性要求，这同时也就意味着大学治理的研究与实践设计在科学性、周延性上的相对性，难以避免特定阶段的局限性，而需要随着大学发展变化的进程来建立与时俱进的新治理机制。未来，我国大学治理除了保障大学永葆学术组织本性、激活大学学术创造力的根本任务，还需要在宏观层面上就大学如何进一步向创业组织转型以促使大学融入国家经济社会发展进程，就如何提炼、形成真正意义上的中国大学治理模式而推进中国特色社会主义大学高质量发展，以彰显中国智慧，增强中国大学的国际对话能力等，进行持续深入的探索。在微观层面上，需要继续就建立大学发展的测量评价体系、教师学术职业发展的服务体系、创新创业人才培养过程中的学生管理体系等，做出实质性的调整、创新。当然，以上整个过程，在宏观、微观上的一系列治理目标的达成，都离不开一个核心议题，就是“行政化”问题，这是我国大学制度体系中的深层次难题，亦需要大学在未来持续探索科学合理、切实可行“去行政化”机制，落实国家提出的“简政放权、放管结合、优化服务”和“管办评分离”改革。正是在此意义上，大学治理体现的是不同层面、不同维度上体制机制设计的科学化、专业化，大学有效治理反映着现代大学制度建设的精神内核。

总之，大学变亦不变，不变亦变；不变在以知识创造为永恒价值，变在知识创造之环境适应。大学治理之道，贵在于变与不变之中，坚守永恒价值，追求价值实现路径的必要变通。大学治理的基本逻辑是多主体协作，我国大学有效治理的实现需要理论研究者、改革实践者的相互启发与合作，需要政府与大学、大学管理者与基层生产者的相互信任和相互支持，从而扫除改革道路上的重重迷障，实现大学治理和大学发展的“拨云见日”。这是一个漫长且需要持续建构的过程。

本研究得到了我的博士后合作导师、山东师范大学冯永刚教授的悉心点拨。我是山东师范大学和山东省教育科学研究院合作培养博士后的第一届进站研究人员，教科院申培轩教授、曾庆伟研究员也是我的合作导师，他们对我的研究和学术职业发展都十分关心。我的工作单位济南大学高等教育研究院时任首席专家宋承祥研究员、王希普研究员，中共山东省委党史研究院原一级巡视员韩延明教授，山东师范大学教育学部徐继存教授、王向华教授、车丽娜教授、孙宽宁教授，他们就我的研究都提出了诸多颇有价值的建议。

本研究的顺利开展和最终付梓，尤其得益于山东省高等教育改革与发展研究院“中国特色高等教育质量治理模式研究”项目的资助，山东协和学院盛振文先生为此提供了莫大支持，体现了他关心后辈、提掖后学的教育情怀与深厚社会责任。在此，谨向他们致以诚挚的谢意。

是为后记。

张继明

2022 年 10 月 30 日于济南